EL SISTEMA

CLOCK

WORK

TÍTULOS DE MIKE MICHALOWICZ EN ESPAÑOL

El Gran Plan
La ganancia es primero
Un paso a la vez
Sé diferente

OTROS TÍTULOS DE MIKE MICHALOWICZ EN INGLÉS

The Toilet Paper Entrepreneur
Surge

PARA NIÑOS

My Money Bunnies

DISEÑA TU NEGOCIO PARA QUE
FUNCIONE SOLO, COMO RELOJITO

EL SISTEMA

CLOCK
WORK

CORREGIDO Y AUMENTADO

MIKE MICHALOWICZ

CONECTA

El papel utilizado para la impresión de este libro ha sido fabricado a partir de madera procedente de bosques y plantaciones gestionadas con los más altos estándares ambientales, garantizando una explotación de los recursos sostenible con el medio ambiente y beneficiosa para las personas.

El sistema Clockwork. Corregido y aumentado
Diseña tu negocio para que funcione solo, como relojito

Título original: *Clockwork: Revised and Expanded. Design Your Business to Run Itself*

Publicado por acuerdo con Portfolio/Penguin, un sello de Penguin Random House LLC

Primera edición de *El sistema Clockwork*: enero, 2019
Primera edición de esta versión corregida y aumentada con nuevo material: febrero, 2024

D. R. © 2018, 2022, Mike Michalowicz
D. R. © 2022, Gino Wickman, por el prólogo

D. R. © 2024, derechos de edición mundiales en lengua castellana:
Penguin Random House Grupo Editorial, S. A. de C. V.
Blvd. Miguel de Cervantes Saavedra núm. 301, 1er piso,
colonia Granada, alcaldía Miguel Hidalgo, C. P. 11520,
Ciudad de México

penguinlibros.com

D. R. © 2019, María Andrea Giovine, por la traducción del texto recuperado de la primera edición
D. R. © 2024, Elena Preciado Gutiérrez, por la traducción del nuevo material
D. R. © Liz Dobrinska, por el diseño de portada
D. R. © Alamy Stock, por la ilustración de portada
D. R. © Mat Robinson, por la fotografía del autor
Ilustraciones: Liz Dobrinska
La fotografía de Jason Barker agradeciendo a Mike Michalowicz fue usada con autorización

ISBN: 978-607-384-096-5

Impreso en México – *Printed in Mexico*

Para Jason Barker.
Tú me inspiraste.

Índice

Prólogo

Por regla general, rara vez escribo prólogos. Pero a veces las circunstancias dictan que se debe romper una regla. Tal es el caso de *El sistema Clockwork, corregido y aumentado.*

Este libro cambiará tu vida. No digo esto a la ligera. Lo digo con mucho orgullo. Mike y yo compartimos la misma pasión por ayudar a los empresarios a tener éxito. Es la pasión de mi vida. Y la suya.

Lo que nos convierte en una pareja perfecta en el paraíso empresarial es que yo ayudo a los empresarios en las etapas uno y tres, y él cierra la brecha ayudando a los empresarios en la etapa dos.

¿No estás familiarizado con las etapas empresariales? Déjame explicarte haciendo una pregunta. ¿Estás dirigiendo tu negocio o tu negocio te dirige a ti?

Si eres el típico dueño de un negocio, tu negocio te dirige.

Hay tres etapas en la vida de una empresa que todo empresario exitoso experimenta. La primera es cuando te rascas la cabeza pensando en iniciar un negocio, la segunda es sobrevivir a la etapa inicial y la tercera es la etapa de crecimiento.

Para lanzar con éxito en la etapa uno, debes determinar si el emprendimiento es adecuado para ti. Ésta es la etapa del salto emprendedor (por eso escribí *Entrepreneurial Leap*). Para navegar con éxito la etapa dos, debes dejar de ser el eje del negocio para que pueda funcionar sin depender de ti. Ésta es la etapa de funcionar como relojito (por eso Mike escribió *El sistema Clockwork, corregido y aumentado*). Y en la tercera etapa, debes escalar con un sistema operativo que aproveche la energía humana. Ésta es la etapa de tracción (por eso escribí *Tracción*).

He vivido el viaje: las tres etapas. Sé de primera mano lo difícil que es el camino empresarial. Y he dedicado muchos años a la investigación y desarrollo de un sistema operativo para empresas. Lo llamo Sistema Operativo Empresarial (EOS, por sus siglas en inglés).

Conforme una empresa crece de 10 a cientos de empleados, tu negocio exige un sistema operativo. Es necesario formar un equipo de liderazgo que trabaje de forma cohesiva. Debes unificar todos los elementos de tu negocio para trabajar juntos, sin problemas y de forma progresiva, para avanzar y disfrutar de la siguiente etapa. Necesitas disciplinas y herramientas como cuadros de mando, listas de problemas, planeación de la visión, sistemas de personas y procesos documentados. Ésta es la etapa de crecimiento en la que las empresas generarán decenas, incluso cientos, de millones en ingresos.

Si aún no empiezas tu negocio, debes evaluar las opciones y prepararte en consecuencia. Necesitas conocer los rasgos esenciales que debes tener para aumentar tus probabilidades de éxito. En la etapa uno, debes entrar preparado, no sólo hacerlo. Como en una receta, si usas los ingredientes correctos, tienes el potencial de cocinar una obra maestra. Pero si no tienes los ingredientes correctos, sin importar tus esfuerzos, no tienes ninguna posibilidad.

Después de la etapa del salto empresarial y antes de la etapa de tracción hay un escollo. Una especie de obstáculo empresarial. Aquí es donde las probabilidades están en tu contra. Es donde tú, el empresario, eres atraído en innumerables direcciones. Tratas de hacer el trabajo y que otros lo hagan, todo al mismo tiempo. Aquí es cuando puedes sentirte obligado a pasar de tener empleados a hacerlo todo tú solo. Te dices que sería más fácil. Piensas: "Nadie puede hacer lo que yo hago". Desearías que alguien te clonara.

Cuando llegues a esta etapa, debes dejar de ser el único líder y soltar las riendas. Es una época aterradora y traicionera y, lamentablemente, la mayoría de los empresarios nunca llega más lejos. La mayoría permanece atrapada para siempre en la etapa dos, un purgatorio empresarial. O se dan por vencidos y regresan a los días y costumbres de los empresarios solitarios. Por eso creo que el trabajo de Mike en *El sistema Clockwork, corregido y aumentado* y el mío son una combinación perfecta. Con este libro, pasarás muy rápido por la etapa dos.

La segunda etapa es en gran medida un estado de ánimo. Debes pasar de hacer el trabajo (o tomar todas las decisiones por otros que hacen el trabajo) a una verdadera delegación: la asignación de resultados. Debes diseñar la visión de la empresa y orquestar todos sus recursos para lograrla. Luego debes superarte y dejar que tu equipo lleve esa visión a la realidad.

La creencia de que algún día tu negocio comenzará a funcionar por sí solo es una falacia. No te despertarás un día y descubrirás que todo en el negocio simplemente hace clic. No estás a un gran cliente de un negocio exitoso. No estás sólo a un año más de aguantar tu negocio para que despegue. Las cosas no cambian de la noche a la mañana ni se juntan de repente. La transición de tu negocio a través de la etapa de Clockwork es un proceso. Poco a poco irás eliminando la dependencia de la organización hacia ti a medida que tu negocio comience a funcionar por sí solo.

Lo que puedes cambiar de inmediato es tu forma de pensar. Estás construyendo una empresa. No trabajas para una empresa, la construyes. Tu empresa es un rompecabezas y tu trabajo es colocar las piezas en su lugar.

¿Estás listo para que tu negocio funcione solo? Pregúntate lo siguiente: si dejara mi negocio durante las próximas cuatro semanas sin ninguna conexión física o digital para trabajar, ¿sobreviviría?

En *El sistema Clockwork, corregido y aumentado*, Mike sugiere que las vacaciones de cuatro semanas son la prueba de fuego definitiva para una empresa que funciona sola, y estoy de acuerdo. Desde hace más de 20 años me tomo libre el mes de agosto. Se llama mi "mes sabático". Lo hice durante todo el proceso de construcción de EOS Worldwide, desde una hasta 200 personas. Puedes hacer lo mismo. Y si crees que no puedes dejar tu empresa durante cuatro semanas, incluso cuatro días, debemos solucionarlo.

A lo largo de este libro descubrirás técnicas sencillas que garantizarán que tu negocio crezca, avance y funcione de forma automática. Aprenderás cómo encontrar, servir y proteger el corazón de tu organización. Tú y tu equipo en crecimiento eliminarán pérdidas de tiempo, áreas donde el negocio tiene cuellos de botella que necesitan mejorar.

Si me permites, quiero ofrecer algunos puntos de consideración y resumir lo anterior. Si estás considerando iniciar tu primer negocio, lee *Entrepreneurial Leap*. Estarás mucho mejor equipado para un comienzo exitoso.

Si estás posicionando tu empresa para superar los 10 empleados, lee *Tracción*.

Y si te encuentras en la etapa dos, donde el negocio se compone sólo de ti o de un puñado de empleados, donde no puedes dejar la empresa porque te necesita todo el tiempo, donde unas vacaciones de cuatro semanas parecen una quimera, entonces lee *El sistema Clockwork, corregido y aumentado*.

Entrepreneurial Leap es donde empiezas, *Tracción* es donde terminas. *El sistema Clockwork, corregido y aumentado* es lo que los une.

En estas páginas encontrarás el eslabón perdido que preparará tu empresa y tu mente para la siguiente etapa de crecimiento. Harás la transición de servir a tu negocio a que éste te sirva a ti. Estás a punto de ser dueño de un negocio que funciona por sí solo.

Te deseo un tremendo éxito. Te lo mereces.

GINO WICKMAN,
autor de *Tracción*
y *Entrepreneurial Leap*

Introducción

Aprende por qué usar el sistema Clockwork en tu negocio no sólo se trata de ti

Algún día, hacer más de lo mismo "sólo un día más" será el error más costoso de tu vida. La rutina se detiene ahora. Se acabó el ajetreo. Es hora de hacer que tu negocio funcione solo. Tu empresa lo necesita. Tú lo necesitas. Y la gente en tu vida muere por eso. Tal vez mucho más de lo que imaginas.

La foto que el dueño de un negocio, Jason Barker, me envió por correo electrónico, muestra un cartel que dice: "¡¡Gracias Mike Michalowicz!!". Está sentado en el pasillo de salida de un avión mientras se prepara para ir al viaje anual de fin de semana para chicos. Jason casi siempre faltaba a esa reunión porque no podía dejar su negocio, ni siquiera por un fin de semana. Pero no ese año. Jason implementó el sistema Clockwork y eso lo liberó para lograr un momento de diversión, relajación y amistad. La foto me tocó el corazón. Su historia cambió mi alma.

"Me tomaron esa foto en el camino de regreso a casa después de un viaje reciente a Phoenix con un grupo de 12 amigos", comenzaba el correo electrónico de Jason. "Todos hacemos un viaje anual para ver jugar a nuestros Oregon State Beavers. Por lo general no puedo ir por mis compromisos de tiempo y por estar encadenado a mi negocio".

Encadenado a mi negocio. Escucho esa frase a menudo de boca de empresarios.

"Pero hace como un año, en cuanto leí tu libro, comencé a implementar tu sistema Clockwork. Un gerente de sucursal que llevaba 23 años acababa de avisarme que se iba en dos semanas. ¡Qué sorpresa y qué punto de inflexión! Resultó ser el momento perfecto para implementar el sistema Clockwork mientras buscaba un nuevo gerente".

Jason es propietario de Fresh Start Detail en Beaverton, Oregón, un negocio que inició en 1983. Era el amigo que les decía a los muchachos "este año no" porque estaba "demasiado ocupado" o que les cancelaba en el último minuto porque tenía que apagar incendios. En los pocos viajes que hizo, realmente no estaba allí. Se estresaba por lo que estaba pasando en su negocio. ¿Su pequeño equipo estaba trabajando bien? ¿Atendieron a los clientes? ¿Los clientes se iban a otra parte y nunca volvían?

Nadie inicia un negocio con el objetivo de quedar atrapado en él. Tu negocio debe ser como siempre quisiste: una plataforma para tu libertad. Libertad para hacer lo que quieras y, en el caso de Jason, libertad para pasar un tiempo preciado con los amigos.

"Si avanzamos unos meses, no sólo pude hacer el viaje de los chicos ese año, incluso llegué un día antes para pasar más tiempo con mis amigos", continuaba el correo electrónico de Jason. "Pero durante el viaje, uno de mis amigos sufrió un infarto y murió justo en el restaurante, después de haber desayunado juntos. Entonces ¿por qué te doy las gracias? Porque trabajar con tu sistema me dio lo que pensé que eran simplemente unas geniales vacaciones de cuatro días, pero resultó que pude pasar los últimos días de la vida de un gran amigo… con él".

Mi alma cambió cuando leí eso. ¿La tuya? ¿O al menos tu perspectiva? El sistema Clockwork no se trata de trabajar menos sino de vivir como quieres. Cuando tu negocio funciona solo, tienes la libertad de hacer lo que te brinda alegría y satisfacción. Y hacerlo sin preocuparte de que tu negocio se vea comprometido.

El sistema Clockwork tampoco se trata de abandonar tu negocio. Se trata de la libertad de elección. Si amas aspectos de tu trabajo, tendrás la libertad de dedicarte a ellos sin la necesidad de hacer el trabajo en el que no eres bueno o no disfrutas. Si quieres trabajar 20 horas a la semana, puedes hacerlo. Si deseas tomarte un año sabático, puedes hacerlo. Si deseas que tu negocio funcione por sí solo y de forma permanente, puedes hacerlo. El sistema Clockwork hace todo eso por ti.

Durante años, estuve alentando a los empresarios a tomarse unas vacaciones de los negocios (por razones de cordura, pero también para crear los sistemas necesarios para que *puedan* salir de vacaciones) y había visto muchas fotos de las vacaciones. Pero el correo electrónico de Jason fue algo que nunca esperé. Me quedé mirando la foto y lloré. No puedo imaginar cómo se sentiría Jason si no hubiera estado allí con su amigo porque la empresa "lo necesitaba".

Como dueños de negocios, estamos acostumbrados a perdernos cosas. Hace tiempo que nos convencimos de que cancelar planes es el precio de nuestros sueños. La responsabilidad es nuestra, ¿verdad? Entonces, cuando hay trabajo que hacer o un problema que resolver, tenemos que hacerlo. No podemos simplemente tomarnos un tiempo libre y dejar de pensar en nuestro negocio durante un par de semanas. ¿Qué pasa si todo se desmorona?

Según una investigación de la Universidad de Babson, alrededor de 14% de la población adulta de Estados Unidos se convierte en empresarios y dueños de negocios.[1] Lo que significa que, si tu salón en el jardín de niños tenía 30 estudiantes, cuatro de tus amigos se convertirían en empresarios. Pero la Oficina de Estadísticas Laborales de Estados Unidos informa que sólo alrededor de un tercio de los empresarios siguen activos tras cumplir 10 años.[2] Eso significa que, de tu salón en el jardín de niños, sólo una persona ha tenido éxito como empresario. Y es probable que estén agotados. (Iba a decir malas palabras, pero estamos hablando de niños y, pues, no está bien.)

Los dueños de negocios sufren del problema "debo hacer el trabajo yo mismo". Hacemos el trabajo nosotros mismos para ahorrar dinero. Hacemos el trabajo nosotros mismos porque creemos que nadie puede hacerlo tan bien como nosotros. Hacemos el trabajo nosotros mismos porque es "simplemente más fácil" que entregárselo a alguien que consideramos demasiado inexperto o incapaz de actuar como dueño.

Nosotros hacemos el trabajo, lo que nos convierte en los únicos capaces de hacerlo. Entonces quedamos atrapados en un bucle infinito y no podemos ver la salida. Empezamos a perder cosas: recuerdos preciosos que no podemos recuperar, una buena noche de sueño (o cualquier sueño, en realidad), nuestros intereses, tiempo libre y, para algunos, incluso las personas que amamos.

Jason se liberó de su negocio, pero no todos lo hacen. Otro correo electrónico que recibí dejó claro lo terribles que pueden llegar a ser las cosas. Venía de Celeste y empezaba así:

"Son las dos de la mañana y le escribo desesperada. Soy dueña de un jardín de niños. No ganamos un solo centavo. No he cobrado un sueldo desde que comenzamos. Mis deudas se acumulan y hoy estoy quebrada. No sólo financieramente, también anímicamente. Estoy convencida de que acabar con mi vida de inmediato sería la solución más rápida a mi predicamento".

Al leer ese correo electrónico, sentí que el corazón se me iba al estómago. Estaba aterrorizado por la vida de Celeste. Y al mismo tiempo reconocía su vulnerabilidad.

"Por favor, entienda que no le estoy enviando una nota suicida —proseguía Celeste—, y que no haría una estupidez así en este momento. Esa decisión sólo dejaría una carga a mi familia. Pero, si fuera soltera, ya me habría ido. Verá, estoy enferma de neumonía doble. No puedo pagarle a alguien para que limpie el jardín de niños y durante las pasadas horas estuve trapeando los pisos y limpiando las paredes. Estoy exhausta. Estoy llorando y dejé de hacerlo sólo porque me siento demasiado exhausta para seguir llorando. Me muero por dormir un poco. Lo único que me queda para darle a mi negocio es mi tiempo y ahora eso también ha mermado".

Celeste me rompió el corazón. Me he sentido así un par de veces en mi vida como empresario y conozco a muchísimas personas que han estado en lo más bajo de lo más bajo, desesperadas por encontrar una solución. Nunca olvidaré las últimas líneas del correo: "¿En qué se ha convertido mi sueño? Estoy atrapada. Estoy exhausta. No puedo trabajar más de lo que trabajo. O tal vez sí. Tal vez mi trabajo es el suicidio lento en el que estoy pensando".

En qué se ha convertido mi sueño. ¿Acaso esta pregunta es cierta en tu caso? Para mí lo era cuando leí ese correo. Trabajamos, trabajamos y trabajamos y, antes de darnos cuenta, la idea de negocios que un día compartimos orgullosamente con nuestros amigos, el plan que elaboramos en un pizarrón blanco, la visión que compartimos con nuestros primeros empleados, todo parece el borroso recuerdo de una meta inalcanzable.

Celeste nunca contestó a mis intentos de localizarla. Compartí su historia en la primera edición de *El sistema Clockwork*, en parte porque esperaba que la leyera y me contactara, pero nunca lo hizo. Sigo pensando en ella y rezo porque esté bien. Celeste no estaba frenando su negocio. Eran sus sistemas… Y esos sistemas se pueden arreglar.

Quizá te sientas identificado con Celeste; quizá (espero) estés en una situación menos dramática, esforzándote por mantener el barco a flote semana tras semana y por hacer que las ruedas de tu negocio se sigan moviendo. Sea cual sea el caso, es probable que sientas que nunca puedes bajar el ritmo, ni invertir menos tiempo o esfuerzo en tu negocio. ¿Por qué?

La mayoría de los empresarios que conozco lo hacen todo. Incluso cuando contratamos ayuda, pasamos la misma cantidad de tiempo, si no es que más, diciéndole al personal *cómo* hacer todas las cosas por las que se supone que ya no deberíamos preocuparnos. Apagamos fuegos. Nos desvelamos. Apagamos más fuegos. Nos esforzamos, nos esforzamos aún más y no dormimos lo suficiente. Trabajamos los fines de semana y días festivos, evitamos compromisos con la familia y salimos por las noches con amigos. Apagamos aún más incendios. Seguimos adelante, empujamos más fuerte. Comprometemos nuestra salud en nombre de construir un negocio saludable. Pero no lo estamos haciendo.

Y aquí está la ironía: incluso cuando las cosas van bien en nuestro negocio, seguimos exhaustos. Tenemos que trabajar aún más cuando las cosas van bien porque "¿quién sabe cuánto durará esto?". Y día tras día vamos postergando las oportunidades de crecimiento que hay que tomar por los cuernos, el trabajo creativo que es crucial para crecer, las cosas que *amamos* hacer, hasta que nuestra libreta llena de ideas se pierde bajo un mar de papeles y listas de cosas por hacer y no volvemos a encontrarla jamás.

La estamos regando. Todos la estamos regando.

"Trabaja más" es el mantra tanto de los negocios que están creciendo como de los que están colapsando. "Trabaja más" es el mantra de todos los empresarios, dueños de negocios, líderes, empleados cinco estrellas y de todas las personas que están tratando de salir adelante. Nuestro pervertido orgullo sobre trabajar más, más rápido y más duro que las demás personas de nuestro ramo ha tomado las riendas. En lugar de correr un solo maratón, tratamos de hacer 10 y en *sprints*. A menos que algo cambie, a los que nos hemos comprado esta vida nos espera un colapso nervioso. E, incluso, para colmo, neumonía doble.

Quiero que sepas que no eres el único que está pasando por esto. No eres el único empresario que siente que debe trabajar más, que se pierde viajes con los amigos y tiempo con la familia, que está exhausto y que se pregunta por cuánto tiempo más puede soportar este nivel de trabajo. No eres el único dueño de un negocio que se pregunta por qué todas tus mejoras no han logrado optimizar tu balance, ni te han dado más clientes, ni te han ayudado a conservar a tus empleados, ni, por lo menos, te han devuelto un poco de tu preciado tiempo. No eres el único que está leyendo este libro porque te sientes atrapado y estás desesperado por tener respuestas… y una siesta. Ése era yo, y muchos empresarios con los que he hablado durante estos años.

Comencé a escribir este libro cuando me hice esta pregunta clave: ¿mi negocio podría alcanzar el tamaño, la rentabilidad y el impacto que imaginé sin que yo haga todo (o nada) del trabajo? Esta pregunta detonó una búsqueda de respuestas de media década… para mí y para los dueños de negocios y empresarios a quienes asesoro. *Para ti.*

Si no estás familiarizado con mis libros anteriores, o si todavía no has escuchado alguna de mis pláticas, quiero que sepas que mi misión en la vida es *erradicar la pobreza empresarial*. Estoy comprometido a liberar a los empresarios de la carencia: carencia de dinero, carencia de tiempo, carencia de vida. En mi libro *La ganancia es primero* buscaba vencer a uno de los monstruos que lleva a la desesperación a la mayoría de los empresarios: la carencia de dinero. En este libro, vamos a matar a un monstruo aún más grande: la carencia de tiempo.

Sean cuales sean las preguntas que tengas, en este libro encontrarás estrategias reales y factibles para hacer que tu negocio sea más eficiente, estrategias que han funcionado a innumerables empresarios, dueños de negocios y, por supuesto, a mí.

La meta no es hacer que tu día tenga más horas. Ése es el enfoque de la fuerza bruta aplicado a la operación de negocios y, aun si lo consigues, lo único que harás es llenar ese tiempo con más trabajo. La meta es la eficiencia en la organización.

Estás a punto de aprender cómo hacer cambios sencillos pero poderosos en tu forma de pensar y en tus operaciones día a día que harán que tu negocio funcione en automático. Estoy hablando sobre resultados predecibles, mi exhausto amigo. Estoy hablando sobre crecimiento real y sostenido. Estoy hablando sobre una maravillosa cultura de trabajo. Estoy hablando de libertad para concentrarte en lo que haces mejor y en lo que *amas* hacer. Y ésa, compadre, es la única forma de construir un negocio verdaderamente exitoso... lo cual nos libera para hacer el trabajo que hacemos mejor y que más amamos.

También te vamos a liberar del grillete. Te vamos a rescatar del yugo constante sobre tu tiempo, tu cuerpo, tu mente... y tu cuenta bancaria. Sí, es posible sentirte tranquilo con respecto a tu negocio. Sí, es posible recuperar el optimismo que sentías cuando empezaste tu empresa. Sí, es posible hacer crecer tu negocio sin hacer nada del trabajo diario. De hecho, es imperativo que te hagas a un lado.

Tu negocio necesita unas vacaciones *de ti* para que no dependa *de ti*.

Necesitas dejar de hacer todo tú. Necesitas modernizar tu negocio para que pueda dirigirse solo. Estoy hablando de que tu negocio funcione como una máquina bien aceitada, dirigido por un equipo muy eficiente alineado con tus objetivos y valores. Un negocio que funcione, bueno, pues como relojito. (Hábil, ¿verdad?)

Apple funciona sin Steve Jobs. Mary Kay continúa sin Mary Kay. Hewlett-Packard avanza sin Hewlett ni Packard. En cierto momento, cada uno de estos negocios se liberó de la atracción gravitacional del propietario; el propietario le dio a la empresa independencia para funcionar sin ellos.

Hay fuerza en la independencia. Verás, las vacaciones son agradables para ti, pero son *fundamentales* para tu negocio. Puede que vaya en contra de todo lo que piensas y crees sobre tu papel en tu negocio, pero cuando te quitas del camino, es el momento en que tu negocio realmente puede crecer.

El sistema que descubrirás en este libro es sencillo. No encontrarás atajos, ni trucos. En cambio, descubrirás cómo hacer el trabajo que más importa, evitar lo que no y tener la sabiduría para distinguir la diferencia. (Sip, tomé prestado un poco de la "Oración de la serenidad".) Tener serenidad puede parecer una meta imposible en este momento. Probablemente en este punto te conformes con salud mental. Pero, a través de las fases del sistema Clockwork que te voy a presentar en este libro, ¡la serenidad definitivamente volverá a estar dentro de las metas accesibles!

Los correos electrónicos de lectores como Jason y Celeste (y tú) impulsan el trabajo que sigo haciendo y son la razón por la que escribí esta edición corregida y aumentada. He "implementado el sistema Clockwork" en el proceso Clockwork. En estas páginas, leerás historias de éxito de lectores que implementaron el sistema Clockwork y mejoraron drásticamente su negocio. Escucharás sobre nuevas experiencias de "Operación Vacaciones" (una semana, dos semanas, cuatro semanas y más) y cómo esas interrupciones intencionales ayudaron a los propietarios a mejorar los sistemas y hacer crecer sus negocios, tal como lo hizo Jason.

En su correo electrónico, añadió una posdata:

"Otra pequeña cosa que casi me olvido de compartir: gracias a *El sistema Clockwork*, pude pasar el día con mi esposa en la sala de emergencias cuando tuvo un ataque repentino de vesícula biliar. Sucedió la semana pasada a las tres de la tarde, es decir, durante un tiempo en que no podía faltar al trabajo sin importar nada. Pero como estoy trabajando con el sistema Clockwork, pude enviar un mensaje de texto rápido al gerente de mi tienda, luego olvidarme por completo del negocio y dedicar TODA la atención a mi esposa. No sólo me ayudó a mantener la calma durante las siguientes horas de emergencia, sino que mi actitud ayudó a todos los demás a mantener la calma porque no estaba reprimiendo mi estrés por faltar al trabajo en el último minuto.

"Éste es un sistema que cambia vidas. Tu libro *La ganancia es primero* me dio dinero. *El sistema Clockwork* me dio algo más preciado: tiempo".

La vida consiste en impacto, no en horas. En mi lecho de muerte estaré preguntándome si cumplí mi propósito de vida, si crecí como individuo, si realmente serví a los demás y si amé de manera activa y profunda a mi familia y amigos. Si me permites ser así de directo, creo que tú te estarás preguntando lo mismo.

Es hora de ser un empresario de la forma en que siempre planeaste: ser el arquitecto de tu negocio, no el contratista. Decídete ahora, primero en nuestro sitio de internet Clockwork.life* y luego en la playa, en las montañas o en las dos, en poco tiempo. Es hora de volver a lo que amas… en tu vida, en tu trabajo y en tu negocio. Es hora de implementar las estrategias con facilidad y alegría. Es hora de recuperar el equilibrio en tu vida. Este libro te ayudará a lograrlo.

Eso es lo que te prometo desde el fondo de mi corazón.

---

*Para que te resultara muy fácil obtener todos los recursos gratuitos de este libro, creé un sitio llamado Clockwork.life. Todo lo que necesitas para este libro, incluyendo una "Guía de inicio rápido", está ahí. Además, si requieres ayuda profesional, tengo un pequeño negocio que hace precisamente eso en RunLikeClockwork.com. Fíjate cómo Clockwork.life no es .com sino .life porque el Club Clockwork se trata de un estilo de vida. Y RunLikeClockwork.com es .com porque consiste en que nuestra empresa trabaje para la tuya.

Una nota
para los empleados

Primero, permíteme reconocerte y felicitarte por leer este libro. Eso me dice que te preocupas por la empresa para la que trabajas y las personas con las que trabajas. En estas páginas, aprenderás cómo se aplica el sistema Clockwork a ti y a la compañía a la que prestas tus servicios. En el proceso, podrás echar un vistazo al mundo de tu jefe. Espero que esta toma de conciencia te ayude a comprender mejor sus opciones, sus desafíos y por qué eligieron implementar el sistema Clockwork en la empresa. Espero que también te des cuenta de que eres una parte importante para lograrlo. El negocio para el que trabajas está a punto de crecer, y tú también.

Al final de los capítulos 2 al 10, encontrarás contenido que escribí especialmente para ayudarte a implementar lo que has aprendido. Tú desempeñas un papel vital en el sistema Clockwork y ayudas a que la empresa para la que trabajas sea más eficiente. Tu compromiso al leer este libro te ayudará a fortalecer tu papel y el de tu equipo, realizar más trabajo que te guste y ayudar a tu empleador a hacer realidad su visión del negocio.

Así que gracias. Eres necesario. Eres valorado. Y el trabajo que haces marca la diferencia.

Hagámoslo.

Capítulo 1

¿Por qué tu negocio (todavía) está atorado?

Descubre las áreas en las que los dueños de empresas
y los miembros del equipo principal luchan
para liberarse del negocio

Como es tradición para muchas personas que nacieron y crecieron en Nueva Jersey, todos los veranos mi esposa, Krista, y yo empacamos y nos vamos con los niños una semana a visitar a mi hermana y a su familia en la playa de Jersey. Hasta hace unos años, nuestro viaje de verano era más o menos así: todo el mundo pasaba el día en la playa y luego los adultos empezábamos la hora feliz alrededor de las cuatro de la tarde, hablábamos sin parar sobre cómo nos íbamos a divertir hasta el amanecer y luego nos quedábamos dormidos a las siete de la noche.

Yo casi nunca llegaba a la hora feliz ni pasaba mucho tiempo en la playa. Estaba trabajando. Siempre. Cuando no estaba concentrado en terminar un proyecto, o en una junta, trataba de escaparme "unos minutos" para revisar mi correo. Cuando lograba salir a estar con los demás, estaba tan distraído por pensamientos relacionados con el trabajo que en realidad no estaba ahí. Esto me causaba estrés y molestaba mucho a mi familia.

Todos los años trataba de romper el hábito de trabajar en vacaciones usando mi supertécnica *cram-and-scramble*. Primero el *cram*: adelantaría todo el trabajo para que *"esta vez"* por fin pudiera disfrutar mis vacaciones y estar realmente presente con mi familia. Luego el *scramble*: cuando regresara de mis "relajantes" vacaciones pensaba que fácilmente podría encarrilarme con un poco de estrés extra. Pero mi plan nunca funcionó. Con frecuencia, era lo opuesto a lo que esperaba.

La última vez que traté de demostrar que era posible llevar a cabo este plan de vacaciones fue un desastre total. Surgió un problema con un cliente la tarde anterior a nuestra partida. Ni siquiera recuerdo cuál fue el problema, pero en ese momento pensé que era lo suficientemente importante como para trabajar durante la noche en la solución. Luego, me desvelé aún más para hacer el trabajo que tenía que realizar antes de que surgiera la crisis del cliente.

Casi estaba amaneciendo cuando logré regresar a casa del trabajo. Dormí tres horas y luego nos dirigimos a Long Beach Island. (Si no eres de Nueva Jersey, quiero que sepas que Long Beach Island es la verdadera playa de Jersey, no el festival de alcohol del programa que lleva por título precisamente *Jersey Shore*.) Antes de salir a la playa, decidí revisar mi correo para "asegurarme de que todo estuviera en orden". No lo estaba. Pasé el resto de mi día haciendo llamadas y enviando correos. Cuando por fin logré salir a la playa al día siguiente, mi mente estaba en el negocio y mi cuerpo se moría por dormir. No obstante, una vez más, yo no estaba realmente ahí. También había afectado las vacaciones de mi familia porque mi tensión se esparció como el humo en un bar. Una sola persona puede apestar el lugar y arruinar la diversión de todos los demás.

Una tarde, frustrada por mi adicción al trabajo, Krista me pidió que diéramos un paseo, sin llevar mi celular. Mientras contemplaba las casas de playa pensé: "La gente que vacaciona en esas mansiones espectaculares lo tiene todo resuelto". Tenían libertad financiera. Podían tener tiempo de descanso sin preocuparse por el trabajo. Podían disfrutar el momento y regresar a un negocio que fluía solo, que no dejaba de crecer y de generar dinero. Eso era lo que yo quería.

Pero, a medida que me fijaba con atención, veía una persona tras otra sentada en su terraza tecleando frenéticamente en su laptop.

Incluso vi gente en la playa con la laptop recargada en las rodillas, con miedo a que la arena se metiera en el teclado, tratando de proteger la pantalla del reflejo del sol. Las personas que yo creía que tenían todo resuelto no eran diferentes a mí. Todas estaban trabajando en vacaciones. ¡Pero cómo!

En ese punto de mi vida había creado y vendido un negocio multimillonario a un particular y otro a una empresa Fortune 500, había escrito dos libros de negocios y había pasado una buena parte del año hablando con miles de empresarios sobre cómo hacer crecer sus empresas de una manera rápida y orgánica. Suena como que mi sueño se había hecho realidad, ¿verdad? Pensarías que había dejado de lado mi adicción por el trabajo de una vez por todas. Pero estar estresado por temas de trabajo durante otras vacaciones demostró que no era así. Ni siquiera estaba cerca. Y era claro: definitivamente no estaba solo. Y tú tampoco lo estás.

La solución no es la solución

Al igual que muchos dueños de negocios que conozco, pensé que la cura para mi adicción al trabajo era mejorar la productividad. Si podía hacer más, a mayor velocidad, podría tener más tiempo para mi familia, para mi salud y para divertirme y podría *volver a hacer el trabajo que de verdad amaba*. El trabajo que alimentaba mi alma. Estaba equivocado.

Tú y yo conocemos personas extremadamente productivas que trabajan 16 horas al día. Tú y yo conocemos perfectamente a las personas que dicen "lo hago mejor cuando aprendo". Tal vez eres tú. Una vez en un tiempo vergonzosamente jactancioso, fui yo.

En un esfuerzo por ser más productivo lo intenté todo: aplicaciones para enfocarme, el método Pomodoro, trabajar en bloques. Comenzar mi día a las cuatro de la mañana. Terminar el día a las cuatro de la mañana. Hacer listas. No hacer listas. Listas en libretas de notas amarillas. Listas en el celular. Listas de sólo cinco cosas. Listas de todo. Listas más grandes en libretas de notas amarillas más grandes. El método "No rompas la cadena", que rápidamente me llevó al método "Encadenarme a mi escritorio". Sin importar qué estrategia o técnica probara, sin importar qué tan productivo me volviera, por la noche seguía metiéndome a la cama mucho después de lo que debía hacerlo y al día siguiente me levantaba mucho antes de lo que debía, con una lista de cosas por hacer que parecía haber crecido durante la noche como por arte de magia. Tal vez hacía las cosas más rápido, pero sin duda alguna no estaba trabajando menos horas. En realidad, estaba trabajando más. Tal vez estaba haciendo progresos en muchos proyectos pequeños, pero muchos nuevos proyectos se estaban acumulando. Y mi tiempo seguía sin ser mío. Todos mis años estudiando la productividad no me habían dado nada más que trabajo. Era un fracaso rotundo.

Si no has probado algunas de las estrategias de productividad que yo había acumulado como dietas que no surtieron ningún efecto, estoy seguro de que tienes tu propia lista. Toda una industria está construida en torno al deseo de hacer más y más rápido. Podcasts, artículos y libros; *coaches* y grupos de apoyo; retos de productividad, calendarios, diarios y software. Compramos la idea de la nueva solución de productividad que alguien nos recomienda porque estamos desesperados. Desesperados por hacer crecer nuestras empresas haciendo más cosas más rápido y de alguna manera administrando nuestro trabajo sin perder la razón.

Me tomó alrededor de 15 años descubrirlo. De hecho, llevaba la medalla de honor de la productividad... la medalla del adicto al trabajo. Era un orgulloso miembro. Era el más rápido de todo el mundo para ofrecerme a hacer una tarea. (¿Por qué? Es una manía que tengo.)

En *La ganancia es primero*, apliqué al tema de las ganancias la Ley de Parkinson: "Nuestro consumo de un producto se expande para hacer frente a su suministro". Del mismo modo en que usamos todo el tiempo del que disponemos para un proyecto con el fin de terminarlo, también gastamos el dinero que tenemos, razón por la cual la mayoría de los empresarios pocas veces ganan tanto como sus empleados y menos aún obtienen ganancias. Cuanto más dinero tenemos para gastar, más gastamos. Cuanto más tiempo tenemos, más tiempo pasamos trabajando. Ya te haces una idea.

La solución para este comportamiento es ridículamente simple: limita el recurso y limitarás el uso que haces de él. Por ejemplo, cuando, después de reunir tus ingresos, apartas primero la ganancia y la escondes (en una cuenta bancaria remota), tienes menos dinero para gastar. Cuando no tienes acceso inmediato a todo el dinero que fluye por tu negocio, te ves obligado a administrarlo con menos.

El tiempo que te asignes para trabajar será el tiempo que usarás. Noches, fines de semana, vacaciones… Si crees que lo necesitas trabajarás durante tu tiempo libre. Ésta es la causa del fracaso de la productividad. La meta de la productividad es hacer lo más posible lo más rápido posible. El problema es que, como has priorizado una cantidad aparentemente infinita de tiempo para administrar tu negocio, siempre seguirás buscando una forma de llenar ese tiempo. Cuanto más productivo eres, más trabajo puedes hacer. Cuanto más haces, más productivo debes ser.

Sí, la productividad es importante; todos necesitamos usar nuestro tiempo de la mejor manera posible. No ser productivos es como pecar en contra de los dioses de los negocios. Pero, en cuanto al tiempo, logré entender que el verdadero Santo Grial es la eficiencia en la organización. La productividad te pone en el terreno de juego. La eficiencia en la organización te permite hacer *home runs*.

La eficiencia en la organización se da cuando todos los engranes de tu negocio trabajan conjuntamente en armonía. Es la mejor ventaja que existe, porque diseñas los recursos de tu empresa para trabajar juntos, maximizando el resultado. La eficiencia en la organización es cuando accedes a los mejores talentos de tu equipo (aunque sea un equipo de una sola persona) para hacer el trabajo más importante. Consiste en administrar recursos de modo que el trabajo importante se lleve a cabo, en vez de estar siempre corriendo para hacer lo más urgente. Y se trata de removerte del ajetreo diario para que puedas hacer que todo eso pase.

La productividad se trata de hacer *más* para incrementar el resultado. La eficiencia se trata de hacer *menos* para incrementar el resultado.

Siento que esto no es nuevo para ti, entonces, ¿por qué sigues atrapado en la rueda del hámster?

Deja de crecer, empieza a escalar

Hacer crecer una empresa es diferente a escalarla. La mayoría de las empresas crecen. Muy pocas escalan. Un negocio "se crece" haciendo más para obtener más. Un negocio "se escala" haciendo menos para obtener más. Son orientaciones diferentes. Muy diferentes.

No tengo duda de que ya sabes cómo hacer crecer tu negocio. El enfoque de crecimiento es fácil: haz más de lo que ya estás haciendo. Más trae más. Pero inherente a este enfoque encontramos una limitación de recursos. Tienes un límite de tiempo. Sólo puedes contratar a un número limitado de personas. Tienes una cantidad limitada de dinero. Hacer más tiene un límite. Quizá chocar contra esa pared fue la razón de leer este libro. Si lo que funcionaba antes sigue funcionando ahora, ¿por qué buscarías una alternativa? El crecimiento funciona hasta que deja de funcionar.

Tal vez tienes un historial comprobado de crecimiento. Apuesto a que tu negocio es más grande ahora que antes. Sospecho que has tenido altibajos y los superaste duplicando tus esfuerzos. Has trabajado duro para hacer de tu empresa lo que es hoy. Todo eso, cada detalle, es trabajo de crecimiento. La ironía es que no se puede construir una empresa saludable si la haces crecer. Por definición, la orientación al crecimiento agota el negocio. Intentar crecer, en última instancia, impide que crezca.

Abundan las frases a favor de una orientación al crecimiento:

"¿Cómo haré esto?"

"¿Cómo podemos hacer más cosas y más rápido?"

"Es hora de redoblar mis/nuestros esfuerzos."

"Impúlsate."

"Trabaja duro."

"¡Corre!"

"Ajetreo."

No estoy sugiriendo que este enfoque no sea noble. Lo que digo es que es una forma horrible de construir un negocio. También es la más común. Pero el hecho de que mucha gente esté haciendo las cosas mal no quiere decir que sean correctas. A partir de ahora escalaremos tu negocio.

En las páginas siguientes aprenderás cómo hacerlo. A medida que cambias hacia "escalar", tus frases también cambiarán.

"¿Quién hará esto?" (En vez de "¿Cómo haré esto?")

"Hagamos menos cosas, mejor." (En vez de "Hagamos más cosas, más rápido.")

"¿Cómo podemos reducir a la mitad nuestros esfuerzos para duplicar la producción?" (En lugar de "Es hora de redoblar mis/nuestros esfuerzos.")

"Domínate." (En vez de "Impúlsate más.")

"Trabaja de forma más inteligente." (En lugar de "Trabaja *aún* más duro.")

"Diseña." (No "¡Corre!")

"Escala." (Y seguramente no "Ajetreo.")

Este último, "escala", es el enfoque más noble de todos. Si eres dueño de un negocio, tu trabajo número uno es crear empleos, no hacerlos. Escala y tu negocio crecerá correctamente.

Su "pared" puede parecer impenetrable, pero no lo es. Sólo necesitamos cambiar tu mente de una orientación de crecer a escalar. Deja de golpearte la cabeza contra la pared y pasa por la abertura que está justo ahí. ¿Lo ves? Sólo sigue la señal que dice: TOME LA ESCALERA MECÁNICA HASTA EL SIGUIENTE PISO.

Hay una fábula que circula dentro de la comunidad empresarial. Se trata de dos leñadores. Un día, deciden resolver una disputa sobre quién podía cortar más leña por jornada. Durante las siguientes ocho horas se pusieron a trabajar.

El primer leñador se sumergió en su pila y empezó de inmediato. El segundo hizo lo mismo con el mismo fervor. Al cabo de una hora, el segundo leñador se tomó un descanso. El primer leñador, al ver que su competencia se había ido, redobló sus esfuerzos. Después de 10 minutos, el segundo leñador regresó de su descanso y comenzó a partir madera nuevamente. Después de otra hora, el segundo leñador volvió a tomarse un descanso de 10 minutos. El primer leñador presionó con más fuerza, sabiendo que avanzaba su ventaja cada vez que el otro leñador tomaba un descanso.

Al cabo de ocho horas, el primer leñador se sorprendió al ver que el segundo había producido casi el doble de madera partida. El primer leñador preguntó: "¿Tus descansos regulares te permitieron descansar y recuperarte? ¿Para producir más es necesario trabajar menos?".

El segundo leñador respondió: "No. Durante esos descansos trabajaba más duro, afilando mi hacha".

Hacer crecer un negocio no se trata de menos trabajo. Se trata de un trabajo diferente. Debes poner menos esfuerzo en esos resultados, pero pensar más. El trabajo duro es el pensamiento. Éste no es un comentario frívolo. Pensar, como ocurre con la reflexión profunda y calculada, es el trabajo más difícil de todos. Y por eso lo evitamos.

Es más fácil trabajar que diseñar resultados. Es más fácil seguir cortando con un hacha sin filo que detenerse y afilarla. La sensación de tiempo y pérdida de producción es demasiada. Sí, un hacha afilada ayudará, pero no puedo darme el lujo de dejar de cortar. La lógica es obvia: necesitamos un hacha afilada. Pero la emoción de "seguir trabajando" es lo primero que debemos superar.

Tu trabajo es escalar tu negocio. Tu desafío es pensar en consecuencia. El trabajo de diseño reflexivo y calculado es el más difícil e importante de todos. Ahora mismo. Deja de crecer. Empieza a escalar.

El "cambio de algún día"

En noviembre de 2013, pronuncié un discurso de apertura en INCmty, en Monterrey, México. Michael Gerber, autor de *El mito del emprendedor*, abrió y Guy Kawasaki, autor de *The Art of the Start*, cerró el espectáculo en el escenario principal. Uno de los otros días fui presentador en el escenario lateral y estaba muy emocionado.

La última noche de la convención, salí a cenar con Michael y otras personas. Tuvimos una discusión sobre *El mito del emprendedor*. Si no has leído el libro, el mensaje central es trabajar *sobre* el negocio, no *en* el negocio. Todos nos preguntamos, ¿por qué tantos empresarios apreciaron el mensaje de su libro y tan pocos actuaron en consecuencia? Si la mayoría sabía que necesitaban eficiencia organizacional, ¿por qué les resultó tan difícil (ejem, a mí) lograrlo?

Nuestra conversación lo dejó claro: creemos que la liberación de hacer el trabajo ocurrirá de forma mágica, como un interruptor que se activa de repente. Creemos que si trabajamos *en* el negocio el tiempo suficiente y con la suficiente intensidad, algún día nos encontraremos trabajando *sobre* el negocio. Creemos que llegaremos a un punto en el que todo encajará en su lugar. Ésa es la falacia: que eso pase con el tiempo, como si nuestro horario de cinco a nueve (como de cinco de la mañana a nueve de la noche) pudiera lograr ese "cambio de algún día" por pura voluntad.

Ese enfoque no funcionó para mí y no funcionará para ti. Para llegar al punto en el que tú no seas el caballo de batalla dentro del negocio, debes extraerte lenta y quirúrgicamente. El proceso para hacer que tu negocio funcione por sí solo dentro de dos meses, dos años o dos décadas comienza hoy. De manera deliberada, consecuente e implacable.

Mi conversación con Michael Gerber esa noche inspiró, en parte, este libro. Aun así, sabía que había descubierto sólo una parte del enigma de por qué no hacemos lo que sabemos que debemos hacer.

La "trampa de la sobrevivencia"

Una vez, mi primer *coach* de negocios, Frank Minutolo, me dijo: "La arteria obstruida en un negocio enfermo, que de otro modo sería saludable, es inevitablemente el dueño. En otras palabras, tú eres el problema, Mike. Los empresarios no somos diferentes a los demás humanos en esto: cuando algo nos resulta familiar o conocido, se vuelve cómodo. Nos sentimos más cómodos trabajando sin descanso. Y aunque puedas decir que 'lo odias' y 'no puedes soportarlo más', la verdad es que estás familiarizado con eso. Y cuando estás familiarizado con algo, por feo que sea, lo más fácil es seguir haciéndolo. Deja de alardear de tu ética laboral. Deja de obligarte a esforzarte mucho. Y por favor, deja de decir que estás 'haciendo una mierda'. Porque si estás haciendo una mierda, significa que estás haciendo una mierda".

Frank no es alguien que se ande con rodeos. Después de todo, también es de Nueva Jersey. Fue presidente de una empresa con la que obtuvo ingresos de cero a 100 millones de dólares. Tenía más que credibilidad callejera; todas las personas a las que asesoró experimentaron una trayectoria similar.

Los empresarios se han vuelto demasiado cómodos con las dificultades, por lo que siguen haciendo las cosas que los mantienen en ese estado. Y como siguen haciendo estas cosas, terminan en la "trampa de la sobrevivencia". Si has leído mis libros anteriores, probablemente has escuchado sobre este hoyo negro de un problema. He hablado sobre él desde hace mucho. Y, una vez más, voy a regresar a esto porque, por desgracia, es el estado en el que terminamos la mayoría de los empresarios y del cual muy pocos logramos escapar.

La "trampa de la sobrevivencia" es como yo llamo al ciclo interminable de reaccionar ante todo lo que ocurre en tu negocio (ya sea un problema o una oportunidad) con el fin de seguir adelante. Es una trampa porque, a medida que respondemos a lo que es urgente en vez de hacerlo a lo que es importante, sentimos la satisfacción de arreglar un problema. La adrenalina liberada por haber salvado algo (la cuenta, la orden, la venta, el día de trabajo) nos hace sentir como si estuviéramos haciendo progresos en nuestro negocio, pero en realidad estamos atorados en un ciclo que consiste sólo en reaccionar. Saltamos de una cosa a otra, arreglando esto, salvando lo otro. Como resultado, nuestro negocio se inclina a la derecha, a la izquierda. Luego vamos en reversa, después lo impulsamos hacia el frente. Nuestro negocio es una red de mala dirección y, con el paso de los años, se vuelve un desastre lleno de nudos… Todo porque estábamos tratando de sobrevivir.

La "trampa de la sobrevivencia" consiste en librar el día de hoy ignorando por completo el mañana. Consiste en hacer lo que resulta familiar, como advirtió Frank. Nos sentimos bien porque sobrevivimos ese día. Pero luego, en algún punto distante del futuro, nos despertamos y nos damos cuenta de que años y años de trabajo no nos movieron hacia adelante ni un ápice, que tratar de sobrevivir es una trampa que trae como resultado que nuestro negocio y nuestra fuerza de voluntad se ahoguen para siempre.

Por desgracia, descubrirás que vivir en la "trampa de la sobrevivencia" conduce a una terrible vida cotidiana que consiste en picos rápidos, caídas profundas y hacer lo que sea por conseguir unos centavos. ¿Yo? Sacrifiqué ambas, la integridad de mi negocio y cualquier apariencia de sólida responsabilidad fiscal para sobrevivir un día más y luego seguí con ese comportamiento a medida que me fui expandiendo para crear más negocios desastrosos.

Me convencí de seguir trabajando porque a veces, en los raros días azules, todo encajaba. Entraba dinero. Los empleados hacían su trabajo (por su cuenta). Terminaba suficientes pendientes como para irme a las tres de la tarde. Manejaba a casa pensando que por fin se había activado ese interruptor mágico y mítico, y que ahora todo estaría bien. *Todo estará bien.*

Pero llegaba el día siguiente y era una tormenta de mierda.

¿Qué pasó? La casualidad sucedió. Un día funciona bien y creemos que lo hemos conseguido. No. No puedes hacer crecer tu negocio con puros momentos de suerte. Necesitas una ejecución bien planeada, la creación y el cumplimiento de sistemas. Es necesario hacer clic todos los días, no uno aquí y otro allá.

El tiempo y la cordura no son los únicos costos de permanecer atrapado en la "trampa de la sobrevivencia". También obstaculizará el crecimiento de tu empresa y te quedarás con menos dinero del que ganas.

En *La ganancia es primero* escribí una pequeña sección que fue la semilla de este libro: "Tener una rentabilidad constante depende de la eficiencia. No puedes volverte eficiente en plena crisis. Cuando estamos en crisis, justificamos el hacer dinero a cualquier costo, ahora mismo, aunque signifique no pagar impuestos o venderle nuestra alma al diablo. En momentos de crisis, la 'trampa de la sobrevivencia' se convierte en nuestro *modus operandi*, hasta que nuestras estrategias de sobrevivencia crean una nueva crisis, aún más devastadora, que de plano nos aterroriza o, más comúnmente, aterroriza a nuestro negocio".

¿Celeste, la dueña del jardín de niños que mencioné en la introducción, estaba atrapada en la "trampa de la sobrevivencia"? Sin lugar a dudas. Estaba experimentando la versión extrema de la trampa. Puede ser que estés cómodo en tu trampa. Tal vez es manejable. Tal vez te enorgulleces de manejarla. ¿Pero qué importa eso si sigues en la trampa?

O tal vez, sólo tal vez, te preocupe algo que temes admitir: volverte irrelevante. Si no te necesitan en tu negocio, ¿cuál es el punto? Sentarse en la playa durante unas semanas suena bien, pero ¿por el resto de la eternidad?

La "trampa de la sobrevivencia" es lo que te está impidiendo avanzar hacia tu sueño o cumplir metas a corto o largo plazos. En cierto sentido, lo sabemos. Nos sentimos culpables por ese plan a cinco años que no hemos abierto en siete. Vemos otros negocios que lanzan nuevas iniciativas o productos según las tendencias y nos preguntamos cómo tuvieron tiempo para predecir y responder a los cambios en nuestro ramo. (Seguramente tienen superpoderes, ¿verdad?) Sabemos que estamos rezagados en cuanto a hacer el mejor uso de las innovaciones en términos de tecnología y de cultura empresarial. Y sabemos que, para llevar a nuestro negocio al siguiente nivel, necesitamos recuperar nuestras raíces visionarias: las ideas, los planes y el *corazón* que teníamos cuando empezamos nuestro negocio.

Necesitamos volver a ser accionistas.

Eres accionista

El replanteamiento que marcó toda la diferencia para mí fue dejar de pensar en mí como la persona más trabajadora y motivada de mi pequeño negocio (la definición moderna de empresario) y comenzar a declararme accionista. En pocas palabras, un accionista es alguien que posee parte de una empresa e influye en la dirección estratégica por medio del voto. Lo más importante de la definición de accionista es lo que *no* incluye. Los accionistas no trabajan hasta morir. Los accionistas no gestionan el día a día. No son los mejores empleados, ni ningún tipo de empleado, trabajador o hacedor.

Para ser muy claro, tú ya eres accionista de tu empresa. Tal vez, incluso uno mayoritario, con 50% o más. Pero el hecho de que lo seas no significa que te estés comportando como tal. Y tenemos que arreglar eso ahora mismo.

A partir de este momento, llámate accionista de tu negocio. Y actúa como tal.

Soy dueño de 100 acciones de Ford. Me doy cuenta de que esto es una gota en el mar del *stock* total, pero de todos modos se presenta una lección crítica. Cada trimestre recibo una distribución de ganancias de Ford. Recientemente he estado ganando un promedio de 13 dólares. (¡Fiesta de pizza! ¿Tenemos alguna pizza buena?) No llamo a Ford y digo que estoy listo para ir a la fábrica a trabajar. Y cuando recibo el cheque, no digo que necesito reinvertirlo en la empresa. Es una recompensa que recibo por correr el riesgo de poseer acciones. Lo que hago es quedarme con las ganancias e influir en la dirección estratégica de la empresa. Yo, junto con otros accionistas de Ford, voto por el equipo de liderazgo. Votamos sobre objetivos corporativos, compensaciones, equidad laboral, fusiones y adquisiciones, divisiones de acciones y políticas. Nosotros, los accionistas, establecemos la visión.

Tu trabajo como accionista es establecer la visión y darle una dirección estratégica a la empresa. Y para compartir las ganancias, un agradecimiento por invertir en una pequeña empresa, por contribuir a la economía y por crear empleos.

Por desgracia, la palabra *empresario* se ha convertido en algo que se refiere sólo al ajetreo y trabajo duro. Ya sabes, el artista antes conocido como adicto al trabajo. Y lo que es aún más trágico, muchas personas destacadas promueven este enfoque como el camino empresarial. Necesitas trabajar más duro, apresurarte más. Debes renunciar a la vida para construir un negocio exitoso y poder disfrutar la vida algún día.

El enfoque ajetreado del empresario es pura tontería. No te dejes engañar.

El trabajo del dueño de un negocio es crear puestos de trabajo. Su función es generar oportunidades para las personas que desean un buen empleo en una empresa. Si estás haciendo el trabajo, no estás creando empleos; los estás robando.

Para romper el ciclo del ajetreo y la rutina (y para ser claros, *debes* hacerlo), no te llames empresario. Odio decir eso porque me encanta esa palabra. Al menos, me encantaba lo que siempre debió ser: una persona que organiza un negocio para lograr una visión y asume riesgos financieros porque cree en esa visión. Pero, por desgracia, se ha equiparado erróneamente a "empresario" con "adicto al trabajo".

Llamarte empresario puede ser poco saludable. La palabra se asocia demasiado (y de forma errónea con trabajar más, trabajar más duro, trabajar sin cesar. En lugar de eso, a partir de hoy, llámate accionista de una empresa. O accionista importante de una empresa pequeña. Pero pase lo que pase, usa la palabra que habla de la verdad de tu responsabilidad: compartir las ganancias (una recompensa por el riesgo) y establecer la dirección (guiar el crecimiento). Eres accionista.

Cuando reconoces el hecho de que eres accionista de tu negocio, te convertirás en esa identidad. Y verás lo empoderador que es para ti y para las personas que te rodean. Como accionista te centrarás en los movimientos estratégicos del negocio. Capacitarás a tu equipo para que haga el trabajo necesario. Y si eso no es posible desde el principio (como ocurre con casi todos los dueños de un negocio en sus primeras etapas), intervendrás con un papel diferente cuando se te solicite, como un maestro sustituto que ayuda durante el día. Mientras tanto, crearás sistemas para que tu equipo pueda hacer el trabajo sin ti. La responsabilidad del accionista es que el negocio funcione sin el accionista.

Operación Vacaciones

En mi búsqueda por desarrollar una forma sencilla de hacer que mi negocio funcionara en automático, conocí a muchas otras personas que se tomaron sabáticos de sus negocios sólo para regresar a encontrar un negocio más exitoso que el que dejaron, ¡incluyendo una persona que se fue durante dos años completos! Compartiré más de esas historias a lo largo del libro. Escuchar sus historias y éxitos me hizo darme cuenta de que tomar unas vacaciones largas era la mejor prueba de la automatización del negocio y comprometerse en tomar esas vacaciones es el mejor incentivo para automatizar tu negocio en preparación para esas vacaciones.

Luego tuve una epifanía: comprometerse a tomar unas vacaciones de cuatro semanas (lo que dura la mayoría de los ciclos de negocios) es el incentivo perfecto para automatizar tu negocio. Durante un periodo de cuatro semanas, la mayoría de los negocios pagará facturas, venderá a prospectos, conseguirá clientes, pagará la nómina, hará la contabilidad, atenderá tareas administrativas, dará mantenimiento a la tecnología, proporcionará servicios, enviará productos, etcétera. ¿Recuerdas los simulacros de temblor en la escuela? Eran una interrupción deliberada que garantizaba que tú y tus amiguitos salieran del edificio de manera segura. *Las vacaciones de cuatro semanas funcionan como simulacro para tu negocio.*

Si sabemos que vamos a estar fuera durante cuatro semanas sin tener acceso a nuestro negocio, haremos lo que sea necesario para que esté listo para nuestra ausencia. Si no nos comprometemos con las vacaciones, invertiremos nuestro propio tiempo valioso en realizar los pasos del sistema del negocio.

Con la primera edición de este libro lancé la Operación Vacaciones. Tú, yo y todos los demás estamos en esto juntos y podemos apoyarnos unos a otros para dar los pasos necesarios con el fin de hacer crecer nuestros negocios y recuperar nuestra vida. *Mi desafío para ti es que te comprometas a tomarte unas vacaciones de cuatro semanas en algún momento de los próximos 18 meses.* Y cuando digo que te comprometas me refiero a que reserves esas vacaciones. Y para asegurarte de que no te eches para atrás, diles a tus hijos, a tu madre y escríbelo en tu diario. O bien, haz la declaración más contundente de todas: postéalo en redes sociales para que el mundo entero te castigue si no lo haces. Incluso puedes decirme sobre tu plan cuando me mandes un correo (en un momento te diré cómo y por qué). Quizá terminemos de vacaciones al mismo tiempo en el mismo lugar. Podemos tomarnos una margarita mientras tu negocio crece en tu ausencia.

En el capítulo 11 te daré un cronograma detallado y paso a paso que te ayudará a que tu negocio esté listo para tus vacaciones de cuatro semanas. Si eres un rebelde o un escéptico, y ya has decidido no tomarte las vacaciones de cuatro semanas en los próximos años, por favor lee el capítulo de todas formas. El cronograma proporciona un marco temporal para automatizar tu negocio usando el sistema que estás a punto de aprender.

Déjame aclarar que no estoy sugiriendo que *sólo* puedes tomarte unas vacaciones de cuatro semanas. Para algunas personas cuatro semanas parece demasiado poco. O, si estás pensando en tener un bebé, tal vez quieras tomarte tres o seis meses, o más, y no tienes idea de cómo lo lograrás al tiempo que mantienes vivo tu negocio. Por eso vamos a *planear* tomar unas vacaciones de cuatro semanas, de modo que podamos hacer que nuestro negocio funcione solo. Una vez que eso suceda, podrás apartar tanto tiempo libre como quieras o necesites. Imagínate… ¡tal vez no tengas que posponer decisiones de vida importantes por mantener tu negocio funcionando y creciendo!

Cuando le digo a la gente que necesitan programar unas vacaciones de cuatro semanas, obtengo una de dos reacciones: risas o lágrimas. Pero pase lo que pase, casi siempre escucho alguna versión de "¿Estás bromeando?". Algunos dicen que no necesitan ni quieren vacaciones. (Lo que sea que necesites decirte para pasar el día.)

La cuestión es que, aunque parezca que las vacaciones de cuatro semanas se trata de tener unas vacaciones de tu negocio, no lo es. Se trata de que tu empresa tenga unas vacaciones de ti. La mejor manera de salir del camino es simplemente salir. Y seamos realistas: es más probable que te des el tiempo si sabes que beneficiará a tu negocio que si crees que sólo es bueno para tu salud física y mental, no lo sé.

Geno Auriemma es uno de los mejores entrenadores de baloncesto de todos los tiempos. Como entrenador en jefe del equipo femenino de la Universidad de Connecticut, las Huskies, las llevó a un récord de 11 campeonatos nacionales de la División 1 de la NCAA. Cuando se desempeñó como entrenador en jefe del equipo nacional de baloncesto femenino de Estados Unidos, ganaron dos campeonatos mundiales y medallas de oro en los Juegos Olímpicos de verano de 2012 y 2016, invictas en los cuatro torneos. El tipo sabe de baloncesto y sabe cómo construir una organización ganadora.

Auriemma hizo un programa sobre el desarrollo de equipos ganadores para la serie de educación en línea Masterclass. Tomé nota de algo que dijo acerca de tomarte un tiempo libre para entrenar a tu equipo: "Podría irme por un mes y regresar y la operación será realmente mejor que cuando me fui porque no estaré diciendo: 'Oye, quiero cambiar esto y aquello'. Tienes que darle a tu gente clave la autonomía para tomar decisiones y que se sienta dueña". Una organización sana nunca depende del esfuerzo y la disponibilidad de una sola persona. De hecho, es todo lo contrario. El éxito perenne ocurre cuando la organización avanza en ausencia de cualquier individuo en particular, incluido el jefe.

Unas vacaciones de cuatro semanas son una demostración de confianza en tu equipo. No los estás agobiando con tu ausencia; les estás dando responsabilidad. No estás abandonando tu empresa; la estás ayudando a ser más resiliente. Tomarte las vacaciones de cuatro semanas demuestra que confías en que tu equipo se encargará de todo si sucede algo "malo", y le permites desarrollar resiliencia. Piensa en ello como un entrenamiento de resistencia para tu negocio. Así desarrollamos músculos y fortalecemos nuestro sistema óseo, y también funcionará para tu empresa.

Cuando me comprometí a tomar mis primeras vacaciones de un mes continuo, empecé a planearlas 18 meses antes. Apliqué todo lo que había aprendido sobre cómo garantizar que mi negocio funcionara como relojito y realicé varias pruebas de una semana fuera del trabajo diario para demostrar que estaba listo. Y a lo largo de esos 18 meses, pensé en mi negocio de una manera completamente nueva.

Las tres fases del sistema Clockwork

Obtener eficiencia organizacional para poder tomar mis vacaciones planeadas de cuatro semanas fue un proceso que involucró muchos momentos eureka, mucho ensayo y error, y más viajes de mi ego grande y gordo de los que me gustaría admitir. Algunas estrategias funcionaron a las mil maravillas y otras necesitaron refinamiento. Por eso estoy tan agradecido por mi colaboración con Adrienne Dorison. Juntos fundamos Run Like Clockwork para propietarios de negocios que desean ayuda para gestionar su empresa. Desde la publicación de la primera edición de este libro, Adrienne y yo continuamos perfeccionando el sistema. Si lees el libro anterior, notarás algunas adiciones y cambios vitales en la secuencia.

En los siguientes capítulos vamos a abordar los cambios que necesitas dar para hacer que tu negocio funcione por sí solo. Una fase puede llevarte más tiempo que otra y es posible que tengas que regresar y mejorar la implementación de las estrategias de vez en cuando. Este sistema no es un plan de reparación rápida. El proceso de cambio a un negocio autónomo es metódico y, en ocasiones, requiere precisión quirúrgica. Esto puede tomarte algún tiempo, pero si te comprometes con el proceso, llegarás al punto deseado. Para ayudarte a procesar todo lo que aprenderás en este libro, identifiqué tres fases para que tu negocio implemente el sistema Clockwork y funcione a la perfección. Es importante notar que cuando completas una fase, es probable que regreses a ella en algún momento. Tu negocio está en constante evolución y la eficiencia organizacional no es un estado fijo.

He aquí una descripción general de las tres fases para que tu negocio funcione por sí solo:

1. Alinear

Alinear es la fase fundamental sobre la cual se construye la eficiencia organizacional. Lo que ganes en esta fase nunca lo perderás.

Para hacer avanzar tu negocio hacia el destino deseado, todos y todo debe avanzar en la misma dirección. Si alguna parte está desalineada, impedirá el progreso. Y si tu negocio no tiene alineación (¡anarquía direccional!), permanecerá estancado de forma indefinida. En la fase de Alinear del sistema Clockwork, te asegurarás de que lo que hace la empresa, por qué lo hace y para quién lo hace estén en armonía.

Primero, aclararás la comunidad a la que sirves. Luego, determinarás tu gran promesa para ese grupo. Con esta nueva claridad, determinarás el PAR o "Papel de la Abeja Reina" de tu empresa, que es el corazón del sistema Clockwork.

2. Integrar

En la fase de Integrar, tú y tu equipo comienzan a ver resultados medibles. Aquí es cuando tu empresa comienza a funcionar como relojito.

Ya que tu negocio esté alineado, debes avanzar con todas las partes de forma sincronizada. En la fase de Integrar, el objetivo es reenfocar y reorganizar cada aspecto de tu empresa para que tu equipo pueda hacer el trabajo en la menor cantidad de pasos necesarios, utilizando el menor esfuerzo requerido, para lograr el resultado esperado.

Primero, descubrirás cómo tú y tu equipo protegerán y servirán al corazón de tu organización, el PAR. Luego, realizarás un seguimiento de tu tiempo y del de tu equipo de una nueva manera, reduciéndolo a las cuatro Ds (4Ds): Dar acción, Decidir, Delegar y Diseñar. Aquí es donde tú (y tu equipo) comenzarán a hacer más del trabajo que a ti (y a ellos) te encanta hacer, el trabajo que te brinda a ti (y a ellos) alegría y satisfacción. Con los conocimientos de las 4Ds, aprenderás cómo descargar y reenfocar tu lista de tareas pendientes mientras determinas qué tareas puedes Eliminar, Transferir, Recortar o Atesorar. Para ayudarte a facilitar esta parte del proceso, te mostraré cómo capturar sistemas de manera fácil y eficiente para garantizar que cualquier miembro de tu equipo pueda realizar casi cualquier tarea.

3. Acelerar

En la fase Acelerar, llevas la eficiencia organizacional a un nuevo nivel. Tu equipo se volverá más empoderado y resiliente, te alejarás por completo del "hacer" y tu empresa crecerá en impacto y rentabilidad.

En la fase de Acelerar, pondrás a disposición a las mejores personas y recursos para mejorar la integración. Ayudarás de forma permanente a la organización a evitar que una sola persona sea el factor decisivo de la producción de la empresa. Tu negocio comenzará a funcionar por sí solo.

Primero, equilibrarás a tu equipo para asegurar que todos reciban las tareas y responsabilidades que mejor se adapten a ellos. Luego, aprenderás un proceso simple para identificar y solucionar los cuellos de botella que interrumpen la eficiencia organizacional y ralentizan a tu equipo. Finalmente, tomarás las vacaciones de cuatro semanas. O tal vez comiences con una interrupción intencional más breve como prueba rápida. El sistema Clockwork se trata de la mejora continua de la eficiencia y la eficacia. Para solucionar lo que no funciona, revisarás y perfeccionarás el trabajo que hiciste en las fases de Alinear e Integrar.

EL SISTEMA CLOCKWORK

FASE	PASOS
I	1.Aclara a quién atiendes 2.Declara tu Gran Promesa 3.Define el Papel de la Abeja Reina (PAR)
II	1.Protege y sirve al PAR 2.Seguimiento del tiempo de todos 3.Crea sistemas
III	1.Equilibra el equipo 2.Encuentra y arregla cuellos de botella 3.Toma vacaciones de cuatro semanas

FIGURA 1.

Para muchos, celebrar 20 años de propiedad empresarial significó darnos cuenta de que sobrevivimos 20 años de una experiencia cercana a la muerte continua. Pero no tiene por qué ser así. No estás solo. Hay millones de personas como tú. Y todos podemos hacer la transición, incluido yo. De hecho, todavía estoy progresando más y más en mi propia implementación del sistema Clockwork, incluso mientras escribo esto. Es muy fácil volver a creer que existe un truco mágico de productividad que salvará el día. Sin importar las decisiones que hayas tomado para llegar a este día, está bien. Te trajeron aquí. Ahora te llevaremos allá.

A medida que pases por este proceso, te sentirás frustrado o atorado y querrás rendirte. No te asustes, ésos sólo son signos de que te estás empezando a sentir cómodo con las incómodas cosas nuevas que te estoy enseñando. Y no te atrevas a detenerte. ¿Me oíste? Nunca te detengas. Y como resultado, lograrás un negocio que funciona en automático. Y *eso* es lo que quieres hacer.

El tiempo lo es todo. Absolutamente todo. El tiempo es lo único en el universo (hasta que alguien invente una máquina del tiempo) que no es renovable. O lo usas sabiamente o no. El tiempo seguirá corriendo sin importar cómo lo inviertas. Sospecho que incluso en este momento echaste algunos vistazos nerviosos al reloj, a medida que pasa el tiempo, esperando poder avanzar en este libro (y en tu trabajo) más rápido. ¿Estoy en lo cierto? ¿Aunque sea sólo un poco? Si estás experimentando eso, quiero que sepas que no es tu culpa, sino de la Ley de Parkinson.

Y quiero que sepas que de hecho te encuentras en una buena posición. Mejor dicho, estás en una posición salvable. Es probable que tu negocio tenga demanda y tú estés haciéndole frente (aunque no de manera eficiente). Lo que vamos a hacer es llevar a cabo algunos sencillos ajustes para hacer que tu negocio funcione como una máquina bien aceitada y, en el proceso, te vamos a devolver ese precioso tiempo que parece haber desaparecido.

Quiero dejar claro que este libro *no* trata sobre hacer más con el tiempo que tienes. Trata sobre cómo tu negocio crece y mejora los resultados con *su* tiempo y sobre darte la libertad para que hagas lo que quieras con tu tiempo. Trata sobre cómo puedes recuperar tu vida mientras desarrollas el negocio de tus sueños. Eso puede suceder. De hecho, sucede, todo el tiempo, en el caso de otros negocios. Nuestra tarea, hoy, es lograr que suceda en el caso del tuyo. Pero para que esto funcione tienes que estar al cien en esto conmigo. ¿Estás listo, accionista? Muy bien. Vamos a trabajar.

Tacha eso. Vamos a trabajar *menos*.

El sistema Clockwork en acción

Tu enfoque principal es diseñar el flujo de trabajo de tu empresa que permita que otras personas y otras cosas hagan el trabajo. Comprométete a poner en primer lugar los resultados de tu empresa y en segundo tu productividad. ¿Cómo haces esto? Fácil… encontrarás mejores respuestas cuando hagas mejores preguntas. Deja de preguntarte: "*¿Cómo* puedo hacer más cosas?" y comienza a preguntarte: "*¿Cuáles* son las cosas más importantes que hay que hacer?" y "*¿Quién* va a hacer este trabajo?".

Al final de cada uno de los siguientes capítulos, compartiré pasos de acción que puedes dar rápidamente —por lo general en 30 minutos o menos— y aun así experimentar un gran progreso. En el primer capítulo sólo tengo un paso de acción para ti, pero quizá es el más importante. Te obligará a hacer ajustes inmediatos en tu forma de ver tu papel para hacer avanzar tu negocio. ¿Cuál es ese paso? Quiero que te comprometas… conmigo.

Mándame un correo electrónico a Mike@MikeMichalowicz.com con un asunto que diga: "¡Soy un accionista!". De esa forma podré identificarlo con facilidad entre los otros correos que recibo. Luego, en el cuerpo del correo, por favor escribe algo como esto:

"A partir de hoy me comprometo a diseñar mi negocio para que funcione solo". Si lo deseas, incluye lo que significa para ti ser accionista a partir de este momento. Cuéntame cómo actuarás para tu negocio como accionista. O cuéntame sobre las miradas raras que recibirás de familiares y amigos cuando les digas que eres accionista. Pero pase lo que pase, prométeme que para siempre usarás sólo tu nuevo título, accionista, porque entonces actuarás como tal.

¿Por qué te pido que me mandes un correo electrónico? Porque, si eres como yo, cuando te comprometes con alguien más, el seguimiento que le das a algo se va por las nubes. Te responderé y, claro, sí, uso un proceso para ser eficiente, pero cada palabra proviene de mí. Espero recibir tu nota. Y eso, mi nuevo socio responsable, es el primer paso perfecto para ser dueño de un negocio que funciona por sí solo.

FASE UNO

ALINEAR

Imagina que creaste un deporte nuevo. Es una mezcla de water-polo, futbol y Texas Hold'em. Lo llamas "Texas Waterball". Este deporte va a ser grande y a todos les encanta la idea. Has reclutado jugadores y hoy es el primer gran partido. Los principales medios de comunicación están aquí para transmitirlo. El mundo no puede esperar a verlo. El único problema, el gran problema: ninguno de los jugadores conoce las reglas, ni siquiera el objetivo. ¿Cómo se gana? ¿Qué está permitido? ¿Qué no lo está? ¿Cómo trabaja el equipo en conjunto? ¿O es cada uno por su cuenta? Buena suerte llevando el trofeo a casa.

Sí, el otro equipo tiene jugadores horribles, pero conocen las reglas básicas del juego, te patearán el trasero de seis maneras hasta el domingo. (En realidad, los partidos sólo se juegan los jueves por la noche; es una regla clave del "Texas Waterball".) El otro equipo puede tener jugadores con habilidades inferiores. Pero si están alineados en cuanto a las reglas y saben lo que deben hacer… eso superará muchas debilidades.

La falta de alineación es el problema operativo más común entre las pequeñas empresas y afecta todos los aspectos del negocio. Cuando atiendes a todos y cada uno de los clientes y todas sus necesidades, de inmediato se vuelve un caos y terminas en modo de reacción constante. Y cuando no hay alineación en torno a la promesa de tu empresa hacia los clientes que atiende, nadie sabe en realidad qué hacer más allá de "simplemente hacer lo mejor que pueda". No ven cómo se vinculan las cosas. No ven cómo contribuyen al conjunto mayor. Es posible que escuchen alguna idea sobre el "objetivo corporativo", pero no ven *su* objetivo. Y la empresa no logra ganar.

La alineación es donde todos conocen la meta, conocen su relación con la meta y están ahí para ganarla. Como líder del negocio, estás definiendo el juego. Es hora de jugar "Texas Waterball" de la manera correcta, con todos alineados. Y presentarse el jueves por la noche, por supuesto.

Capítulo 2
Aclara a quién atiendes

Identifica a tus mejores clientes y cómo obtener más de ellos

Cuando pregunto a los dueños de negocios a quién atienden, muchos responden con alguna variante de "a todo el mundo". Para que un negocio funcione como relojito debes cumplir de manera consistente aquello que ofreces. Necesitas tener un proceso predecible que produzca un resultado predecible, y para ello debes reducir la variabilidad. Lo predecible que eres crece de manera exponencial cuando haces menos cosas con una serie de expectativas más limitada.

¿Alguna vez has notado que los restaurantes de comida rápida tienen un número limitado de opciones de menú? ¿Y que la mayoría de esas opciones son combinaciones de los mismos ingredientes? La hamburguesa "Big Boy", la hamburguesa "Really Big Boy" y la hamburguesa "Insane Oh Big Boy" son todas iguales, excepto que la carne se apila una, dos o tres veces.

¿Qué pasaría si decidieras centrarte en varios tipos de clientes? ¿Podrías conectar con todos tus clientes de la misma manera? ¿Responderían a tus elecciones de la misma manera? ¿Tendrían expectativas idénticas de ti? ¿Todos necesitarían el mismo tipo de educación y apoyo? Respuesta: es un rotundo "no" en todos los ámbitos.

Si ofreces tres productos a cinco tipos de clientes y cada uno tiene su propia variante de ese producto, estás entregando 15 productos. Mejor dicho, estás ofreciendo 15 variantes de productos, y para que cada uno sea notable, debes lograr que los 15 sean buenos. Eso representa 15 áreas de problemas potenciales. ¿Y si cada variación del producto estuviera hecha de 10 partes? Ahora tenemos 15 productos multiplicados por 10 partes. Eso son 150 problemas potenciales. ¿Hacer más cosas es la mejor manera de hacer crecer una empresa? No me hagas empezar.

Cuando mi primera empresa, Olmec, empezó a crecer, nuestra estabilidad se debilitó. Brindábamos soporte técnico a las empresas. A medida que obtuvimos clientes más variados, necesitábamos un software más variado para brindarles soporte. No podíamos permitirnos las herramientas y la infraestructura necesarias para satisfacer sus necesidades. Como resultado, mi socio y yo no podíamos pagarnos (otra vez). Sólo reaccionábamos a las necesidades de nuestros variados clientes. Esto nos hizo cometer errores que decepcionaron a algunos de nuestros clientes. Ya sabes, el tipo de "decepción" en la que despiden a tu empresa, no pagan las facturas que te deben y rematan con una reseña de una estrella en todas partes.

Un buen indicador externo de la estabilidad de una empresa es: ¿Son proactivas (buenas) o reactivas (no buenas)? Para convertirse en una empresa proactiva, comienza por limitar tu tipo de clientes. Digamos que tienes tres productos para un tipo de cliente y cada cliente tiene más o menos las mismas necesidades. Aquí lo único que necesitas es hacer tres cosas perfectamente bien. Es mucho más fácil hacer bien tres cosas que 15, y mucho más fácil arreglar los problemas cuando éstos se presentan.

Menos cosas para menos gente implica menos variantes, lo que significa que puedes volverte muy pero muy bueno en lo que haces. Y con menos variantes, necesitas menos recursos para obtener buenos resultados. Dicho simple y llanamente: haz menos para lograr más. (Sí, si yo fuera tú, subrayaría esto.)

Para iniciar el proceso del sistema Clockwork, te concentrarás en ese grupo dentro de tu base de clientes que son tus mejores clientes. Yo los denomino "clientes más importantes". Puedes llamarlos "clientes soñados" o "mejores amigos" o, si quieres, "parecidos a

Mike". El sistema Clockwork es más que sólo crear el motor de tu empresa (hacer bien las cosas internas); también es agregar de forma constante el combustible adecuado para tu motor: tus clientes principales.

El análisis de amor/odio

En mi libro *El Gran Plan* describí el proceso para identificar y clonar a tus mejores clientes. Lo desarrollé en Olmec para sacarnos del modo de reacción y aumentar la estabilidad. El punto principal es que una vez que sabes quiénes son tus "clientes más importantes", el siguiente paso es "clonarlos" al atraer a otros clientes que tienen las mismas cualidades.

El proceso empieza con el análisis amor/odio.

1. Primero evalúa la lista de clientes que ya tienes. Acomódalos por ingreso de mayor a menor. Esto es importante porque las personas que gastan más en tu producto o servicio, en particular si repiten su compra, demuestran, a través de su comportamiento, que te valoran más. No confíes en las palabras de la gente; confía en su cartera. Dicho de otro modo, las personas pueden decirte lo mucho que te aman hasta el cansancio, pero aquí se trata de gastar dinero en ti o de *no* gastar dinero en ti, lo cual dejará ver sus verdaderos sentimientos.

2. A continuación evalúa el factor de amor/odio que tienes por cada cliente de la lista. En otras palabras, ¿lo amas, lo odias, o ni lo uno ni lo otro? Automáticamente proporcionarás un servicio excelente a los clientes que te caen mejor porque te resulta natural. Por el contrario, te encontrarás evitando o retrasando el trabajo para los clientes que odias, y los que te son equis recibirán un servicio irregular de tu parte.

3. Luego documenta la comunidad en la que se encuentra cada cliente (ramo, vocación, grupo de consumo o punto de transición).

4. Por último, determina todos los puntos de congregación, es decir, todos los lugares donde se reúnen en un grupo organizado. (Más de esto en la próxima sección.)

CLIENTE	AMOR/ODIO	COMUNIDAD	PUNTOS DE CONGREGACIÓN

FIGURA 2.

A veces, el análisis de amor/odio revela que el factor "odio" tiene más que ver con el tipo de producto o servicio que desea un cliente que con el cliente mismo. Hudson Lighting Ltd., fabricante de iluminación exterior con sede en Londres, experimentó exactamente eso. La mayoría de su base de clientes son contratistas. Chris Hudson, el fundador de la empresa, leyó *El sistema Clockwork* y justo cuando empezaba a clasificar a los clientes, sonó el teléfono.

"Tuve un momento en el que pensé: no quiero contestar el teléfono", me dijo Chris en una entrevista. "Pude ver quién era porque tengo todos los contactos guardados. Y me di cuenta: Dios mío, detesto a este cliente".

No contestó el teléfono.

Chris terminó su lista de "odio" y luego se preguntó: "¿Qué tienen estos clientes que me hace sentir así? ¿Qué me piden que me molesta?".

Chris profundizó en su lista y se dio cuenta de que los clientes que más quería evitar eran los contratistas de viviendas inteligentes.

"Construyen estas casas increíbles, hermosas y con un valor multimillonario", explicó Chris. "Y estas casas tienen sistemas que encienden las luces automáticamente cuando llegas a casa, ese tipo de cosas. Al principio parecía que nuestra iluminación encajaría perfectamente allí y que ellos eran el cliente ideal y de alto nivel. El problema era que querían todo personalizado".

Sus clientes en la lista de "odio" querían variaciones de los productos existentes que ofrecía Hudson Lighting. "Siempre quisieron algo un poco fuera de lo común y que requería mucho tiempo para crearse. Decían: 'Chris, en lugar de hacer esto, ¿puedes hacer aquello?'. A veces, sus peticiones ni siquiera eran muy eufóricas".

Chris aceptó a esos clientes porque decía "sí" a cada solicitud. Pensó que diciendo "sí" los sorprendería. Además, eran "ventas adicionales fáciles" y Chris necesitaba desesperadamente un ingreso extra. Desde que comenzó a decir "no" a las solicitudes de los clientes odiosos, esos clientes se fueron con otros proveedores para satisfacer sus solicitudes. El trabajo personalizado que enojaba a sus empleados y le hacía querer evitar contestar el teléfono desapareció. Pero ¿qué pasa con esas ventas adicionales fáciles y esos ingresos adicionales? Resulta que es fácil decir que sí a esas cosas, pero muy difíciles de cumplir. Sí, había ingresos adicionales, pero requería un esfuerzo adicional desproporcionado. ¿El resultado? Perdió dinero en el trabajo "fácil extra". Y casi pierde a sus empleados.

"Despedir a clientes odiosos fue fantástico", dijo Chris. "Ahora no hacemos todas esas tonterías que nos ataban durante horas. Todos se sintieron muy aliviados. Y como redujimos parte de nuestra gama de productos al eliminar a los clientes de la lista de 'odio', superamos nuestra meta de producir 75 lámparas por semana; ahora sacamos hasta 110 lámparas por semana. Menos variaciones significaron una mayor producción. Y mi equipo está feliz. Están haciendo lo que aman sin distracciones extrañas".

El análisis de amor/odio te ayudará a aclarar a quién quieres clonar y a quién quieres despedir con un beso. Tengo un descargo de responsabilidad: no hay garantía de que alguno de tus clientes existentes represente la comunidad ideal a la que debes servir. He asesorado a accionistas de pequeñas empresas en este proceso y algunos no tenían ni un solo cliente ideal que quisieran clonar. En estas raras circunstancias, crearon un avatar de cliente clonable "uniendo" los elementos favoritos de sus clientes existentes. Dicho esto, la mayoría tenía un cliente que querían clonar, y si tú también tienes uno, representa un atajo importante hacia una empresa del sistema Clockwork.

Considera puntos de congregación

Una vez que tengas la lista de tus clientes más importantes, podrás identificar el mercado al que deseas centrar tu atención. Antes de comprometerte con un mercado, juzga su viabilidad en función de sus puntos de congregación. Éste es el paso cuatro, el último paso del análisis de amor/odio.

Los puntos de congregación son lugares donde una comunidad con ideas afines converge de forma recurrente para conectarse, establecer contactos y/o compartir conocimientos. Si tu mercado está activo en varios es prueba de que comparten unos con otros a través de canales establecidos. Canales en los que fácilmente puedes obtener la reputación de que eres excelente. Si no puedes identificar ningún punto de congregación, o si los puntos que ubicas son pocos, están dispersos y no están bien establecidos, te espera un gran esfuerzo. Es difícil ser descubierto cuando la comunidad ni siquiera puede encontrarse a sí misma.

Por ejemplo, mi cliente Gary dice que su mejor cliente es una madre soltera que dirige una pastelería y que ha logrado alcanzar su primer millón de ingresos, a pesar de que está abrumada por el volumen de trabajo y está tratando de criar sola a su hijo (y como no soporta a su madre, no tiene a nadie quien la ayude).

Gary (a quien yo llamo el Gran G) me dijo:

—Si me das una docena de clientes así, mi ingreso se iría por las nubes y sólo tengo que hacer una cosa para encontrarlos. ¡Encontré mi nicho!

Yo le dije:

—Déjame preguntarte algo, Gran G. Lo que me acabas de decir es que estás buscando más clientes que sean "mamás solteras empresarias que odien a sus madres". ¿Cierto?

—Sí, exactamente —me contestó.

Luego le pedí a Gary que me dijera dónde están los puntos de congregación. "¿Dónde se reúnen habitualmente esas personas para aprender unas de otras y compartir experiencias, Gran G? ¿Dónde está el CEMOM? Ya sabes, el 'Club Empresarial de Madres que Odian a sus Madres'".

La respuesta es: en ningún lado. No hay puntos de reunión. No hay congresos. No hay podcasts. No hay sitios de internet. No hay un solo punto de congregación. Sí, dos mamás solteras que odian a sus madres podrían conocerse en una fiesta de la oficina y volverse las mejores amigas, pero las casualidades no son un punto de congregación. Un punto de congregación es una presencia consistente para aprender y compartir, y no existe en el caso de este grupo. Esto significa que Gary tiene un obstáculo: no hay grupo al cual acceder. Puede y debería preguntarle a su "cliente más importante" dónde se reúne con gente que piensa similar a ella y que está en circunstancias parecidas, porque tal vez existe algún grupo escondido por ahí. No obstante, hay una probabilidad baja de que esos grupos existan realmente, porque las psicográficas de Gary son demasiado estrechas como para que se apliquen a una comunidad.

Con este nuevo conocimiento, Gary tuvo una nueva aproximación respecto a cómo identificar una comunidad. Se preguntó cuáles son los elementos que distinguen a su cliente favorita y que podrían compartir otras personas que sí constituyen una comunidad. Es dueña de una pastelería exitosa. Eso es lo primero. Estaba abrumada con el trabajo. Eso es un segundo elemento. Era madre soltera y empresaria. Otro elemento. Además, odiaba a su madre. Un elemento adicional.

Una vez identificadas las cuatro piezas, Gary se preguntó cuáles elementos le interesaban más. El Gran G realmente disfrutaba el hecho de que se trata de una pastelería porque le encanta fabricar cosas y eso es básicamente en lo que consiste el negocio. También sentía que podía tener empatía y apoyar a una madre soltera empresaria mejor que la mayoría de los vendedores, puesto que él mismo fue criado por una madre soltera emprendedora. Las demás características no eran áreas que le interesaran o en las cuales pudiera tener injerencia.

Una vez identificadas las dos características, llevó a cabo la prueba. ¿Había puntos de congregación? Con el poder de internet, fue fácil encontrar la respuesta. Gary buscó "asociaciones de pastelerías". Simple, ¿verdad? Rápidamente encontró la Asociación Norteamericana de Pasteleros, la Sociedad Norteamericana de Horneado, la Asociación Independiente de Horneado, y más. Encontró foros en internet. Encontró grupos de Facebook. Todo esto significaba que se trataba de una comunidad establecida y que se reunía. ¡Ésa es una oportunidad!

Cuando buscó "asociación de madres solteras empresarias" no encontró nada. Cuando buscó "grupo de madres solteras empresarias", encontró un grupo de reunión con 12 miembros. No cabe duda de que se trata de un grupo importante, pero no es una oportunidad para el Gran G. Los puntos de congregación no están establecidos, así que entrar en esa comunidad sería muy complicado.

Gary decidió irse por las pastelerías. Habló con su mejor cliente, que ya era miembro de una de esas asociaciones, para pedirle algunas sugerencias con respecto a cómo involucrarse. Con eso, Gary estuvo listo para acudir a donde se reunían sus prospectos. Y, como un buen pan de levadura, su negocio comenzó a subir.

Otras personas identifican nichos muy amplios. Quieren trabajar con "gente rica" o con "pequeños negocios". Ésas son comunidades muy amplias, y aunque es probable que tengan puntos de reunión, el conocimiento que comparten es general y sus necesidades son muy variables. En otras palabras, los pocos prospectos ideales se mezclan en estos amplios puntos de congregación con muchos no prospectos.

MUESTRA DEL ANÁLISIS DE AMOR/ODIO

INGRESO	CLIENTE	AMOR/ODIO	COMUNIDAD	PUNTOS DE CONGREGACIÓN
$25 000	Example Co	Amor	Pisos y azulejos	Asociación Nacional de Azulejos
$17 500	ABC Company	Odio	Dueños de viñedos	El Winetime Podcast Winecon
$15 000	XYZ Inc	Amor	Compañía de transporte de carga	La Convención de Transporte de Carga
$9 000	Alpha Co	Amor	Pisos y azulejos	Asociación Nacional de Azulejos
$8 000	Omega Inc	Odio	Limpieza de oficinas	Asociaciones, Federaciones y Empresas de Limpieza Nacionales
$8 000	Cecita Co	Amor	Movilidad de última milla	La Asociación de Transporte de Carga Reuniones de camioneros

FIGURA 3.

Necesitas identificar una comunidad que conecte de manera repetida en uno o más puntos de congregación para atender sus necesidades y sus deseos específicos. Se trata de un área en la que ves a los mismos prospectos, vendedores y personas con influencia una y otra vez. No necesita ser un punto de reunión físico. Podría ser un grupo de redes sociales. Podrían ser los suscriptores de un podcast o de una revista. Idealmente, hay una combinación de formas en que se conectan y aprenden. Cuando ves esta repetición de encuentro y aprendizaje en el caso de una comunidad en específico, significa que puedes obtener acceso a dicha comunidad y generar la reputación de vendedor líder en atender sus necesidades.

Además de encontrar estos puntos de reunión, tener claridad sobre el cliente ideal te permite venderle de manera óptima. Puedes (y debes) diseñar tu marketing para dirigirte específicamente al cliente que identificaste. Y con menos variabilidad de marketing, aumentas la eficiencia de tu marketing. De nada.

Necesito dejarte algo muy claro. Lo más importante es tu interés por la comunidad y el hecho de que tengan puntos de congregación. Esto es más importante que lo bien o mal que te caen tus clientes actuales. Tener un cliente excelente que puedas clonar es superútil, pero puedes entrar a una comunidad incluso sin tener un solo cliente que pertenezca a ella. Además, un cliente por el que sientes amor u odio *no* representa la naturaleza de su comunidad. Un ejemplo de uno de ninguna manera representa al todo.

Lo mismo en el caso de los clientes que amas. Date cuenta de que representan un atajo para acceder a su ramo y posiblemente a otros prospectos excelentes. (La gente buena se junta con gente buena.) Además, nota que es posible que tengas clientes malos dentro de una comunidad excelente. Así que ese monstruo que tienes por cliente no es representativo de esa comunidad y quizá no sea la mejor puerta de entrada.

* * *

Luego de escribir y publicar mi primer libro descubrí a mis lectores ideales para ese libro, mi verdadero *quién* eran: mamás empresarias que estaban entrando o regresando a la fuerza de trabajo después de que sus hijos habían alcanzado una edad que les permitía tener la suficiente libertad para dirigir un negocio de tiempo completo. Algunos amigos sugirieron que mi nicho eran los dueños de pequeños negocios, pero yo sabía que estaba creando mi negocio para las mamás empresarias. ¿Otras personas leyeron mi libro? Claro que sí. Y los amo por ello. (Un hurra para los hombres que están tratando de abrirse paso en Empresalandia. Estoy con ustedes, amigos.) Sin embargo, si me hubiera enfocado en la comunidad más amplia de dueños de pequeños negocios desde el inicio, nadie me habría notado.

Experimenté en carne propia la lección que Brian Smith, el fundador de UGG, me enseñó: si quieres tener un gran éxito, primero necesitas enfocarte en una comunidad pequeña y luego empoderar a esa comunidad para que te lleve a mercados más grandes. Por definición, un nicho es un grupo reducido con necesidades muy consistentes. Ten cuidado de apuntar a una comunidad amplia y decirte que es un nicho… porque no lo es.

Elegir mi comunidad tuvo un fuerte impacto en mi manera de escribir mis libros y también en mi manera de promocionarlos y venderlos. Cuando descubrí dónde se congregaban las madres empresarias: en congresos y retiros organizados por otras madres empresarias (como Ángela Jia Kim), las cuales estaban logrando un crecimiento impresionante de sus negocios, esa comunidad me condujo no sólo hacia otras madres empresarias, también hacia otros grupos del mismo nicho dentro de la comunidad, más amplia, de los dueños de pequeños negocios. Y la mejor parte de toda esa estrategia fue que aumenté mi audiencia, y mi negocio, con un mínimo esfuerzo. ¿Ves cómo funciona?

Para empleados: La historia de Cora

Al final de la mayoría de los capítulos, encontrarás una sección para ti, el empleado. Estas secciones incluyen historias ficticias sobre "Cora" que te ayudarán a comprender tu papel en cada fase del proceso del sistema Clockwork. Su historia comienza aquí.

Cora Monroe sirvió en el Ejército estadounidense durante 10 años, alcanzando el rango de sargento mayor. Durante su mandato dirigió un escuadrón de 10 soldados. Acaba de ser contratada para su primer trabajo civil desde que trabajó en una pizzería en la escuela secundaria. Su nuevo empleador, Job Turf Inc., se especializa en espacios al aire libre sustentables y ecológicos.

Durante las entrevistas en Job Turf, quedó claro que Cora tenía las características que la empresa estaba buscando. Habían contratado a veteranos en el pasado, por lo que sabían que estas personas están capacitadas para trabajar en equipo. Tienen confianza en sí, funcionan bien bajo presión y son capaces de adaptarse a situaciones cambiantes.

El hecho de que Cora fuera militar le dio una ventaja para conseguir la entrevista. Pero eso no aseguraba el empleo. Y ahora que lo tenía, eso no garantizaba que sobresaldría. Tenía mucho que aprender, en especial sobre el sistema Clockwork

En su primer día en el campo, Cora recibió cinco uniformes limpios para facilitar la rotación y cuatro elementos que resultarían esenciales para hacer su trabajo: un casco, un par de guantes, un sujetapapeles y una tarjeta de puntuación del cliente.

Cuando preguntó sobre esta tarjeta, su gerente, Gordon Sumner, explicó: "Cada empleado rastrea el desempeño diario del cliente y lo envía al gerente del proyecto, que soy yo para la mayoría de los trabajos, al final del proyecto. El oro está ahí afuera, en el campo, donde se mide activamente la calidad de nuestro trabajo y la calidad del cliente".

¿El desempeño del cliente? ¿Quién hace eso? Esta empresa; nosotros.

En su primer día en el campo, Cora notó que, si bien no había problemas con ninguno de los clientes, un cliente en particular salió de su oficina para saludarla y mostrarle el sitio. ¿Un cliente que se dio cuenta de que era una nueva empleada y se aseguró de que se sintiera bienvenida? Eso merecía una nota en la columna de enamoramiento.

Al realizar un seguimiento de la capacidad de respuesta de sus clientes a las preguntas, su participación en la resolución de problemas cuando se presentan, su trato hacia los empleados de la empresa y su positividad y entusiasmo generales, Job Turf puede identificar a sus "clientes más importantes".

Es posible que interactúes con clientes en una función de ventas o de soporte, tal vez sólo escuches hablar sobre clientes entre tus compañeros de trabajo cuando el jefe no está. Independientemente de tu función, quizá tienes conocimientos sobre los clientes que pueden ayudar a la empresa a conseguir mejores clientes. Y con mejores clientes, el trabajo de todos, incluido el tuyo, es menos estresante y más divertido.

¿Cómo puedes ayudar? Empieza a documentar tus observaciones. Mantén un registro de los clientes que te gustan y por qué. ¿Cuáles son los factores para ponerlos en la lista de amor? ¿Qué clientes te facilitan hacer un trabajo eficaz? ¿Quién parece agradecido y lo expresa? Por otro lado, ¿quiénes son tus clientes odiosos y por qué te sientes así? ¿Cómo te afectan a ti y/o a tus compañeros de trabajo? ¿Por qué los evitas? ¿Qué acciones se pueden tomar para fortalecer la conexión con esos clientes?

Como miembro del equipo, puedes saber más que nadie sobre ciertos clientes. Así que crea tu propia lista de amor/odio. ¿Qué clientes te gustan y cuáles no tanto y por qué? ¿Qué te gusta específicamente de ellos? ¿Por qué los odiosos te hacen temblar? Con los clientes que te gustan, toma nota de sus atributos, comportamientos y puntos de congregación. Esto puede ayudar a tu empresa a conseguir más clientes como ellos. ¿Cómo se conectan con empresas similares? ¿Qué revistas o contenidos comerciales de la industria consumen? ¿Qué podcasts escuchan? ¿Qué les hace comunicarse bien? ¿Cómo le ayudan a ti y a tu empresa a sortear los errores (porque los errores ocurren)? ¿Qué otros aspectos notables son importantes? Escribe todas tus observaciones sobre los clientes que te gustan y las estrategias para ayudar a mejorar el comportamiento de los que no te gustan. Comparte estos hallazgos con el jefe de tu empresa para ayudar a atraer más clientes excelentes y mejorar las relaciones con los que tienes.

El sistema Clockwork en acción

1. Haz un análisis de amor/odio para aclarar quiénes son tus clientes más importantes.

2. Entrevista a tus clientes más importantes para descubrir qué valoran de tu empresa. En eso te juegas la reputación, así que asegúrate de construir sistemas sólidos.

3. Encuentra los puntos de congregación. Pregunta a tus clientes a dónde van a compartir y aprender de las personas de su industria. Pueden ser: reuniones de investigación a las que asisten, conferencias que visitan, podcasts que escuchan, redes sociales, personas influyentes a las que siguen, revistas y boletines informativos a los que se suscriben… Todos estos son puntos de interés común para tus clientes más importantes.

Capítulo 3
Declara tu Gran Promesa

Descubre la frase única que define la reputación de excelencia de tu empresa

"No acudimos a lugares que prometían grandes ganancias. Acudimos a lugares que nos atraían".

Cuando Lisé Kuecker, dueña de cinco franquicias del gimnasio Anytime Fitness, compartió su historia conmigo por teléfono un día, subrayó mucho que nunca ha vivido en ninguno de los estados donde se encuentran sus franquicias. Considerando que su esposo estaba activo en el Ejército en ese momento, era una verdadera hazaña, pues se habían mudado de estado varias veces.

Al haber crecido en Nueva Orleans, donde la comida que engorda es una parte muy importante de la cultura, Lisé había visto cómo las tasas de obesidad se habían incrementado muchísimo. Esto tuvo mucha influencia en su interés por el ejercicio y, pronto, ayudar a la gente a perder peso y a transformar su salud se convirtió en una verdadera pasión. Cuando empezó a abrir gimnasios en los despliegues de su marido, no puso la mira en ciudades grandes ni en áreas con residentes de ingresos altos. Ni siquiera puso la mira en comunidades de su propia área ni en las que estuvieran a una distancia razonable en coche. Se estableció en los lugares donde más se necesitaba, pueblos pequeños que, en papel, no parecían tener el potencial para que se diera el crecimiento de los miembros.

"Cuando compramos una franquicia que estaba fracasando en Minnesota, los empleados del banco y otras personas nos dijeron que estábamos locos —me contó Lisé—. La compramos por 50 mil dólares, que era básicamente el costo del equipo. El gimnasio había estado en el mercado por un año y medio se encontraba en mal estado, manteniéndose a flote con muchas dificultades todo el tiempo. Era un milagro que tuviera 350 miembros, lo cual en parte se debía al hecho de que los dueños eran locales y la gente les tenía aprecio".

A pesar del hecho de que nadie pensaba que fuera a tener éxito, o que debiera siquiera intentarlo, Lisé se sentía atraída por esa franquicia moribunda del pequeño pueblo de Minnesota. Las tasas de obesidad eran muy altas en el área y sabía que podía hacer una diferencia. También sabía que las personas que estaban viviendo con obesidad y luchaban por bajar de peso eran personas a las que ella quería servir. Primero, le preocupaban y quería que estuvieran bien. Segundo, si podía ayudarlas, sabía que tendría más posibilidades de conservarlas como miembros del gimnasio que en el caso del cliente promedio, que quizá no tenga que superar los mismos problemas.

"Conduje hasta el gimnasio en mi auto rentado de transmisión manual, a mitad del amargo frío de febrero, demasiado para mí que soy del sur —dijo Lisé riendo—. De inmediato comenzamos los planes de renovación y empecé a llamar por teléfono a los miembros".

A lo largo del siguiente mes Lisé llamó a cada uno de los 350 miembros en persona. A veces se quedaba en el teléfono durante una hora o más, hablando con la gente, pidiéndole su opinión sobre el gimnasio y preguntándole qué cambios le gustaría ver después de la reapertura. Escuchó sus historias, sus metas de salud y los detalles íntimos de su vida que quisieron compartir. Después de cada llamada telefónica ella escribía los datos más significativos sobre la vida y las aspiraciones de los clientes en una hoja de cálculo para que no se le olvidaran.

Aunque no se dio cuenta en ese momento, Lisé ya había iniciado el proceso de sistema Clockwork. Como se describió en el capítulo anterior, primero aclaró a quién quería servir: personas con problemas de salud relacionados con el peso en comunidades con altas tasas de obesidad. Ahora bien, aquí es donde muchos empresarios tomarían esa aclaración y modificarían su oferta para satisfacer las necesidades de sus clientes, incluso si eso los desviara de su camino original. Si Lisé hubiera sabido que un porcentaje decente de miembros de gimnasios quería entrenar para competiciones de culturismo, la "sabiduría" convencional nos dice que debería haber creado una oferta para ellos. Ella lo sabía mejor. Su misión era eliminar la obesidad de las comunidades tradicionalmente obesas, y nada la desviaría del rumbo.

Las enseñanzas tradicionales nos dicen que primero debemos determinar a quién le estamos sirviendo para luego modificar nuestro ofrecimiento de satisfacer su necesidad. El término popular hoy en día es "dar un giro", pero ese término va a cambiar. Antes solía ser "punto de inflexión". Antes de eso fue "cambio de paradigma". Y antes fue: "¿Y entonces qué demonios deberíamos hacer ahora?". El punto es que necesitas vender lo que el cliente quiere; de otro modo no tendrás nada que vender. En la superficie, esta teoría parece tener sentido, pero ignora el elemento más importante de un negocio exitoso... tú.

He visto negocios maravillosos dar un giro hacia el fracaso y maravillosos empresarios hacer lo que no quieren. Siguen cambiando lo que ofrecen para empatar lo que los clientes quieren hasta que éstos comienzan a comprar. Pero en el proceso olvidan considerar lo que *ellos*, los dueños mismos, quieren. Ignoran lo que su corazón les dice que deben hacer. Y aunque el negocio esté ganando clientes, está perdiendo el corazón del dueño y el alma del negocio. El negocio experimenta una muerte por miles de cortes.

Claro, una oferta produce dinero, pero ¿a qué costo?

Odiar ir a trabajar no es forma de vivir la vida. Por eso es absolutamente importante que primero determines lo que quieres, aquello por lo que deseas que te conozcan, lo que a tu alma le encanta hacer. No des un giro hacia lo que tus clientes más importantes quieren *a menos* que sus deseos se alineen con los tuyos. Quieres que *sean* felices y ellos *te* necesitan feliz. No des giros: alinea. Siempre.

Al seguir su misión, Lisé escaló su gimnasio rápido. En menos de un año esa franquicia pasó a ocupar un lugar entre las cinco primeras de Anytime Fitness. ¿Quieres saber qué es lo mejor de todo esto? Después del primer mes de estar ahí, Lisé trabaja en promedio cinco horas a la semana en su negocio. No, no es un error de dedo. No 50 horas: *cinco horas*. Cinco horas en total para los cinco gimnasios. ¿Cómo lo hizo? Todo comenzó con su Big BANG (Big Beautiful Audacious Noble Goal o, en español, Gran Meta Noble Hermosa y Audaz), el mayor propósito de tu empresa. Ese propósito generó alineación en torno a las personas a las que quería servir y cómo quería servirles. El Big BANG marcó la diferencia para Lisé y también marcará la diferencia para tu negocio. Es la herramienta definitiva para alinear a los empleados dentro de una compañía y una fuerza energizante que impulsa a tu empresa hacia adelante.

¿Cuál es tu Big BANG?

Lisé quería ayudar a eliminar la obesidad de las comunidades tradicionalmente obesas. Ése es su Big BANG. Así es como pretende cambiar el mundo… y lo está haciendo. Mi Big BANG es erradicar la pobreza empresarial. Creo que los empresarios pueden salvar el mundo innovando en soluciones a grandes problemas y proporcionando buenos empleos. Para lograrlo, necesitan pequeñas empresas fuertes y saludables, y es por eso que tengo la misión de ayudarlos a lograrlo. (Y eso también se aplica a ti.) Así es como pretendo cambiar el mundo.

¿Cuál es tu Big BANG? Como dijo la poeta Mary Oliver: "¿Qué planeas hacer con tu única y preciosa vida?".[3]

Ahora bien, si cuentas con un Big BANG destinado a impactar a las masas, como acabar con la obesidad o erradicar la pobreza empresarial, está bien. En realidad, está más que bien. El propósito que te dirija debe ser significativo para *ti*. Es suficiente tener un impacto en *tu* mundo, no necesariamente en *todo* el planeta.

Cuando mi amigo Malik me habló de su Big BANG, dijo que era "poner comida en la mesa para sus dos hijas". Su esposa había fallecido y su objetivo no era cambiar el mundo, ni siquiera una pequeña parte de él. Su misión era cambiar el mundo de *sus niñas*, brindarles la estabilidad que necesitaban. Si tu Big BANG va en ese sentido, es enorme. Absolutamente enorme. Estás cambiando *tu* mundo… y eso es cambiar *el* mundo.

¿Qué quieres para tu mundo, por grande o pequeño que sea?

Cuando considero nuevos miembros para mi equipo, hablo de lo que significa el Big BANG de nuestra empresa, cómo espero que afecte al planeta y por qué es importante para mí. Puede que lo encuentren importante o no. Algunos se identifican, otros no. Los que no, incluso si son excelentes empleados, no tendrán una misión convincente que los impulse hacia adelante. Puede que les vaya bien, pero no están motivados para permanecer en la empresa o hacer cosas extraordinarias porque la gran aspiración no les habla.

Tu propósito debe superar tu esfuerzo. Eso es lo que te mantiene adelante cuando no quieres continuar. Cuando escribí mi primer libro, supuse que vendería miles de ejemplares en la primera semana, pero sólo vendí unos pocos. Ésa fue una llamada de atención masiva, un "¿cómo vas a ganar dinero *de verdad*?". Pero entonces mi esposa me recordó una nota específica de un lector que mencionaba que el libro "los había salvado". Con uno al que mi Big BANG le hubiera servido, fue suficiente para seguir adelante. Incluso cuando no estás viendo los resultados monetarios, las victorias emocionales pueden servir como combustible para mantener el rumbo.

Cuando tengas un propósito más allá de las transacciones, habla de ello a menudo y de diferentes maneras, dentro y fuera de la empresa. Cuenta historias sobre su impacto. Comparte el folklore de lo que está haciendo tu compañía para cumplirlo. Resalta y recompensa públicamente a los empleados que ayudan a mantener vivo tu propósito. La misión más importante es la razón por la que haces lo que haces, y es el viento en tus velas.

¿Cuál es la gran promesa de tu empresa?

Si no estás seguro de tu Big BANG, está bien. No es necesario que detengas este importante trabajo hasta que lo encuentres, puedes seguir pensando en ello mientras continúas trabajando en tu negocio. Lo que no puede esperar es la siguiente parte: declarar la gran promesa de tu empresa.

En el corazón del sistema Clockwork está eso por lo que más deseas que tu empresa sea conocida, en lo que te juegas la reputación de tu compañía, aquello por lo que los clientes más te valoran. A eso lo llamo tu "gran promesa". Cuando alineas todos los aspectos de tu negocio con esa gran promesa, proporcionas el nivel de claridad y certeza que necesitas para diseñar un negocio para que funcione por sí solo y conseguir que tus empleados participen.

Te pedí que consideraras primero tu Big BANG porque a veces los empresarios confunden los dos. Tu Gran Meta Noble Hermosa y Audaz es tu fuerza impulsora y el propósito de su corporación. Aunque no es lo tuyo. Lo tuyo, tu gran promesa, es lo que entregas a tus clientes. Para aclarar más, no es un producto o servicio específico. Es aquello por lo que deseas que tu empresa sea famosa, lo que más valoren tus clientes más importantes.

Para la franquicia Anytime Fitness de Lisé, la gran promesa fue una conexión personal fuerte. Sabía que uno de los mayores desafíos en su industria era la retención de clientes. La gente se inscribía en el gimnasio y luego lo dejaba a los pocos meses. Sabía que podía inspirar la lealtad y el compromiso de los miembros con sus objetivos de acondicionamiento físico si se sentían realmente apoyados por el gimnasio y su personal. (¿Ves cómo esto también la ayuda a cumplir su Big BANG?) Recuerda que el primer paso de Lisé al hacerse cargo del gimnasio fue llamar a los miembros existentes para conocer más sobre ellos. A partir de ese momento, sus políticas, sus prácticas comerciales y su equipo se centraron en mantener esa conexión y establecerla desde el principio con nuevos miembros.

Perder peso es más que un cambio físico; también requiere un cambio mental. Cuando los clientes sintieron que el equipo de Lisé los escuchaba, compartieron más sobre sus desafíos y temores. Esto, a su vez, les permitió cambiar las creencias y alterar los comportamientos que contribuían a su obesidad. El equipamiento de su gimnasio no era diferente del de otros gimnasios. Las clases de ejercicio eran las mismas. Pero los clientes no podían conseguir en otros gimnasios ese sentimiento de profunda conexión con el equipo de Lisé. Ella no se daría por vencida con ellos, por lo que ellos no se dieron por vencidos consigo mismos y no abandonaron su gimnasio.

El Big BANG = El propósito que impulsa lo que haces.
La gran promesa = Lo principal por lo que tus clientes te valoran.

Como ya dije, mi Big BANG es erradicar la pobreza empresarial. Mi gran promesa para mis clientes es simplificar el emprendimiento, y lo hago a través de mis ofertas de productos (libros, videos, artículos) y servicios (educación, capacitación, consultoría, charlas).

Observa cómo mi gran promesa está ligada a mi Big BANG. No te dejes engañar por eso. Declarar una gran promesa funciona incluso si todavía no sabes exactamente cuál es tu Big BANG. Puedes ir a trabajar todos los días con la intención de sorprender a tus clientes. Ese impulso proviene de tu gran promesa. Así construyes tu reputación ante los demás. Pero es posible que aún no hayas definido el propósito de tu vida, y eso es normal.

El Big BANG es la razón de existir de tu negocio y es la forma en que generas cohesión en todas las operaciones. No quiero que te quedes enterrado tratando de descubrir el propósito de tu empresa, ya que puede que no sea algo natural. Caray, hay libros completos dedicados a descubrir el propósito de tu compañía, como *Start with Why* de Simon Sinek. Tienes permiso para saltarte el Big BANG por ahora, aunque sea por un tiempo, pero no puedes saltarte la gran promesa. La reputación de tu empresa depende de ello.

Para distinguirlos aún más, aquí hay un práctico cuadro con ejemplos:

EJEMPLOS DE BIG BANG/GRAN PROMESA

COMPAÑÍA	BIG BANG EL PROPÓSITO QUE GUÍA LA ORGANIZACIÓN	GRAN PROMESA LO QUE MÁS VALORAN LOS CLIENTES
Lisé Kuecker (franquicia de Anytime Fitness)	Eliminar la obesidad de las comunidades tradicionalmente obesas	Conexiones personales y profundas
Mike Michalowicz (autor de pequeños negocios)	Erradicar la pobreza empresarial	Simplificar el emprendimiento
Google	Información universal accesible y útil	La mejor herramienta en línea de uso diario
Disneyland	Inspirar posibilidades imaginarias para nuestros niños interiores	El lugar más feliz en la tierra
Fundación World Wildlife	Salvar el planeta	Maximizar el beneficio de las contribuciones de los miembros

FIGURA 4.

En el último capítulo, mencioné las luchas que experimenté en Olmec cuando aceptamos a todos y cada uno de los clientes. Una vez que identificamos a nuestros clientes más importantes y dejamos de dividir nuestra atención, sin duda nos volvimos más eficientes. Pero el negocio comenzó a funcionar de verdad cuando descubrimos nuestra gran promesa.

Sabíamos que, entre las compañías de TI de nuestra industria, otras tenían mayores capacidades tecnológicas. Algunas poseían mejor cobertura geográfica. Entonces ¿qué tenía Olmec que funcionó para nuestros clientes más importantes?

Comenzamos con el cliente que encabezaba nuestra lista: Larry O'Friel, director financiero de un fondo de cobertura. Su empresa era única entre nuestra lista de clientes porque nos pagaba bien y a tiempo.

Le pregunté a Larry: "¿Por qué sigues comprándonos? ¿Que estamos haciendo bien?".

"Respondes rápido", contestó.

Cuando le preguntas a tu cliente: "¿Qué estamos haciendo bien?", no te dirán lo que estás haciendo bien. Te dirán cómo están midiendo tu desempeño. Y dado que así es como lo observan, lo que estás haciendo bien en realidad es lo que necesitas hacer mejor, *si* se alinea con la forma en que deseas servir a tus clientes.

Pregunta a todos tus clientes más importantes qué haces *bien* y sus respuestas te dirán qué determina tu reputación por encima de todo. Es un truco mental Jedi que siempre funciona. El pensamiento predeterminado es que necesitamos mejorar donde nos cuesta más trabajo. No siempre. Explota y mejora tu reputación. Ésa se convierte en tu fuerza dominante en el mundo: tu gran promesa.

Después de que Larry me reveló que lo importante era nuestra velocidad, pasé por varias etapas de duelo. Era mejor en muchos sentidos, no *sólo* en velocidad. Primero pasé por la negación (ya sabes, el río egipcio de la incredulidad). Luego pasé por la montaña de la ira y el valle de la depresión. Al final, aterricé en un océano de aceptación. Pensé en mis propios proveedores. Si tenía un problema y necesitaba pedir computadoras, por ejemplo, había una cosa que me importaba más: ¿las computadoras funcionaban correctamente? No les daba especial importancia a las otras cosas. A tus clientes tampoco les importa todo lo que haces. Les importa lo que *les* importa.

Mientras seguía entrevistando a los clientes más importantes, escuché respuestas similares. Quizá usaron palabras diferentes a las de Larry, pero parecía que nuestra capacidad para responder rápido era la razón principal por la que la mayoría de nuestros clientes favoritos nos eligieron y se quedaron con nosotros.

Aunque no la llamamos así en ese momento, nuestra gran promesa se convirtió en una respuesta relámpago a los problemas tecnológicos. Con esta nueva declaración, reorientamos todos los aspectos de la empresa para asegurarnos de cumplir nuestra promesa y presentamos ideas creativas que no sólo cambiaron nuestro negocio, también cambiaron nuestra industria.

Declarar tu gran promesa es la clave para diseñar tu negocio para que funcione por sí solo. Sin esta claridad, seguirás en modo reactivo, encadenado a tu negocio. Peor aún, seguirá obstaculizando el crecimiento. Tómate el tiempo para concretar tu gran promesa y se abrirá todo un mundo de posibilidades para ti, tu equipo y tu empresa.

En resumen, mi Big BANG es erradicar la pobreza empresarial. Por eso me impulsa a escribir libros. Mi gran promesa como autor es simplificar el emprendimiento. Y la promesa de este libro es cumplirlo devolviéndote el tiempo a través de un proceso muy fácil. Si tienes un camino sencillo para estar libre de preocupaciones sobre el funcionamiento de tu negocio, estoy cumpliendo mi gran promesa. Si tu negocio funciona sin ti, tu experiencia con la pobreza de tiempo (cuando tu negocio absorbe cada momento de tu vida) está mejorando. Y tal vez te unas al movimiento capacitando a los empleados para que trabajen con más eficiencia y ganen más tiempo para vivir. Y quizá se corra la voz entre otros empresarios. Y con eso, mi Big BANG seguirá adelante.

Para empleados: La historia de Cora

Job Turf es famoso por su responsabilidad medioambiental. De hecho, el propietario, Calvin Broadus, es un reconocido horticultor y ambientalista que trabaja de forma activa con el gobierno local en materia de legislación ambiental. Él cree que una casa puede tener un hermoso espacio al aire libre y ayudar a fomentar el hábitat natural.

El primer día de Cora en Job Turf fue diferente a lo que había imaginado. Calvin y Gordon la saludaron cuando llegó. Tras recibir el equipo nuevo y ese exclusivo sistema de puntuación del cliente, esperaba que el resto del día incluyera completar el papeleo y mirar videos de capacitación. Pues no fue así.

En cambio, conoció a los GTers (Green Teamers), sus compañeros de trabajo. Le hicieron preguntas sobre su vida. Compartieron historias sobre por qué se habían sumado a Job Turf. El tema recurrente era claro: la mayoría de la gente estaba allí porque quería mejorar el medio ambiente. El trabajo de electricidad y plomería exterior que realizaban cumplía con los más altos estándares ambientales. Cada proyecto era una manera de mejorar el medio ambiente. Por ejemplo, diseñaron un contenedor para hacer fogatas que era estéticamente atractivo, reducía la contaminación e incluía huecos aislados donde la vida silvestre podía establecer nuevos hogares. Al final del primer día, Job Turf se había ganado el corazón de Cora.

Cora entendió que, si bien no sabía 99% de las cosas que haría en su trabajo, conocía el 1% o más importante: el propósito de la empresa (su Big BANG) de integración armoniosa de las personas y la naturaleza. Y conocía su gran promesa: espacios al aire libre en armonía con la naturaleza. Luego hizo lo que todo empleado debería hacer. Dijo: "Cuéntame más".

Sin importar la descripción de tu trabajo y responsabilidades, la claridad sobre el Big BANG de tu compañía, el porqué detrás del trabajo que realizas, constituye tu verdadero norte. Tener clara la gran promesa de tu empresa te ayuda a comprender cómo sirves al negocio y a los clientes.

¿Cómo puedes ayudar? Como empleado, tienes tu interpretación de qué significan el Big BANG y la gran promesa de tu empresa. Cuando se te presenten oportunidades, comparte la misión de la empresa con tus palabras. Y cuando veas algo desalineado, dilo. No es necesario que seas un observador chismoso, pero informa cualquier desvío de la promesa y el objetivo principal de la empresa para que se pueda solucionar antes de que se convierta en un problema importante.

El sistema Clockwork en acción

1. Considera el impacto que quieres tener en el mundo y declara tu Gran Meta Noble Hermosa y Audaz (Big BANG). A menudo, los momentos que definen la vida, los traumas o los sueños de la infancia son catalizadores de un propósito personal al que tu empresa puede servir. El trauma financiero que experimenté al administrar terriblemente mal el dinero y ver a mi hija, de nueve años, ofreciendo sus ahorros para salvar a nuestra familia de la ruina… fue la chispa de mi Big BANG. Tu razón para hacer lo que haces puede provenir de un lugar oscuro o brillante. Cada vez que entregues tu oferta, considera lo que sirve no sólo a tus clientes, también a ti; ahí encontrarás tu Big BANG.

2. Entrevista a los clientes más importantes para que te ayuden a concretar tu gran promesa, lo que haces mejor y por lo que quieres ser conocido. ¿Hay algo en común que te haga especial para ellos? Además, puedes decidir, aparte de los comentarios de los clientes, cuál quieres que sea tu reputación. Sólo pregúntate por qué quieres que tu empresa sea famosa; ésa puede ser tu gran promesa.

Capítulo 4

Define el Papel de la Abeja Reina (PAR) de tu empresa

Indica la función crítica dentro de tu organización que determina el éxito

"Si ves algo, di algo".

El Departamento de Seguridad Nacional de Estados Unidos tiene una importante gran promesa: prevenir ataques terroristas. Y han determinado que la mejor manera de hacerlo es identificar y revelar actividades sospechosas. No vemos la mayor parte de su trabajo, pero sí los carteles que cubren nuestras instalaciones de transporte público: "Si ves algo, di algo". Con este mensaje están reclutando a todos, incluidos tú y yo, para ayudarlos a cumplir su promesa.

Y ese llamado a la acción ha dado sus frutos. Un estudio realizado en la Universidad Estatal de San José encontró que, desde la popularización de la frase en 1970, las tasas de detección han mejorado 14% en los países económicamente avanzados. Y, a medida que la frase se promovía de forma más constante y pública, aumentaban las tasas de ataques terroristas evitados.[4]

Así como la Seguridad Nacional depende de todos nosotros para ayudarla a cumplir su promesa, dependes de tu equipo para ayudarte a cumplir la gran promesa de tu empresa. La última determinación que debes tomar en la fase de Alinear es identificar la función principal que cumple con tu compromiso más importante. Cuando todos los miembros de tu equipo lo saben y tienen un camino claro para ayudarte, incluso tan simple como llamar por teléfono para informar de un paquete que parece fuera de lugar, tu capacidad para cumplir ese compromiso mejora.

¿Qué es el PAR?

Hace años, empecé a buscar soluciones para administrar un negocio más eficiente con una simple pregunta: ¿cuál es la organización más eficiente del mundo? Es decir, la organización que todos aspiramos tener… Una organización eficiente que genere dinero en automático, lo cual, a su vez, nos dé la libertad de hacer lo que queramos, cuando queramos. ¿El resultado que me dio Google? Adivina.

Luego, un día catastrófico mientras manejaba en un largo trayecto, iba cambiándole al radio y me topé con un reportaje sobre abejas. Un reportero de NPR estaba con un apicultor en el campo, reportando de qué manera esos insectos hacen su maravilloso trabajo. Y, en el típico estilo de NPR, compartían parte de la acción en vivo, incluyendo un piquete que le dieron al reportero cuando se acercó demasiado al panal.

Mientras escuchaba, lo que me impresionó más sobre las colonias de abejas fue su capacidad para escalar extremadamente rápido y casi sin esfuerzo. Tal vez tú mismo lo has visto. Un día, una abeja revolotea alrededor de tu ventana y en un abrir y cerrar de ojos tienes un enorme panal. ¿Cómo lo hacen?

Cada abeja de la colonia sabe que necesita hacer sólo dos cosas, en el mismo orden, cada vez. Primero, cada abeja debe garantizar que la producción de huevos esté protegida; nada es más importante que esta función desempeñada por la abeja reina. Entonces, y sólo entonces, las abejas se van a hacer su "Trabajo primario", el trabajo más fundamental en términos de su actividad regular. Como resultado, su *negozzzio* (juro que sólo haré esta broma una vez) crece de forma rápida y constante.

Así es como funciona una colonia de abejas:

1. La función más importante de una colmena es la producción de huevos. La mayoría de las abejas tienen una vida corta, de cuatro a ocho semanas, según la especie. Por eso se necesitan nuevas abejas constantemente. Por lo tanto, la abeja reina cumple la función más crítica en la colmena: producir huevos. La tarea de poner huevos es el Papel de la Abeja Reina, el PAR. Si todo marcha bien con el PAR, se crean suficientes huevos para que la colonia siga prosperando. Si el PAR no sirve, el panal completo está en peligro.

2. Todas las abejas saben que la función más importante para la colonia es la producción de huevos, por eso sirven y protegen esa actividad. En una colonia de abejas, sólo la abeja reina puede producir huevos, así que las demás la cuidan, alimentan y defienden. No se distrae en nada más; sólo hace su trabajo

3. No pienses que la abeja reina es la parte más importante de la colonia; el *papel* que cumple es lo más importante. Es necesario producir huevos saludables rápido y de manera constante. Una u otra abeja en particular no es esencial. Así que, si la abeja reina muere o no está logrando producir huevos, la colonia de inmediato nombrará a otra abeja reina de modo que el PAR pueda seguirse llevando a cabo.

4. Cuando las abejas están satisfechas con respecto a que el PAR se está cumpliendo, se dedican a hacer su "Trabajo primario", que podría ser recolectar polen y néctar (comida), cuidar los huevos o las larvas, conservar la temperatura del panal o defenderlo… de ser explotado por los reporteros de NPR.

Después de aprender cómo los panales de abeja crecen de una forma tan eficiente, tuve una epifanía. Me di cuenta de que declarar y servir al PAR mejoraría de manera radical el negocio de cualquier empresario y también su calidad de vida. ¿Qué actividad en tu negocio equivale a la producción de huevos? ¿Cuál es tu PAR? Encontrémoslo ahora mismo.

¿Cómo encuentras tu PAR?

Si necesitas que un paquete te llegue mañana con toda seguridad, ¿qué empresa de entrega usas? FedEx, por supuesto. ¿Por qué? Porque en eso se juegan su reputación. Es su gran promesa. Dado que el PAR es la actividad que más garantiza que se cumpla la promesa, ¿cuál es el PAR de FedEx? ¿Servicio al cliente? No, porque se trata más de responder preguntas y manejar problemas que de recibir los paquetes a tiempo. ¿Sus centros de negocios, donde puedes imprimir, sacar copias, enviar paquetes, comprar suministros de oficina y, en general, fingir que es tu oficina fuera de la oficina? No. Aparte del mostrador de envío, no hay mucho en el edificio que les ayude a cumplir su gran promesa. Todos estos aspectos de la empresa son importantes, pero no se ajustan a los requisitos del PAR. Y sólo puede haber *un* PAR. Entonces, ¿cuál es la actividad más crítica? Para FedEx, es la logística: la gestión del movimiento de paquetes. Cuando la logística funciona, su gran promesa se cumple de manera constante, día tras día.

Pero imaginemos que FedEx decidiera cambiar su enfoque al servicio al cliente y dejar que la logística pasara a un segundo plano. Ahora todos en la empresa se unen en torno a este nuevo PAR. ¿Cuál crees que sería el titular del periódico unos días después? ¡FEDEX NO PUEDE ENTREGAR NI UN SOLO @#$!& PAQUETE, PERO ESTÁN SIENDO MUY AMABLES AL RESPECTO! Suena como el comienzo de una triste historia sobre un dominador de la industria ridículamente exitoso que cierra.

Si, por otro lado, FedEx decidiera aumentar su logística (PAR) aún más de lo que ya lo hace y acabar con su servicio al cliente, ¿qué crees que diría el titular? NADIE CONTESTA LOS TELÉFONOS EN FEDEX, PERO TODOS LOS PAQUETES SE ENTREGAN A TIEMPO. Puede que tengan mala prensa, tal vez algunos memes divertidos y molestos, pero al final no cerrarían. ¿Sabes por qué? Porque el PAR se mantuvo ileso. Siguieron cumpliendo su gran promesa.

Cuando Jessi Honard y Marie Parks de North Star Messaging + Strategy iniciaron su empresa de redacción publicitaria en 2018, fue el "Show de Jessi y Marie". Hicieron todo el trabajo ellos solos y no tenían esperanzas de compartir la carga con otros escritores, mucho menos tomarse unas vacaciones del negocio. Cuando empezaron el programa Run Like Clockwork, identificaron su gran promesa: te captamos.

"Una vez, un cliente nos dijo que subcontratar la redacción publicitaria era como subcontratar el corazón y el alma de su negocio", me dijo Jessi en una entrevista para este libro. "Una de las cosas que Marie y yo descubrimos, incluso antes de implementar el sistema Clockwork fue que tendíamos a trabajar con dueños de negocios que llevaban un tiempo en el mundo empresarial. Siempre llegaban con la misma frustración: habían intentado subcontratar a alguien, pero, incluso si esa persona era un buen escritor y entendía el negocio, la copia no sonaba como ellos. Nuestros clientes decían: "¡Me captaste! Me hiciste parecer más yo que yo".

Con su gran promesa clara, establecieron su PAR, la actividad principal que garantizaría que siguieran cumpliendo esa promesa: captar la voz de sus clientes.

La implementación del PAR para "captar las voces de los clientes" distinguió a North Star de sus competidores. También puso en marcha los cambios que condujeron a un espectacular crecimiento empresarial y a la eficiencia organizacional. Identificar el PAR ayudó a Jessi y Marie a darse cuenta de que tenían que capacitar a otros escritores de su equipo para que sirvieran al PAR, lo que condujo al final del "Show de Jessi y Marie" y les dio el espacio para hacer más del trabajo que aman.

Ahora es tu turno. Me encanta cuando te sientas a hacer tu tarea y te das cuenta de que ya hiciste la mayor parte en clase. Bueno, adivina qué: si completaste los pasos de "El sistema Clockwork en acción" de los capítulos 2 y 3, ya hiciste la mayor parte de la tarea.

La última pieza del rompecabezas de Alinear es fácil de poner. Para encontrar el PAR de tu empresa, sólo determina la actividad que más asegura que cumplirás tu gran promesa.

El PAR es la actividad central de tu compañía; siempre debe estar latiendo para que tu negocio se mantenga vivo. Es algo que todo el equipo debe respaldar; no puede romperse ni detenerse, o se arruinará el respeto que te tienen los clientes. El PAR es la actividad que hace realidad tu visión y resalta la reputación de tu empresa. Todo lo demás es secundario, incluso algunas tareas y actividades no contribuirán en absoluto a la gran promesa. Quizá puedas abandonar esas cosas para darles más enfoque y eficiencia a las cosas que sí tienen un impacto en la gran promesa. Y, a diferencia de una colmena, tu PAR no necesita ser atendido por una sola persona. Idealmente, tendrás varias personas y/o múltiples sistemas que lo atiendan para obtener protección de redundancia y ganancias de eficiencia.

El impacto del PAR

En el último capítulo, compartí cómo entrevistamos a nuestros clientes más importantes en una de mis empresas anteriores, Olmec. Basados en lo que más valoraban de nuestro servicio, llegamos a esto:

Gran promesa: Respuesta relámpago a los problemas tecnológicos.

Y la actividad que garantizó que cumpliéramos constantemente esa promesa fue: PAR: Minimizar el tiempo de "manos al teclado".

Observa cómo nuestro PAR no tuvo nada que ver con brindar un excelente servicio general. Nuestro enfoque tuvo que cambiar para poder trabajar en problemas tecnológicos importantes lo más rápido posible. Esto fue a mediados de los noventa, imagínate. El actor de *It's a Wonderful Life*, Jimmy Stewart, todavía estaba vivo y el PalmPilot era el "teléfono inteligente". Si el PalmPilot fue anterior a tu tiempo, debes saber esto: no era ni inteligente ni teléfono. En aquella época, el acceso remoto por marcación no era una tecnología adecuada para la mayoría de las soluciones de problemas, y la "nube" aún no existía de forma aplicable, por lo que significaba llevar a los técnicos a los lugares de trabajo lo más rápido posible para tener sus manos sobre el teclado físico. Y esto significó encontrar formas de agilizar el envío. Comencé a llevar tres *beepers* (tecnología de moda en aquel momento) en mi cinturón para gestionar mi envío y el de otros técnicos a los sitios de los clientes. Sexy, ¿verdad? Perfecto con mis jeans tipo globo de los noventa.

También cambiamos la estructura de la empresa. Antes de determinar nuestro PAR, yo atendía a mis 30 clientes; Barry, mi socio comercial, atendía a sus 30 clientes; otros técnicos atendían a sus clientes; etcétera. Al principio, esta configuración parecía tener sentido porque pensábamos que los clientes querían trabajar con "su chico" y no tener varios técnicos reparando sus computadoras. No sabíamos que nuestro PAR era la velocidad, por lo que nuestra estructura organizacional se basaba en pura especulación. Intentamos nunca cruzar los arroyos, al estilo de los *Cazafantasmas*, de modo que, si uno de los clientes de Barry necesitaba servicio y estaba al otro lado de la ciudad, el cliente debía esperar hasta que pudiera llegar a él.

Al declarar el PAR, hicimos un cambio para respaldar una mejor eficiencia en esa área. Capacitamos a varios técnicos en las necesidades críticas de cada cliente. Ahora cada "chico" seguía sirviendo como punto de contacto para sus respectivos clientes, pero cualquier otro técnico disponible podría atender a cualquier cliente si la tecnología crítica fallaba. Entonces, si Barry no podía llegar al lugar de trabajo, podía enviar a un "chico" de inmediato y, si era necesario, lo ayudaba a solucionar el problema por teléfono.

Analizamos cada aspecto de nuestro trabajo a través de la lente de servir al PAR para cumplir nuestra gran promesa, y esto nos llevó a una solución creativa que de otra manera no se nos habría ocurrido. Para que el PAR de "manos al teclado" funcionara, también teníamos que poder sacar al usuario de la computadora que estábamos reparando. A veces, una máquina dejaba de funcionar en una capacidad (por ejemplo, no podían acceder a la información en tiempo real de una bolsa de valores) pero seguía funcionando en otra (por ejemplo, aún podían realizar transacciones). En estos casos, el usuario quería (necesitaba) seguir trabajando mientras nuestro técnico se quedaba allí, sin poder resolver el problema. Esto desencadenó una idea que era inaudita en aquel momento. Compramos computadoras adicionales para nuestros clientes más importantes, las preconfiguramos para ejecutar el software que usaban y las almacenamos en nuestras instalaciones.

En el pasado, el primer paso era esperar a que el usuario saliera de la computadora. Ahora el primer paso era trasladar al usuario a la máquina de reemplazo. El cliente estaría listo y funcionando en minutos en lugar de horas mientras reparábamos su computadora defectuosa. Al optimizar continuamente nuestro PAR, sorprendimos a los clientes. Se corrió la voz sobre lo rápido que realizábamos el trabajo y cuán diferente éramos de la norma.

A medida que abordamos los problemas de nuestros clientes más importantes más rápidamente, ellos comenzaron a centrarse en el crecimiento con nueva tecnología y nos entregaron ese negocio. Llegaron más ventas sin que tuviéramos que conseguir más clientes. Y seguimos sirviendo y mejorando nuestro PAR agregando un técnico líder que se quedó en la oficina para brindar soporte telefónico a nuestros técnicos enviados. La tecnología líder creó y mantuvo una base de conocimientos sobre problemas y soluciones, lo que nos brindó una gran velocidad para solucionar los problemas y permitió que la tecnología llegara al siguiente cliente más rápido. Lo que significó que las manos se pusieran al teclado aún más rápido.

También dejamos de instalar un paquete antivirus específico que parecía confundir nuestro acceso remoto con un ataque de virus y nos bloqueaba. El software ralentizó nuestro acceso, por lo que desapareció. Encontramos una mejor manera de proteger la tecnología de nuestros clientes y, al final, eliminamos un paso que requería mucho tiempo, lo que nos ayudó a servir al PAR.

Antes de declarar nuestra gran promesa y descubrir nuestro PAR, todos los días me preocupaba cómo alimentaría a mi familia. La verdad, no era preocupación, era terror. Por eso trabajaba exhaustivamente, a veces desde las cinco de la mañana de un día hasta las cinco de la mañana del día siguiente. Sé que es un turno de 24 horas. Tú también has estado allí, lo sé. Esa carga de trabajo no es sostenible, pero no conocía otra solución además de trabajar más y más duro para sacarnos de nuestro agujero. Al final resultó que la respuesta fue menos efectiva. Cuando finalmente pudimos pasar a una semana normal de 40 horas, pude centrar mi atención en ampliar la empresa.

¿Ves cómo centrarte en el PAR es esencial para la eficiencia y la reputación de tu empresa? Espero que tu mente esté zumbando en este momento y que tu corazón esté lleno de esperanza por todo lo maravilloso que está a punto de llegar… una vez que declares tu PAR.

El PAR no es . . .

Necesito repetir unas palabras de advertencia: la mayoría de los empresarios automáticamente asumen que ellos son el PAR, pero aquí está la clave: el PAR *nunca* es una persona, ni una máquina. Siempre es una actividad. Así que, aunque en este momento tú seas quien está realizando el PAR, no significa que siempre tengas que ser tú. De hecho, no siempre *debería* ser así.

Si eres el dueño de un pequeño negocio de cinco o menos empleados, es probable que tú seas quien lleve a cabo el PAR. Si eres un empresario que trabaja solo, sin lugar a dudas tú lo llevas a cabo. Y si tienes una empresa más grande, con frecuencia (pero no siempre) lo lleva a cabo tu personal más calificado.

Como recordatorio, la gran promesa para una colmena es que la colonia prosperará. Y el PAR, del que se encarga la abeja reina, es la producción de huevos sanos. Más huevos sanos significan más abejas crías sanas, lo que significa que la colonia crecerá. Simple. Simple, pero quiero reiterar un punto que dije antes para aclarar cualquier posible confusión. La abeja reina desempeña el papel más importante, el PAR, pero la abeja no es lo más importante. Se puede "prescindir de ella", como dicen aquí en Nueva Jersey, si no logra producir huevos sanos... y también se puede reemplazar por otra abeja reina. Además, ella no es el cerebro de la colonia; el enjambre lo es. La abeja reina son los ovarios.

Lo mismo ocurre con tu negocio. Las personas que sirven al PAR no son las más importantes; están cumpliendo el papel más importante. Son reemplazables, duplicables e intercambiables. El PAR no lo es. El PAR es la función más importante, y las personas (o persona) que lo desempeñan sólo están haciendo el trabajo más importante. Pero de ninguna manera esas personas (o la persona) son el cerebro de la organización; sirven como ovarios.

Aquí hay un ejemplo de negocios. Jesse Cole es el dueño del equipo de beisbol de las Bananas de Savannah, uno de los más importantes de todo el beisbol (ligas mayores, menores, universitario). Y no porque sea un equipo excelente con jugadores excelentes. De hecho, los jugadores son estrellas universitarias que rotan cada temporada. El equipo está cambiando constantemente y muchos de los fans no saben el nombre de un solo jugador del equipo. ¿Por qué? Porque la gran promesa de las Bananas no es jugar beisbol de manera extraordinaria.

Como dice Jesse: "El beisbol es sólo la puerta al entretenimiento". El espectáculo siempre debe ser fresco. Quiero decir: imagina ir a ver el juego de futbol de tus hijos 20 fines de semana seguidos; eso sería aburrido. Espera un segundo, ya sobreviviste a eso. Su primer juego es divertido. Pero cuando empieza a ser repetitivo se vuelve entre aburrido y frustrante. ¡Sólo patea la pelota en lugar de ponerte a recoger dientes de león en el campo! Sólo patéala, niño. ¡Sólo patéala! (Mientras bebes vino camuflado en tu termo de café. Por cierto, todos saben que lo estás haciendo. ¡Y están muy impresionados!)

Jesse sabe que el futbol es peor aún. Todo el mundo está esperando que alguien le pegue a la pelota y en este caso tu hijo ni siquiera está jugando. Así que Jesse estableció la gran promesa de "diversión y entretenimiento familiar". Un viaje familiar para ir a ver un partido es maravilloso y fresco, pero todo se vuelve rancio y aburrido si ves lo mismo en la siguiente salida familiar. Como resultado, Jesse siempre está cocinando nuevas ideas de trucos publicitarios que el equipo puede implementar y juegos divertidos que los fans pueden jugar entre una entrada y otra. Por eso, la actividad número uno que garantiza la gran promesa de "diversión y entretenimiento familiar" es la creación continua de nuevas ideas. Y ese, *mi amigo*, es el PAR.

Tu empresa, mi empresa y todas las empresas de este planeta tienen una reputación. Puedes construir tu reputación de forma deliberada o esperar a que los clientes te asignen una. Y si no dominas una sola cosa, tu reputación será la de ser un marginal en todo. Las palabras que los clientes suelen asignar a las reputaciones marginales son cosas como "sí, son buenos", "meh", "están bien, sólo que". Pero cuando decides por qué quieres ser conocido (tu gran promesa), puedes determinar cuál es la actividad más importante, en la que no debe haber errores y que cumple esa gran promesa. Y eso es tu PAR.

Jesse me invitó a dar la plática inaugural en un juego el verano pasado frente a 5 mil fans de las Bananas. ¡Qué honor! Sólo que no fue una pelota: les arrojé un papel de baño (en honor a mi libro *The Toilet Paper Entrepreneur*) y la multitud enloqueció: era entretenimiento fresco, divertido y simple. Gran promesa entregada. Para las Bananas de Savannah, el PAR no lo desempeña Jesse solo sino todas las demás personas que entretienen a la multitud. Y en ese juego, en esa plática inaugural de papel de baño, el PAR, por unos segundos, lo desempeñé yo.

* * *

Hace unos años fui a cenar con mi amigo Clyde y su esposa, Bettina,* en Frankfurt, Alemania. Clyde y yo hemos sido buenos amigos durante años, pero ésta era la primera vez que tenía la oportunidad de conocer a Bettina. Durante la cena descubrí que era una de las menos de 15 mil doctoras en Estados Unidos que tiene permiso y está certificada para fungir como pediatra en una unidad de cuidados intensivos. Para llegar a ese punto, había estudiado durante 11 años.

Para la mayoría de los empresarios, 11 años de educación superior parece una eternidad, pero se equipara con los primeros años de administrar tu negocio. O, si eres un empleado que está leyendo este libro, puedes equipararlo con el tiempo que invertiste en obtener educación, entrenamiento y aprendizaje en tu ramo cuando estabas empezando. Del mismo modo en que Bettina ha invertido tiempo y dinero en su carrera, tú has invertido tiempo y dinero en tu negocio.

Como a nosotros, a Bettina le apasionaba su trabajo. En extremo. Amaba trabajar con los pacientes pediátricos más delicados de la ciudad en la que vivía y trabajaba y amaba enseñar a los médicos residentes. Incluso amaba la investigación que debía hacer en su tiempo libre. El único problema es que sabía que no sería capaz de mantener este ritmo por mucho tiempo más. Ya tenía muchos años en el ramo como doctora y todo resultaba tan demandante que consideraba que tendría suerte si lograba seguir adelante 10 años. En total.

Imagina lo siguiente: tienes turnos de 12 horas, seguidos por un turno de 30 horas. Además del cuidado de los pacientes, tienes tareas de docencia que consisten en entrenar y asesorar. Luego agrega dos a tres horas de trabajo administrativo. Después, además de eso, el tener que hacer facturas y lidiar con disputas de compañías de seguros.

---

* Para proteger su privacidad, Clyde y Bettina no son sus verdaderos nombres. Tristemente, su historia es muy real. Si te da curiosidad saber cómo se me ocurrieron sus nombres, fue fácil. Les pregunté cuáles eran los apelativos que no les hubiera gustado que les pusieran sus padres. La respuesta fue Clyde y Bettina. Así que aquí los tienes. Te presento a Clyde y a Bettina.

Luego de tus turnos tienes más trabajo administrativo relacionado con enseñar a los internos. A continuación, cuando milagrosamente tienes la energía para pasar sin dormir una noche, debes escribir trabajos de investigación para que te promuevan, si tienes suerte, en unos años. Estás tan agotado que necesitas inventar una nueva palabra para el agotamiento, una que probablemente rime con "por favor, ayúdame".

"Amo mi trabajo, pero no creo que sea capaz de mantener este nivel de intensidad sin perder mi salud física y mental —me contó Bettina—. He tenido que hacerme a la idea de que no practicaré la medicina de tiempo completo toda mi vida. Y yo no soy la única. En el hospital donde trabajo, 10 años parecen ser el plazo en que los médicos agotan sus fuerzas".

Me dejó boquiabierto el hecho de que Bettina, una doctora de élite con conocimientos especializados, conocimientos que los pacientes necesitan desesperadamente, tuviera que hacerse a la idea de que, a menos que hubiera un cambio drástico, no podría seguir en su puesto por mucho más tiempo. A ella también la dejaba boquiabierta. Apenas está llegando a su mejor momento; no obstante, la está pasando tan mal que está a punto de renunciar.

"Planeas los 11 años de estudios adicionales, pero nadie te dice cómo te afectará la carga de trabajo. Fue un gran shock, considerando el tiempo y el dinero que he gastado en mi educación. Y simplemente no puedo mantener este nivel de intensidad sin perder la salud física y mental y tengo que hacer las paces con esta decisión".

Bettina se está viendo obligada a cambiar su plan de vida y el hospital está perdiendo a una de sus mejores doctoras porque ha impuesto un flujo de trabajo interminable (adicional a la atención a los pacientes) que no se puede mantener. ¿Darle a Bettina una estrategia de productividad sería útil para ayudarla a reducir su estrés? No, porque el hospital ya le ha dado muchas y entonces rápidamente encuentra muchas nuevas maneras de llenar su "tiempo libre" con más trabajo, cosas como atender las disputas de las aseguradoras. Imagina esto: te están haciendo una operación a corazón abierto para salvarte la vida y el cirujano que te está operando se toma un momento, a mitad del procedimiento, para poder discutir con un agente de seguros por qué usó 10 puntadas durante la última operación en vez de las tres que indican los seguros.

Hay una frase que dice: "No distraigas de su trabajo al *quarterback* para pedirle que pase los Gatorades". Esto se debe a que el PAR es sumamente importante. El *quarterback* tiene que realizar una tarea vital. Tiene que mover la pelota por el campo, no andar repartiendo bebidas para rehidratar a sus compañeros. De manera similar, Bettina no debería molestarse en realizar tareas que interfieren con trabajar por el PAR. Es tan obvio que hasta un ciego lo puede ver. Bettina necesita salvar vidas en primer lugar y también en segundo lugar. Y, no obstante, a menudo está atorada repartiendo Gatorades. Más que una vergüenza, es un pecado.

Y también es un pecado si no cuidas el PAR. En el próximo capítulo te contaré cómo asegurarte de que tú y tu equipo empoderen a su *quarterback* (es decir, a quienquiera que esté trabajando por el PAR) para que la pelota cruce el campo y llegue a la meta, con danza de la victoria después del *touchdown* y toda la cosa.

Para empleados: La historia de Cora

La gran promesa de Job Turf es "espacios de vida al aire libre en armonía con la naturaleza". Y el PAR es la actividad que lo garantiza: las pruebas continuas. Instalar una piscina, un patio y una pérgola en el patio trasero con el método tradicional realmente puede arruinar el hábitat de las pequeñas criaturas y alterar el entorno de la vegetación. Por eso, el personal recibe una formación exhaustiva sobre prácticas sostenibles. Todos los días, se verifican para asegurarse de que su trabajo sea respetuoso con el medio ambiente. Al final de cualquier proyecto, traen a un tercero de un parque nacional o grupo ambientalista para revisar el proyecto y calificar la calidad de su trabajo.

La atención a este nivel es algo inaudito en esta industria y es la razón por la cual los clientes recomiendan Job Turf.

Cora va a trabajar instalando tuberías y otros materiales. Pero también es responsable de proteger el PAR, junto con todos los demás en Job Turf. El dicho en Job Turf es "Ves algo. Di algo. De inmediato". Aunque Cora aún no está manejando la maquinaria grande ni supervisando el trabajo, tiene el poder de detener todo el proyecto si el PAR se ve comprometido. Lo llaman "Código Rojo" y se activa mediante una página enviada a través de sus teléfonos inteligentes.

¿Cómo puedes ayudar? Asegúrate de conocer el PAR. Si no lo sabes, pregunta. Trabajar con la claridad del panorama general facilita entender por qué haces lo que haces. ¿Cómo lo sirves? ¿Le prestas servicios de forma directa o en una función de apoyo? Una vez que comprendas el PAR, pon atención a las áreas en las que puede verse comprometido o donde podría mejorarse. ¿Cuál es tu plan para vigilarlo? ¿Cuál es tu estrategia de "ves algo, di algo"? Si el PAR tiene problemas o se atasca, ¿qué puedes hacer para que vuelva a funcionar? ¿Cuál es tu plan de respaldo para cuando necesites ayudar con el PAR y tu otro trabajo esté en espera?

El sistema Clockwork en acción

Te voy a decir un solo paso que debes llevar a cabo: definir tu PAR.

Sí, eso es todo. Una vez que lo hagas, comenzarás a encontrar cómo salir de la maleza y cómo empezar el proceso de convertirte en el diseñador que necesitas ser. El PAR es el eje de un negocio diseñado para funcionar solo.

Aquí tienes un ejercicio que te ayudará a encontrar tu PAR:

1. Una vez que hayas determinado tu gran promesa, pregúntate cómo la harás realidad. Considera todas las actividades que sirven a la empresa. ¿Cuál está más relacionada de forma

directa con el cumplimiento de la gran promesa? Esto no es necesariamente fácil de detectar de la nada. Todas pueden parecer la actividad más importante. Pero por definición, sólo una actividad puede ser la más importante.

2. Puedes utilizar el ejercicio de las notas adhesivas para emplear la lógica deductiva y encontrar el PAR entre todas las demás. Para ello, escribe cada actividad en una nota adhesiva. Por ejemplo, si tu gran promesa es un soporte extraordinario, es posible que respondas llamadas telefónicas, mensajes de chat, correos electrónicos y hables con los clientes como actividades importantes y necesarias para cumplir esa promesa. Anota cada una en una nota adhesiva. En el ejemplo, tendrías cuatro, pero no existe un número mágico.

3. Mirando tus notas, quita las dos que estén menos conectadas con tu gran promesa. Repite este proceso hasta que te queden las dos o tres últimas. Con las notas adhesivas restantes, elige la más importante para cumplir tu gran promesa. Ése es tu PAR. Para mí, las actividades importantes que respaldan mi gran promesa de "simplificar el emprendimiento" incluyen conferencias, entrevistas en podcasts, escritura de libros, capacitación en video y algo de *coaching*. Pero cuando empiezo a desmenuzar cosas, de todas ellas, escribir libros es la actividad que mejor respalda mi gran promesa. Entonces, escribir libros es el PAR de mi empresa. La salud de mi negocio, como la salud de una colonia de abejas, depende de la producción de huevos sanos (libros). Las otras tareas importan, sin duda. Pero nada importa tanto como para que pueda ignorar la calidad de mis libros para poder manejarlo.

4. ¿Aún tienes dificultades para definir tu PAR? Aquí hay un desempate simple: llama a tus clientes más importantes y pregúntales: "De todas las cosas que hacemos, ¿cuál es la que tiene más impacto para ti?". Por ejemplo, si no estás seguro de si tu PAR son propuestas de ventas o creación de contenido o colecciones, llama a algunos de tus mejores clientes

y pregúntales. Donde ellos ven el valor de tu empresa es donde tú estás forjando tu reputación. No puedo hablar por ellos, pero en este ejemplo, asumo que tus clientes sacarán el máximo valor del contenido que produces para ellos. Por tanto, la creación de contenidos es el PAR. Las ventas y colecciones son importantes, pero son secundarias frente a la creación de contenido.

FASE DOS

INTEGRAR

Los primeros artículos sobre Amazon presentaban a este tipo que había decidido mudarse a Bellevue, Washington, y abrir una librería en línea. Todavía puedo ver la imagen de Jeff Bezos trabajando en su computadora en el garaje de su casa, que también hacía las veces de centro de envío improvisado. Era el ejemplo perfecto de un empresario que se esfuerza por hacer realidad un sueño. En aquellos primeros días de lo que rápidamente se convertiría en el minorista de libros más grande del mundo, Bezos almacenaba ciertos títulos, mantenía el inventario, procesaba pedidos, actualizaba el sitio web de la empresa y manejaba las quejas de los clientes.

Bezos también tuvo una visión: una gran visión. Supongo que fue dominación mundial porque él está prácticamente allí. O tal vez era hacer algo completamente fuera de este mundo, lo que también logró con su cohete (realmente fálico). Ahora imagínate si intentara hacer realidad su visión, hacer realidad su Big BANG, enviando todavía él mismo todos los libros desde su garaje. ¿Dónde estaría Amazon hoy?

Para hacer realidad su visión, Bezos abandonó el trabajo pesado y dejó que su equipo se encargara de las operaciones diarias. Por desgracia, muchos dueños de negocios nunca realizan ese cambio vital. Es posible que piensen mucho en su negocio, es posible que tengan un gran sueño, pero no se apartan del camino para que se convierta en realidad. Ellos no cambian y, por tanto, su empresa no cambia. Ellos no dirigen la empresa; corren dentro de la empresa.

En la segunda fase del sistema Clockwork, empezarás a integrar la claridad que obtuviste en la fase de Alinear en las operaciones diarias de tu negocio. Ahora que conoces a tus clientes más importantes, la gran promesa que les ofreces y el PAR que garantiza el cumplimiento de esa promesa, puedes comenzar el proceso de salir de tu papel de empresario ajetreado y entrar a la capacidad que te ayudará a guiar tu empresa hacia la grandeza: accionista.

Capítulo 5

Protege y sirve al PAR

Utiliza el método que haga que todo tu equipo trabaje unido y de forma óptima

Se dice que el comedor de la señora Wilkes en la ciudad de Savannah tiene la mejor cocina del sur de Georgia, y quizá del mundo. Es el mejor lugar que puedes visitar antes de dirigirte a un juego de las Bananas de Savannah. En 1943 la señora Sema Wilkes se hizo cargo de una casa de huéspedes en el centro histórico de Savannah con la meta de preparar las mejores comidas sureñas de la zona. El comedor de la señora Wilkes es como si dos docenas de las mejores abuelas del mundo cocinaran sus platillos favoritos para la cena de su familia, pero en lugar de colocarlos en la mesa de su comedor los pusieran a disposición de los comensales del legendario restaurante de Savannah. Así de buena es la comida.

Si se les presiona para responder, apuesto a que los dueños dirían que su gran promesa es "una experiencia gastronómica como comer en casa de la abuela". La actividad (su PAR) que más cumple esa promesa es cocinar alimentos de calidad, sin lugar a dudas. Los meseros son la viva imagen de la hospitalidad sureña. El restaurante es sencillo, pero impecable. El ambiente está orientado en gran medida hacia las familias; prepárate para interactuar con extraños porque seguramente te sentarán con ellos en las grandes mesas para 10 personas que tiene el restaurante. Y cuando hayas terminado llevarás los platos a la cocina. Buena comida, buen servicio y pasarla bien. Todas esas cosas son necesarias para que tu negocio esté en marcha, pero lo más importante es la gran promesa (en este caso, "comer como en casa de la abuela"). Si la comida no fuera exquisita, el restaurante sería un fraude. Si la comida decepciona, la gran promesa queda incumplida.

Tu PAR debe ejecutarse de manera óptima *para* que la gran promesa se haga realidad. El "para" es el enlace. Cuando determinas tu gran promesa y el PAR, ejecuta una prueba rápida de "para" con el fin de asegurar que estén vinculados. ¿Para mí? "Escribo libros 'para' simplificar el emprendimiento". La señora Wilkes "prepara la mejor comida" para "comer como en casa de la abuela". Haces el PAR para cumplir tu gran promesa.

Todo el equipo del comedor de la señora Wilkes se reúne en torno al PAR y el resultado habla por sí solo. El tiempo de espera típico para entrar al restaurante es de una hora y media a dos. La gente comienza a hacer cola horas antes de que abra el lugar, no sólo en días festivos o durante las semanas de vacaciones, sino todos los días.

El objetivo del equipo, tal como debe ser el tuyo, es proteger y servir al PAR. Cada empleado desempeña un papel en el servicio directo o en la protección del PAR. El chef y el equipo de la cocina sirven directamente al PAR reuniendo los mejores y más frescos ingredientes locales y cocinándolos a la perfección. Servir al PAR es su Trabajo primario. El resto del equipo protege al PAR. Por ejemplo, la tarea principal del equipo de servicio es garantizar que cada cliente tenga una experiencia gastronómica encantadora y sin fricciones. Dicho esto, también protegen al PAR (preparar la comida más deliciosa) asegurándose de que se sirva a temperaturas óptimas. La comida está en la mesa antes de que te sientes y los platos se rotan rápidamente para mantenerla caliente y fresca. Si la entrega de comida en una mesa es lenta, otro miembro del equipo intervendrá. Todos saben por qué son conocidos. Y su trabajo es asegurarse de que la comida sea de primera calidad.

Sema Wikes falleció en 2001. Hoy en día su nieta dirige el restaurante y mantiene fuertes relaciones con los granjeros locales, garantizando los mejores ingredientes. La nieta sabe que el éxito de su negocio depende de trabajar por el PAR. Y aunque todos los que la conocieron y la quisieron extrañan a Sema, el PAR es protegido sin cesar. Si la cocina necesita una mano en la preparación de la comida, alguien del personal que atiende las mesas de inmediato asume esa tarea. Todo el personal ayuda con la preparación y da su retroalimentación si se presenta algún problema. ¿El pollo está un poco seco? Si un platillo no es del todo perfecto, aunque sea mínimamente, a toda velocidad el personal lo comenta en la cocina. Casi nunca sucede, pero podría suceder, y el personal sabe que la calidad de la comida, el PAR, es lo más importante. Es lo más importante porque convierte la gran promesa en una realidad.

Protege y trabaja por el PAR como si tu vida dependiera de ello porque hace realidad tu gran promesa y tu negocio se convertirá en el lugar al que los clientes "tienen que ir", justo como el comedor de la señora Wilkes.

Eso es todo. Ése es el objetivo principal. Eso es lo único que hará que tu negocio alcance la eficiencia organizacional.

En este capítulo, comenzarás a integrar el trabajo que hiciste en la fase de Alinear en tus operaciones diarias. Aprenderás cómo determinar el Trabajo primario de cada miembro del equipo y cómo diferenciar entre servir al PAR y cumplir el Trabajo primario de cada uno. Esta claridad es crucial cuando comienzas a evaluar cómo pasan el tiempo todos los miembros de tu equipo.

El PAR *vs.* el Trabajo primario

Ahora ya sabes que el objetivo principal de tu equipo es proteger y servir al PAR. Siempre. Si el PAR es bueno, entonces y sólo entonces podrán concentrarse en sus trabajos principales.

En ocasiones, los empleados pueden confundir la diferencia entre el PAR y sus trabajos principales. Diablos, es posible que hasta tú te confundas de vez en cuando. La distinción es importante porque, aunque todos protegen al PAR, ésa no es necesariamente la función principal del trabajo de cada empleado. Analicémoslo para aclararlo.

Ya sabes que PAR significa Papel de la Abeja Reina. El objetivo principal (gran promesa) de una colonia de abejas es la supervivencia, y la actividad que más lo apoya es la producción de huevos. Sólo puedes tener una actividad que sea la más importante y ésa es tu PAR. Un gran punto de confusión que comparten los lectores es que escuchan "Abeja Reina" y piensan: "Oye, yo soy la abeja reina en este lugar, por lo tanto, si es la actividad más importante, debo ser yo quien la haga". No estoy diciendo que estuvieras pensando esto, no. Pero en caso de que *alguien que conoces* haya tenido estos pensamientos, déjame decirte directamente que esto es: *a)* falso y *b)* todo tiene que ver con tu ego, quiero decir, *su* ego. Ya lo viví, también lo hice, tengo una playera por cada vez que dejé que mi ego se hiciera cargo, así que acéptalo, déjalo ir y sigue adelante.

Claro, una persona puede atender el PAR, pero eso significa que tu empresa dependa de una sola persona. Creo que quizá sabes cómo se siente eso y qué sucede cuando todo depende de una sola persona. ¡Espero que esa persona no se enferme! O necesite, digamos, un largo descanso para almorzar. Incluso las abejas en una colmena no dependen de una sola reina. Tiene un título elevado, pero deben producir un montón de huevos. Algunos zánganos son designados *queenslayers* (¡buen nombre para una banda!) y se levantarán y matarán a la reina si no produce suficientes huevos. Brutal, ¿verdad? *Si el PAR no se cumple por completo, matan a la reina.* De la misma manera, si los descendientes de la reina son perezosos, hambrientos o estériles, ¡um! La reina muere. Así que se trata del papel, no de la propia reina.

A veces un equipo piensa que sólo una persona puede ser la reina.

Ahí es donde mi analogía es débil, lo admito. El PAR parece el trabajo de una sola persona, pero varias personas pueden servir directamente al PAR. De hecho, no tienen por qué ser sólo unas pocas personas. Podría ser un departamento completo, robots o sistemas. Nuevamente, el PAR no es una persona; es una actividad.

Un ejemplo sencillo de esto es el futbol americano o cualquier otro deporte de equipo. Supongamos que la gran promesa es una temporada de campeonato. Ten en cuenta que algunos equipos, como los Savannah Bananas y los Harlem Globetrotters, tienen una gran promesa diferente: diversión y entretenimiento familiar. Pero para este ejemplo, vayamos con la promesa de una temporada de campeonato. El PAR es la actividad que acumulará más puntos que el oponente. En este caso, llevar el balón a la zona de anotación o entre los postes del campo.

Éstos son los individuos en un equipo de futbol que sirven directamente al PAR:

- El centro, la primera persona que toca la pelota y (casi siempre) la transfiere al mariscal de campo.
- El mariscal de campo, quien luego lo transfiere a otro jugador o corre con él hacia la zona de anotación.
- Quizá otro jugador que atrape o reciba la pelota y luego corra con ella hacia la zona de anotación.
- El pateador, que intenta patear el balón entre los postes del campo.
- Y, a veces, el jugador defensivo que finaliza una jugada con el balón en su respectiva zona de anotación (mediante una intercepción, un balón suelto o un *safety*).

El trabajo de los otros jugadores en el equipo es actuar como señuelos, bloquear o interferir con los intentos del otro equipo de impedir el avance de la pelota. Quién servirá directamente al PAR se determina de antemano al decidir qué jugada se intentará en un esfuerzo por hacer avanzar la pelota.

Cuando los jugadores no están sirviendo directamente al PAR, están haciendo su Trabajo primario, el trabajo más crucial que cualquier individuo tiene en términos de su actividad "regular". Antes de que le pasen el balón, el mariscal de campo cumple su tarea principal de comunicar los cambios de planes al equipo. Al servir al PAR, el centro toma el balón del suelo y se lo entrega al mariscal de campo, y luego vuelve a su Trabajo primario de bloquear. El Trabajo primario del receptor es ejecutar un patrón específico, y planeado previamente, destinado a confundir a la defensa del otro equipo o llevarlos a un espacio abierto donde puedan atrapar el balón. Cuando atrapan la pelota, ahora están sirviendo al PAR.

Como sirven al PAR, el mariscal de campo es el jugador más importante en el campo, pero sólo cuando tiene el balón. Cuando el receptor recibe el balón, ahora es el jugador más importante.

Los fanáticos del futbol me han recordado que incluso la propia multitud juega un papel de apoyo con el PAR. Los fanáticos locales pueden volverse bastante ruidosos antes, durante y después de que comience una jugada en un esfuerzo por interferir con la comunicación del equipo contrario, apoyando así al PAR de su equipo. Ésta es una de las raras circunstancias en las que tomar demasiadas bebidas puede ser una ventaja. La otra es cuando tu suegra te dice que extenderá su visita a tu casa un día más.

Una vez más, el PAR nunca es un individuo. Siempre es la actividad más importante dentro de una organización. Todos los empleados deben ser conscientes de ello. Algunos lo servirán directamente en todo momento. Algunos lo servirán a tiempo parcial. Algunos sólo lo sirven ocasionalmente. Cuando lo hacen, son las personas más importantes del equipo y todos deben "bloquearlos" para que puedan servir al PAR.

Lo único que reemplaza al Trabajo primario es cuando el miembro del equipo es llamado a servir directamente al PAR de la empresa. El Trabajo primario de un liniero es bloquear a los oponentes para que el jugador que lleva el balón pueda llegar a la zona de anotación. En el futbol, si un jugador que corre con el balón pierde el balón, se espera que el liniero salte sobre el balón, pase lo que pase. El PAR es conseguir puntos, y la única manera de hacerlo es si mantienen la posesión del balón. Es posible que hayas visto el caos puro cuando se pierde el balón y se produce una pila de cuerpos mientras todos

luchan por conseguir el balón. Todos ellos están volviendo inmediatamente a servir al PAR.

Para ayudar a aclarar esto aún más, hice un cuadro para ti. ¿No te
encantan los gráficos? Recuerda que la gran promesa es tu compromiso número uno con los clientes. El PAR es la actividad número
uno que cumple esa gran promesa. El Trabajo primario de cualquier
individuo es la función más importante que desempeña dentro del
alcance de su trabajo.

El PAR es el corazón de su organización. Algunas personas (y/o
recursos) tendrán la tarea principal de apoyar directamente al PAR.
Otros tendrán un Trabajo primario que es una función de apoyo
al PAR y otras funciones de la empresa.

EJEMPLOS DE PAR/GRAN PROMESA

COMPAÑÍA	¿QUIÉN SIRVE AL PAR?	PAR	GRAN PROMESA
Ofensiva de un equipo de futbol	Jugadores que mueven el balón hácia adelante	Acciones que consigan anotaciones para…	Ganar suficientes partidos para el campeonato
Defensiva de un equipo de futbol	Jugadores que evitan el progreso del balón	Acciones que eviten que otro equipo tenga la pelota para…	Ganar suficientes partidos para el campeonato
Yo (Mike, autor)	Persona escribiendo el libro	Escribir libros para…	Simplificar el emprendimiento
FedEx	Sistema que maneja el flujo de paquetes	Gestionar la logística para…	Entregar paquetes a tiempo
Zappos	Departamento de servicio al cliente	Ofrecer servicio al cliente para…	Dar la sensación de felicidad

COMPAÑÍA	¿QUIÉN SIRVE AL PAR?	PAR	GRAN PROMESA
Amazon	El sitio de internet	Comercio electrónico ininterrumpido para...	Ofrecer la experiencia de compra más conveniente
Un restaurante deli	El que compra los ingredientes	Servir los complementos más deliciosos para...	Hacer los sándwiches más ricos
Un deli diferente	El que cuida los ingredientes	Servir los ingredientes más frescos para...	Hacer los sándwiches más frescos
Otro deli	El que hace los sándwiches	Armar los sándwiches de la manera más eficiente para...	Dar el servicio más rápido

FIGURA 5.

Necesitas conocer tanto el PAR de tu empresa como los trabajos principales de tu equipo. Y todos deben saber cómo intervenir para servir al PAR cuando se ve comprometido. Esto le sucede a FedEx cada temporada navideña. La demanda de transporte marítimo se dispara y el PAR se ve desafiado porque los conductores habituales no pueden seguir el ritmo. Entonces los gerentes, cuyo Trabajo primario es administrar, salen de detrás de sus escritorios y se suben a los camiones para ayudar a realizar la entrega. Ayudan a servir a la logística (el PAR) directamente cuando se ve comprometida.

* * *

Cuatro años después de haber puesto en marcha su negocio, Trevor Rood había hecho crecer Foghorn Designs de 300 mil dólares a más de 1 millón de dólares en ingresos anuales. Había dejado de servir directamente al PAR y había entregado casi todos los sombreros que había usado tratando de hacer todas las cosas. Atrás quedaron sus días laborales de 12 horas y semanas laborales de siete días. Luego llegó el covid-19 y su empresa se vio muy afectada.

"En febrero de 2020, tuvimos un mes de 60 mil", me dijo Trevor. "Luego, en marzo, fueron 27 mil dólares. En abril, nuestros ingresos se habían reducido a 3 mil 200".

Sus clientes habían cerrado y no pedían carteles, productos serigrafiados ni artículos bordados con fines de marca. No había ninguna razón para hacer eso: todo el mundo había presionado el botón de pausa. Gracias a los cambios que había realizado en su negocio aplicando los principios que había aprendido en *La ganancia es primero*, soportó la tormenta. A finales del verano, ganaban 50 mil dólares al mes. El problema era que ya no tenía el mismo equipo. Esto significó que Trevor tuvo que volver a ponerse algunos sombreros: tuvo que concentrarse en servir al PAR y asumir trabajos que, antes de la pandemia, habían sido los Trabajos primarios de sus empleados.

La buena noticia era que ya se había retirado de estos trabajos antes y sabía que podía hacerlo de nuevo. Estaba seguro de esto porque ya había diseñado su negocio para que funcionara solo. Una vez sincronizado, siempre sincronizado. O, al menos, siempre viable.

"Es difícil encontrar gente buena en este momento, pero soy optimista. Tengo los sistemas en su lugar. Conozco mis métricas", explicó. "Cuando llegó el covid, me faltaban unos dos meses para tomar mis primeras vacaciones de cuatro semanas. Tuve que cancelarlo. Pero ya hemos llegado a ese punto antes y podemos hacerlo de nuevo".

El nuevo objetivo de Trevor: ver los 63 parques nacionales con su familia. Necesitará mucho tiempo fuera de su negocio para lograrlo. Y lo conseguirá. Está seguro.

En este capítulo, has aprendido cómo ayudar a tus empleados a identificar sus Trabajos primarios y diferenciar entre servirlos y servir al PAR. Éste es un primer paso crucial en la fase de Integrar porque les proporciona la claridad y el contexto que necesitan para tomar decisiones críticas sobre cómo y dónde centrar su atención.

Cuando implementas el sistema Clockwork en tu negocio, éste te brinda la confianza para soportar casi cualquier tormenta. Es posible que debas regresar a un trabajo por un periodo, pero con el tiempo podrás retirarte de nuevo y hacer el trabajo que te encanta hacer y el trabajo de accionista que tu empresa necesita que hagas.

Para empleados: La historia de Cora

Después de dos meses en Job Turf, Cora entiende y aprecia su Trabajo primario: la instalación de paisajes habitables. Esto no quiere decir que sea su único trabajo. Tiene muchas responsabilidades. Empezó a manejar parte de la maquinaria y ahora opera un mini-cargador (imagínate un *mini-bulldozer*) para mover materiales. Está directamente involucrada en la instalación de tuberías y trabajos de cimentación. Cora debe ocuparse de todos estos trabajos, pero su Trabajo primario es garantizar que las instalaciones paisajísticas sean habitables. Siempre tiene el ojo puesto en ese trabajo. Y si en algún momento ve que está siendo comprometido, se ocupa de ello. Y en circunstancias en las que no puede solucionarlo, de inmediato informa el problema al administrador del sitio.

Cora y sus compañeros de equipo se concentran en sus Trabajos primarios mientras vigilan el PAR. Si el medio ambiente se ve afectado de manera negativa (lo que significa que la gran promesa de "espacios de vida al aire libre en armonía con la naturaleza" está en peligro), se espera que ella lo informe de inmediato e inicie nuevas pruebas. Si algo que afecta el Papel de la Abeja Reina requiere atención o pruebas inmediatas, entonces se espera que ella, como todos los demás, detenga el proyecto en el acto. Si el PAR está inactivo (no hay pruebas), necesita los recursos disponibles y capaces para volver a activarlo.

Por definición, sólo una cosa puede ser lo "más importante" que hagas. Ése es tu Trabajo primario. Eso no quiere decir que otras cosas no sean importantes. De hecho, muchas de las cosas que haces *son* importantes. El Trabajo primario es *lo más* importante en el ámbito del trabajo que realizas, por encima de todo. Si los hongos *shiitake* se vuelven locos, mantente concentrado en tu Trabajo primario, siempre y cuando el PAR no se vea comprometido. Si el PAR está en peligro y no hay manera de atenderlo sin tu intervención directa, y tienes la capacidad de hacerlo, puedes hacerlo. Y si el PAR no funciona y las personas que pueden acelerarlo de manera eficiente están trabajando en ello y no necesitan su ayuda, continúa con tus responsabilidades laborales.

¿Cómo puedes ayudar? Trabaja con tu gerente para definir con claridad tu Trabajo primario. Nuevamente, éste no es tu único trabajo, pero es lo más importante que haces dentro del ámbito de tu trabajo. Además, conoce el PAR de la empresa para poder protegerlo y, en caso de ser necesario, atenderlo. Tal vez (ojalá nunca, pero tal vez) seas llamado a servir.

El sistema Clockwork en acción

El siguiente paso en la fase de Integrar es ayudar a tu equipo a determinar cómo sirven al PAR y, si no lo hacen directamente, identificar su Trabajo primario.

Aquí tienes una variación de la nota adhesiva del último capítulo para ayudarte a ti y a tu equipo a encontrar su Trabajo primario:

1. Pide a cada miembro del equipo que anote las seis tareas principales que realiza en un día determinado y luego escribe cada una en una nota adhesiva. Por ejemplo, para una recepcionista, eso podría incluir contestar teléfonos, responder mensajes de voz, saludar a los clientes, procesar correo y entregas, programar citas y aceptar pagos.
2. Mirando las notas adhesivas, pide a cada miembro del equipo que determine si sirve al PAR directamente o si tiene una función de protección, y se espera que intervenga cuando sea necesario.

a) Como ya identificaste el par de tu empresa, es fácil ver qué tareas de los miembros del equipo sirven directamente al par. Si ninguna coincide, entonces su función relacionada con par es protegerla cuando sea necesario.

3. Luego, para identificar su Trabajo primario, pide a cada miembro del equipo que reste las tres tareas que realiza y que tienen menos importancia para la empresa. Luego, usando los mismos parámetros, retira una nota adhesiva más y luego otra. La tarea restante es su Trabajo primario (como lo han identificado), el trabajo que no puede verse comprometido, excepto cuando se protege el PAR.

a) El liderazgo de la empresa debe garantizar que el Trabajo primario identificado por el empleado esté alineado con lo que se espera. A veces, las personas identifican un Trabajo primario que no es exacto. En ese caso, el liderazgo necesita explicar lo que consideran el Trabajo primario y determinar por qué el miembro del equipo piensa lo contrario.

4. Finalmente, si ya se ha identificado un Trabajo primario para un puesto dentro de la empresa, el líder puede simplemente explicar de qué se trata. Pero el ejercicio sigue siendo una herramienta útil para que un miembro del equipo lo realice y pueda comprender cómo funcionan y se ensamblan los diferentes elementos de su trabajo.

Capítulo 6

Seguimiento del tiempo de todos

Saca a la luz las ineficiencias, el trabajo innecesario y las oportunidades de hacer más con menos

Los empresarios por naturaleza son personas a las que les gusta hacer las cosas por sí mismas. Nosotros hacemos todo cuando estamos en las etapas iniciales de un negocio, porque *debemos* hacerlo todo. No podemos darnos el lujo de contratar a otras personas y aún tenemos tiempo de hacerlo todo. Por lo general no somos muy buenos en todo (aunque nos convenzamos de que lo somos), pero hacemos las cosas lo suficientemente bien. Aunque tiene sentido que tengamos que asumir tantos papeles distintos cuando empezamos un negocio, seguir así no es saludable ni sostenible. Por fin, hacemos la primera contratación y, aun con la presión financiera* que esto trae

---

*El dilema financiero de contratar gente es muy difícil para los dueños de pequeños negocios. Cuando contratas a un empleado, es posible que tengas que restringir tu propia compensación, que ya de por sí es escasa. Así que retrasamos la contratación hasta poder pagarle a un empleado, pero nunca llegamos a ese punto. Estamos atrapados entre la espada y la pared. Trabaja aún más, lo cual es imposible. O contrata a alguien, lo cual no puedes costear. No obstante, hay una solución que expliqué en mi libro *La ganancia es primero*. Hice un video que muestra exactamente cómo abordar esta situación con éxito. Está disponible en la página Clockwork.life.

consigo, sentimos un poco de alivio porque ya no podíamos mantener el alocado ritmo de hacerlo todo nosotros. Pero el ritmo acelerado en realidad no desaparece. Incluso cuando contratamos gente que nos ayude (empleados o personas subcontratadas) a menudo terminamos "haciendo" un montón de trabajo… Borra esto último. Terminamos haciendo *más* trabajo, porque nosotros somos los ejes.

Diseñar un negocio para que funcione solo es factible. De hecho, es sumamente factible. Para lograrlo tienes que dejar de *Hacer* y enfocar más y más tiempo en *Diseñar* el flujo de tu negocio. En este capítulo, comprenderás mejor cómo tú y tu equipo utilizan su tiempo. Con este conocimiento, tendrás la información necesaria para integrar la comprensión que obtuviste en la fase de Alinear.

Las cuatro Ds para lograr que un negocio funcione como relojito

Cada empresa involucra cuatro elementos de trabajo. Se trata de las cuatro Ds: Dar acción, Decidir, Delegar y Diseñar. Aunque estás comprometido en los cuatro tipos de actividades en distintos grados durante el curso de la evolución de tu negocio (pasaste algo de tiempo Diseñando tu negocio antes de lanzarlo) y, a pesar de que tu negocio siempre tendrá una mezcla de las cuatro Ds, nuestra meta es que tú, el dueño de un negocio, Des menos acción y Diseñes más, que es el trabajo de un accionista.

Pasar de Dar menos acción a Diseñar no es un cambio que puedas hacer de la noche a la mañana. No es un interruptor que enciendes. Es un acelerador. Construyes para conseguir llegar ahí. Con el tiempo te vuelves cada vez más parecido a un diseñador y no hay límite.

1. **Dar acción.** Éstas son las actividades de productividad, el trabajo necesario para servir clientes y mantener las operaciones. La conoces bien y la realizas (lo suficientemente) bien.

Cuando eres el único en un negocio, hacerlo todo tú es una necesidad. Así es como comienzan casi todas las empresas y donde muchas se quedan atoradas de manera permanente. De los casi 32 millones de negocios pequeños que hay en Estados Unidos, casi 26 millones no tienen ni un solo empleado.[5] En otras palabras, el dueño lo hace todo.

2. **Decidir.** Éste el proceso de tomar decisiones y asignar tareas para otras personas. Ya sea que se trate de empleados de tiempo completo o de medio tiempo, o bien de personas que trabajan por proyecto, no se dedican más que a tareas específicas. Esto es porque tú estás haciendo el trabajo de tomar decisiones. Intentan llevar a cabo una tarea que les das y luego regresan contigo para hacerte más preguntas, para tener tu aprobación, hacer que resuelvas problemas y que les ayudes dándoles ideas. Si se presenta algún tropezón con la tarea que está llevando a cabo, la persona regresa contigo para que tomes una decisión. Cuando termina la tarea o se queda inmóvil o te pregunta ahora qué tiene que hacer.

La mayoría de los empresarios confunde Decidir con Delegar. Si le asignas a alguien una tarea, pero necesita que le respondas preguntas para llevarla a cabo, no estás Delegando… estás Decidiendo por ellos. Los dueños de negocios que tienen tres o cuatro empleados pueden quedar atorados y pasar la mayor parte de su tiempo en esta actividad. Tus empleados hacen el trabajo, pero el "trabajo" del dueño de un negocio se convierte en responder un flujo constante de preguntas hechas por los empleados que distraen sin cesar. Al final, se vuelve tan malo que te rindes lleno de frustración y tomas la decisión de "regresar a como estabas antes" y hacer todo el trabajo tú solo. Poco después el trabajo te abruma y vuelves a contratar gente y a estar frustrado en la fase de Decidir. Mientras dura el negocio, pasas de hacer todo el trabajo a decidir por unos cuantos empleados, y viceversa, una y otra vez.

3. **Delegar.** En esta actividad asignas un resultado a los empleados y los empoderas para tomar decisiones con respecto a la ejecución de la tarea. Las personas son completamente responsables de lograr el resultado. Están solas. A medida que pases más tiempo en la fase de Delegar, comenzarás a sentir alivio en relación con tu carga de trabajo, pero sólo si delegas de la manera correcta. En un inicio *debes* recompensar a tus empleados por el resultado (*no* por la eficiencia en lograrlo) porque la meta es pasar la responsabilidad de tomar decisiones de ti a ellos. Si se les castiga por tomar decisiones pobres* o resbalones, lo único que estarás haciendo es entrenarlos para que acudan contigo en busca de decisiones. Tú también has tomado decisiones pobres en el pasado; y es así como van a crecer. La fase de Delegar puede ser sumamente difícil para los empresarios, porque podemos hacer todo a la perfección (en nuestra mente) y nos sentimos frustrados cuando ellos no lo hacen (en nuestra mente). Debes olvidarte de esta mentalidad de hacer las cosas a la perfección si quieres que tu negocio funcione solo de manera exitosa.

4. **Diseñar.** Aquí es donde trabajas en la imagen, en constante evolución, de tu empresa y haces estrategias en el flujo de negocios que apoya dicha imagen. Cuando tu equipo maneja las otras tres Ds, el negocio funciona solo. Cuando estés en modo de Diseñar, no sólo serás libre del grillete diario sino que también experimentarás más alegría que nunca con respecto a tu trabajo. Tu trabajo ahora consistirá en administrar la compañía en términos financieros y en arreglar el flujo de negocios para asegurar que todo se alinea con tu visión.

---

*Una mala decisión puede depender del ojo de quien la mira. He juzgado malas decisiones de otros porque no tomaron una decisión coherente con la mía. Pero eso no significa que haya sido una mala decisión. El objetivo es lograr el resultado y las decisiones para lograrlo pueden variar. Pon el mayor énfasis en el resultado y la eficiencia para lograrlo.

Cuando estás consagrado a Diseñar y no obligado a hacer el trabajo, estarás supervisando el trabajo (hasta el punto que tú quieras) y harás sólo el trabajo que quieras hacer. Pero no confundas pensamiento profundo, el trabajo necesario para Diseñar, con trabajo fácil. Éste es el trabajo que hace a una empresa (y a su dueño) saludable, rico y sabio. Ésta es la buena vida, amigos, amigas y no binaries.

CUATRO TIPOS DE TRABAJO

FIGURA 6.

Dar acción no te está llevando a ninguna parte

Sigo luchando contra la necesidad de "hacerlo todo yo". * Durante mis casi 30 años como empresario, "hacerlo todo" fue algo que yo esperaba de mí. Era un empresario "serio". Hacía "lo que fuera necesario" para hacer crecer mi negocio. Y como tenía éxito, atribuía mucho de ese éxito a mi "incansable" ética del trabajo. Incluso

---

* La necesidad de hacerlo todo yo mismo ha disminuido significativamente desde que comencé a tomar mis vacaciones anuales de cuatro semanas. Ésta es la piedra angular de un negocio que funcionará por sí solo. Descubrirás cómo hacerlo en el capítulo 11. Y debes programarlo antes de terminar de leer este libro.

cuando tenía un equipo de casi 30 personas, seguía forzando mi máquina, haciendo gran parte del trabajo y supervisando el resto porque "nadie podía hacer lo que yo" y "a nadie le importa tanto como a mí". Lo único que deseaba era que mis empleados "avanzaran" y "actuaran como si fueran dueños del negocio". Pero no era así. Simple y sencillamente me molestaban con un flujo interminable de preguntas. ¿Notaste todas las comillas que hay en este párrafo? Se deben a que la mayoría de mis percepciones eran, como dije antes, una retahíla de tonterías.

Una vez más, como líder de un negocio, la mejor forma de invertir tu tiempo es *Diseñando* y no *Dando* acción. ¿A qué me refiero con "Diseñando el trabajo"? Usemos la analogía del futbol americano. (¡Arriba los Hokies!) Es la historia del dueño del equipo, el *coach* y los jugadores.

Los jugadores están empoderados para tomar decisiones en fracciones de segundo en el campo de juego, el coach crea el plan de juego y establece las jugadas y el dueño del equipo diseña al equipo. El dueño establece la franquicia, elige al o a los *coaches* para que lleven el equipo y luego mira desde la distancia cómo el equipo implementa el plan de juego. Para alguien que mira desde fuera, puede parecer confuso. No es otra cosa que un tipo rico que come hot dogs desde un palco de cristal. Pero está sucediendo mucho más de lo que puedes ver. El dueño del equipo siempre está optimizando cada elemento de la franquicia: el equipo, los tratos con los patrocinadores, las ventas de los asientos, la mercadotecnia, el presupuesto, etcétera. El dueño es el accionista.

Como diseñador, debes anticipar varios pasos. Eres estratégico. Mides las oportunidades y los riesgos. ¿Todos los movimientos que haces son buenos? Por supuesto que no. Pero mides los resultados de los movimientos y haces ajustes según tus siguientes movimientos. Y para ser el diseñador de tu empresa necesitas salir del campo y estar en un palco de cristal. Debes tomar decisiones importantes y calculadas a un ritmo deliberado. Y debes asegurarte que la organización cumpla esos planes. Sólo evita los hot dogs. No traen nada bueno.

Todos los empresarios comienzan siendo gente de acción, porque hacer las cosas es para lo que somos buenos. El problema surge cuando estás atrapado en esa fase y toda esa acción te impide dedicarte a una visión mayor para la creación de tu negocio. Ya estás familiarizado con el trabajo de Diseño. Es lo que te gustaba en un inicio: crear una visión para tu empresa y crear los movimientos estratégicos que podías llevar a cabo. De modo que éste es el trabajo para el cual tienes conocimiento de primera mano que te permite hacerlo de manera efectiva: dirigir el flujo de negocios. Cuando inviertes la mayor parte de tu tiempo en la fase de Diseño, tu empresa logra eficiencia absoluta y potencial de crecimiento. Como diseñador, le estás dando lo mejor a tu empresa: tu genio, el genio con el cual comenzó todo. También te haces a un lado de las operaciones cotidianas de modo que tu negocio pueda funcionar sin ti, lo cual significa que también puede crecer sin ti. Tu propósito es diseñar el flujo de tu negocio, apuntar en la dirección del crecimiento y luego tomar decisiones estratégicas para arreglar, cambiar o mejorar las cosas cuando el flujo no sea el adecuado.

Incluso cuando apreciamos el valor del trabajo de Diseño, la mayoría de nosotros sigue dedicando demasiadas horas a Dar acción. Esto no sólo se aplica para los empresarios que aún no tienen empleados y que todavía no han delegado nada, sino que se aplica a los líderes de equipos formados por cinco, 50 o 500 personas. Los dueños, administradores y equipos operativos pueden caer en la trampa de Dar acción tanto como cualquier empresario sin empleados.

Un estudio de 2009 realizado por el Instituto Max Planck para la Cibernética Biológica en Tubinga, Alemania, confirmó que las personas que estaban tratando de encontrar cómo salir de un bosque o un desierto sin señales (y sin tener el sol como guía) tienden a caminar en círculos. Las personas caminaron en círculos hasta 20 metros mientras creían que estaban caminando perfectamente en línea recta. Es como si te pusieras una venda en los ojos y trataras de cruzar un campo de futbol, por el camino corto, de un lateral al otro, y nunca lograras cruzarlo.

Los investigadores concluyeron que, en ausencia de marcadores claros de distancia y dirección, hacemos un continuo flujo de pequeños ajustes a lo que consideramos una línea recta, pero esos ajustes están más inclinados hacia un lado que hacia el otro. Nuestro sentido de lo que es recto cambia constantemente y hace que caminemos en círculo. Vamos en círculo, hasta que no podemos más, cuando fácilmente habríamos podido salir si hubiéramos caminado en línea recta.

Puedes superar esta tendencia si posees una señal clara para avanzar y si tienes la suerte suficiente de estar equipado con una brújula o un GPS. Esa señal clara y distante nos permite recalibrar constantemente nuestra dirección y seguir en línea recta. Aun cuando se presenta un obstáculo, podemos evitarlo, rodearlo o alejarnos corriendo, y luego volver a identificar nuestra señal y usarla para corregir nuestro curso.

Un negocio que no dedica tiempo para definir a dónde quiere ir, que no busca formas de llegar a ese punto y que no identifica las señales que le ofrecerán la ruta más directa está destinado a girar en círculos por toda la eternidad. La lucha para escapar de la "trampa de la sobrevivencia" es constante. El dueño del negocio y el equipo trabajan como locos, mes tras mes, año tras año, esperando avanzar, pero, en ausencia de un sentido claro de dirección, se sienten sorprendidos y frustrados cuando siguen caminando en círculos y llegando al mismo punto.

¿Cuál es la peor parte de estar caminando en círculos? Que no creemos estarlo haciendo, a pesar de ver las pruebas. En el estudio realizado por el grupo de investigación alemán, a los participantes los dejaron en mitad de un bosque de Alemania y a otro grupo en el desierto del Sahara. Llevaban un dispositivo GPS para poder rastrearlos y les dieron instrucciones muy sencillas: caminar en línea recta por unas horas. Cuando el sol o la luna se podían ver, las personas lograban mantenerse en una ruta más o menos directa. Pero en un día nublado o en una noche sin luna, la gente de inmediato comenzaba a seguir un patrón de círculos. Lo peor es que el terreno ocasionaba aún más complicaciones con la dirección, creando un efecto de canales. La gente no podía caminar en línea recta sin un elemento que sirviera como señal, y cuando se presentaban complicaciones, a menudo enviaban a las personas en una dirección completamente nueva otra vez.

Intentar construir un negocio sólo Dando acción y sin Diseñar es como caminar con los ojos vendados a través de un denso bosque. Es inevitable que camines en círculos y que tropieces si te topas con un obstáculo sustancial. Navegar por el terreno de una empresa que está en crecimiento requiere un diseñador que mire más allá del constante flujo de desafíos y oportunidades que están inmediatamente enfrente y que, en cambio, pueda hacer un esbozo del camino hacia la visión a largo plazo de la compañía. Y ese diseñador eres tú. Sí, incluso si has perdido contacto con la visión que alguna vez tuviste, incluso si sientes que no has visto tu creatividad en la última década, incluso si te preguntas si de verdad tienes lo que se requiere para navegar tu barco hacia costas nuevas y prósperas... eres la persona más indicada para la tarea de "diseñar". Puedes hacerlo, capitán.

La complicación de delegar

Cuando por primera vez quieres hacer crecer tu negocio, la fase de Decidir llega rápidamente. El proceso es simple: contratar gente y decirle qué hacer. ¿Lograr que haga su trabajo sin tu intervención? No tan fácil. Y nos compramos ese problema. Cada vez que mi equipo tenía una pregunta y me buscaba para que tomara una decisión, tenía sentido. Eran nuevos empleados y necesitaban aprender la forma adecuada de hacer las cosas... mi forma de hacer las cosas. Así que les daba las respuestas que necesitaban y los mandaba a hacer su trabajo. Además, cada vez que tenían una pregunta que sólo yo podía contestar, mi ego se veía aumentado y se satisfacía mi necesidad de sentirme importante. Sólo estoy siendo realista. Y tú también necesitas serlo: saber lo que otros no saben hace que tu ego aumente.

Pensé que la necesidad de responder las preguntas de todo el mundo no duraría mucho. Estaban aprendiendo a hacer las cosas y yo esperaba que las preguntas fueran disminuyendo. Sin embargo, por raro que parezca, aumentaron. El problema que yo no veía, hasta que fue demasiado tarde, es que les estaba enseñando a regresar siempre con más preguntas para hacerme.

Muchas veces sin intención, los líderes animan ese comportamiento de "yo decido, tú lo haces" en los empleados nuevos. Comienza con el momento "más bueno que el pan". Contratas ayuda virtual o un empleado de tiempo completo o de medio tiempo. El primer día, la única persona más emocionada y nerviosa que el empleado eres tú. A los pocos días, estás pensando: "Este nuevo empleado me está quitando muchísimo trabajo. ¿Por qué no lo pensé antes? Es 'más bueno que el pan'".

El recién llegado tiene toneladas de preguntas, pero es de esperarse. De hecho, eso es lo que quieres: un aprendiz. Pero, unas semanas después, esa persona sigue teniendo toneladas de preguntas. Te pregunta cosas cuya respuesta debería saber a estas alturas. ¿Qué está sucediendo? Entonces, en unas semanas, el nuevo "pan" es una absoluta distracción. Sus preguntas nunca se acaban. Constantemente debes distraerte de tu trabajo para atenderlo. Ahí es cuando te das cuenta de que ese pan es soso, como los que no tienen gluten. Ya sabes, es tan flexible como el concreto y tiene el sabor del cartón. Y ahí reaparece un pensamiento enterrado: "Es más fácil hacer todo el trabajo yo solo".

Cuando les das todas las respuestas a tus empleados, te agotas con todo ese pensamiento dinámico y toma de decisiones. Además, bloqueas su aprendizaje. Sospecho que cuando aprendiste a manejar, la única forma en que lo lograste fue manejando. Sí, estuviste seis horas en el curso de manejo teórico en un salón de clases donde te dijeron que el acelerador está a la derecha y el freno a la izquierda. Pero, incluso con esas instrucciones, cuando llegó el momento de manejar, es muy probable que hayas acelerado en exceso o que hayas pisado el freno con demasiada fuerza. Apuesto a que mientras aprendías a conducir, alguna vez calculaste mal la distancia y aplastaste un cono o dos... docenas.

El aprendizaje —el verdadero aprendizaje— sucede haciendo algo. Debes experimentarlo para poder interiorizarlo. Nuestros empleados deben experimentar el proceso de tomar decisiones para que puedan interiorizarlo. La ironía, por supuesto, es que, cuando contratas a alguien, lo haces específicamente para que puedas reducir tu trabajo. Pero si te permites tomar todas las decisiones por esa persona, tu trabajo aumenta y su aprendizaje se detiene. Si quieres que tu equipo conduzca su trabajo hacia adelante, no manejes por ellos. (¿Ya viste mi analogía?)

Tener que supervisar a mi equipo no reducía mis horas de trabajo. De hecho, trabajaba más, porque constantemente me distraía de lo que debía estar haciendo para tomar decisiones por otra persona. Luego, cuando regresaba a mi trabajo, tenía que volver a agarrar la onda, lo cual, como bien sabes, toma tiempo. La distracción de ser quien decidía me hacía superineficiente. Los empleados suspendían su trabajo mientras esperaban su turno para hacerme una pregunta. Literalmente *dejaban* de hacer cosas hasta que yo les daba instrucciones. ¡Mi trabajo se detenía y el suyo también! Tratar de hacer mi trabajo y supervisar a mi equipo era como tratar de escribir una carta mediante un teclado y, al mismo tiempo, escribir a mano las instrucciones. Inténtalo. Es imposible.[*]

Esta experiencia me llevó a creer que tenía menos trabajo que hacer, así que contrataba a otra persona. Y a otra. Y a otra más. Hasta que estaba tomando decisiones por todo el equipo y tenía que intentar hacer mi trabajo por la noche, o los fines de semana, o en la madrugada. Como resultado, la empresa se volvió más ineficiente porque todas esas personas estaban esperando que yo tomara decisiones. En lugar de capturar y utilizar el recurso más

---

[*] Si quieres tratar de demostrar que estoy equivocado, por favor envíame un video en el que estés escribiendo en un teclado y a mano al mismo tiempo. Me encantaría verlo.

poderoso que tenían (sus cerebros) todos estábamos dependiendo del mío. Para colmo, todos sus sueldos drenaban mis cuentas bancarias.

Decidí volver a lo que funcionaba: estar yo solo. Despedí a todo el mundo y regresé a hacer mis cosas. Pensé que eso sería más fácil. Tenía una idea romántica sobre el empresario solo que hace todo. Estaba loco; era como si hubiera olvidado lo que era hacer todo el trabajo. El ciclo comenzó una vez más. Pasar de Dar acción a Decidir es más común de lo que crees. Por eso la mayoría de los negocios no llega a tener más de un puñado de miembros del equipo.

Responder sus preguntas hacía que mi propio trabajo tuviera que esperar y realizar mi trabajo hacía que mis empleados tuvieran que esperar para recibir una respuesta. De acuerdo con S. Vacanti, autor de *Actionable Agile Metrics for Predictability: An Introduction*, más de 85% del tiempo de vida de un proyecto transcurre en una fila, esperando algo de alguien. El tiempo de espera, además de ineficiente, es agotador. Si podemos reducir el tiempo de espera, podemos mejorar el crecimiento… y obtener más salud mental.

Muchos negocios con menos de tres empleados se atoran jugando el juego de esperar y en las idas y vueltas entre las actividades de hacer y decidir. Los dueños de negocios comienzan diciendo: "Yo tengo que hacerlo todo" y pasan a "Necesito contratar gente que lo haga". Entonces, cuando descubren que su carga de trabajo no se ha aligerado, y que están más estresados y cortos de dinero que nunca, terminan pensando: "Todos son incompetentes. Los voy a despedir y yo voy a hacerlo todo", lo cual al final los lleva a: "Dios mío, no puedo seguir así. Necesito contratar gente cuanto antes" y de nuevo a: "¿Todos en este planeta son inútiles?".

No, la gente que te rodea no es inútil. Para nada. Sólo necesitan que tú dejes de Dar acción y de Decidir y comiences a Delegar, no sólo los hechos, sino las decisiones. De verdad. Si eres un empleado leyendo esto, sospecho que estás asintiendo con la cabeza ahora mismo con entusiasmo. Y eres un dueño de un negocio, sospecho que estás sacudiendo la cabeza con incredulidad. Ésa es la desconexión que debemos resolver, y empieza cuando el accionista libera parte de la toma de decisiones, de forma permanente.

¿Qué podrías lograr si tu equipo no estuviera enfocado en realizar tareas sino en cumplir metas para tu empresa? Esto cambia las cosas, ¿verdad? Empecemos por explicarte el concepto de delegar. Pregúntate: ¿Mi vida sería más fácil si mis empleados estuvieran empoderados para tomar decisiones y yo me sintiera confiado de que siempre tomarán decisiones que harán crecer mi negocio? ¿Mi vida sería más fácil si mis empleados actuaran como si fueran dueños del negocio?

La única respuesta es: "¡Obvio sí, Mike! Mi vida sería una cadena infinita de maravillas".

Cuando *tu* meta deseada es también *su* meta deseada, es más fácil que puedas soltar y dejar que tu equipo haga su trabajo. Y va a estar bien. Va a estar más que bien. Vas a ser una máquina delegadora. Vas a ser la Oprah Winfrey de los que delegan: "¡Tú tienes un proyecto! ¡Y tú tienes un proyecto! ¡Y *tú* tienes un proyecto!".

Si vas a salvar tus sábados y tu alma y a hacer crecer tu negocio, es esencial que sepas en qué fase de las cuatro Ds estás. ¿Alguna vez vas a dejar de Dar acción por completo? Tal vez no, pero harás una fracción de lo que haces hoy y pasarás a hacer sólo el trabajo que amas.

Decidir cada pequeño detalle... Puedes mandar muy lejos esa fase. No dejarás de Decidir por completo; sólo pasarás de tomar decisiones menores a tomar sólo las decisiones más importantes a medida que la gente en quien delegues se sienta más cómoda tomando sus propias decisiones. En cuanto a Delegar cómo tu negocio va a evolucionar y a cambiar, tendrás que dedicar algo de tiempo a Delegar. Vas a Delegar hasta que contrates a alguien que lo haga por ti, alguien cuyo "Trabajo primario" sea empoderar continuamente al equipo para tomar sus decisiones en el campo de juego y protegerte mientras tú haces el trabajo de Diseño. Recordatorio: no se trata de pasar de una fase a otra; es un acelerador. La meta es que dejes de pasar la mayor parte de tu tiempo laboral controlando el flujo de trabajo y diseñando el futuro de tu empresa. Si quieres que tu negocio funcione como relojito, debes concentrar la mayor parte de tu esfuerzo en ser un diseñador.

Los porcentajes meta de las cuatro Ds

Fijar la meta de bajar 100 kilos no es buena idea si sólo pesas 50. Si quieres mejorar tu cuerpo o tu negocio, o prácticamente cualquier cosa, necesitas saber qué es lo que tienes que lograr y dónde te encuentras hoy. La claridad viene de saber cuál es tu meta ideal y dónde estás empezando. Eso es lo que vamos a hacer por tu negocio en este paso. Vamos a determinar cuánto tiempo pasan tu equipo y tú en cada una de las Cuatro Ds (4Ds): Dar acción, Decidir, Delegar y Diseñar para, después, optimizarlo.

Las cuatro Ds tienen lugar en tu negocio y en todas las demás empresas del mundo. Esto es cierto si tu negocio es una empresa de una sola persona, de 100 o de 1 000 o del número que sea. Y esto es cierto para todas las personas de tu empresa. Desde el becario hasta el miembro de la mesa directiva, desde el que va con un traje elegante hasta el que lleva un uniforme de limpieza, todos trabajan con las cuatro Ds.

Todas las personas de tu empresa llevan a cabo su propia mezcla de las cuatro Ds, aunque tal vez tú no las estés dirigiendo (todavía) de manera deliberada. Puede ser que algunas personas estén dando acción constantemente. Otra persona puede que esté decidiendo lo que otras van a hacer mientras hace el trabajo de 10 personas y con los pocos segundos que le quedan trata de diseñar una estrategia a futuro. ¿Te suena familiar?

En conjunto, el trabajo de las cuatro Ds de cada persona se combina para formar una Mezcla de 4Ds para tu negocio. Si el negocio está compuesto sólo por ti, el empresario solitario, tu propia mezcla de las 4Ds es la Mezcla de 4Ds de la empresa. Si la empresa tiene varios empleados, la suma de las 4Ds de cada empleado es la Mezcla de 4Ds de la empresa.

MEZCLA DE 4Ds ÓPTIMA

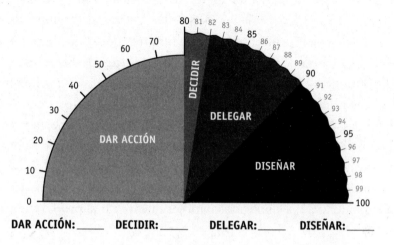

DAR ACCIÓN:_____ DECIDIR:_____ DELEGAR:_____ DISEÑAR:_____

FIGURA 7.

Nota: esta gráfica no está elaborada con incrementos equilibrados para que resulte más fácil de leer.

La mezcla ideal para la mayoría de las empresas es 80% (Dar acción), 2% (Decidir), 8% (Delegar) y 10% (Diseñar). ¿Por qué un negocio necesita dedicar tanto tiempo a Dar acción? Porque los negocios necesitan hacer cosas que los clientes desean y eso crea valor en el mercado; así es como hacen sus ganancias los negocios. El otro 20% de esa mezcla ideal se distribuye entre manejar y guiar el negocio. Para que diseñes la empresa con el objetivo de que funcione, necesitas dominar la mezcla. Dicho simplemente: necesitas saber cuál es la Mezcla de 4Ds de tu empresa en comparación con la Mezcla de 4Ds óptima y luego necesitas usar el sistema Clockwork para optimizar continuamente tu negocio.

Atajo útil y críticamente importante: analizar la mezcla adecuada puede ser arduo y llevar mucho tiempo. Como los negocios son dinámicos, es muy difícil (a veces imposible) ajustar constantemente la mezcla. Así que lo único en lo que deberías enfocarte, por encima de todo lo demás, es en la parte más grande, es decir, en 80%

del tiempo que consiste en Dar acción. ¿Tu empresa está invirtiendo la mayor parte de su tiempo en servir a los clientes (80% de Dar acción), pero no todo? Si tienes 95% de Dar acción, al instante puedes decir que no hay suficiente Diseño u otro trabajo porque sólo queda 5% del tiempo de la empresa para las otras tres Ds. Si Dar acción corresponde a 60%, eso también te dice que estás en problemas, porque tu negocio no está invirtiendo el tiempo suficiente en hacer las cosas. Así que, si tan sólo rastreas el Dar acción y fijas como meta que sea 80%, las otras tres Ds se van a alinear de manera natural. Enfócate en pasar el 20% restante Diseñando, y el Delegar y Decidir a menudo caerán solos en su lugar, siempre y cuando te comprometas a empoderar a tus empleados para ser dueños de su propio trabajo.

El análisis del tiempo

Espera… estoy a punto de aventarte un montón de números. Como Dorothy, de *El mago de Oz*, tal vez no tengas ganas de caminar por el bosque para llegar a Ciudad Esmeralda. Para ella era algo aterrador. Porcentajes, porcentajes y más porcentajes. ¡Dios mío! Sé que tal vez tú no seas un nerd de los negocios como yo, que me vuelvo loco haciendo ejercicios de aritmética y análisis. Pero confía en mí, ¿sí? Necesitas esta información para llegar a donde vas. (Que, por cierto, espero sea la maravillosa tierra de Oz y no el polvoso escenario que era Kansas en la era de la Depresión. ¿Por qué querría regresar ahí Dorothy?)

Ahora vas a realizar un seguimiento de tu semana laboral típica (cinco días, es decir, siete días) y utilizarla para ver el camino a seguir. Si deseas facilitar el procesamiento de números, ve a Clockwork.life para obtener nuestro sistema de Análisis de tiempo gratuito. Hace todos los cálculos por ti

1. A medida que el día vaya transcurriendo, escribe la fecha y la actividad en la que estás trabajando, junto con la hora en

la que comenzaste. Luego trabaja en esa actividad. En cuanto cambies a otra actividad distinta, a cualquier actividad, incluyendo distraerte a causa de una pregunta que te hizo un colega, caer en la madriguera de las redes sociales o apagar otro fuego, rápidamente escribe la hora en la que terminaste la tarea actual (aunque no la hayas terminado… se considera terminada por el momento). Luego escribe la nueva actividad (por ejemplo, responder la pregunta que te hizo tu colega) y en qué momento la comenzaste. Después, una vez que la actividad esté terminada, escribe a qué hora la terminaste. Luego haz lo mismo para la nueva tarea. Repite esto todo el día. Incluye todas las actividades, incluso las actividades del "tiempo de descanso", como las madrigueras de las redes sociales.

HOJA DE ANÁLISIS DEL TIEMPO

FECHA	ACTIVIDAD	INICIO	FINAL	TIEMPO TOTAL	TIPO DE TRABAJO
					DAR ACCIÓN | DECIDIR | DELEGAR | DISEÑAR
					DAR ACCIÓN | DECIDIR | DELEGAR | DISEÑAR
					DAR ACCIÓN | DECIDIR | DELEGAR | DISEÑAR
					DAR ACCIÓN | DECIDIR | DELEGAR | DISEÑAR
					DAR ACCIÓN | DECIDIR | DELEGAR | DISEÑAR

TIEMPO TOTAL ▸ DANDO ACCIÓN:_____ DECIDIENDO: _____ DELEGANDO:_____ DISEÑANDO:_____

FIGURA 8.

2. Cuando hayas terminado de trabajar por ese día, asegúrate de que todas las fechas estén anotadas. Suma el tiempo total del día y luego prepara una hoja nueva para el día siguiente.

3. Repite este ejercicio durante una semana. Hazlo durante dos semanas si quieres jugar en el nivel universitario. ¡Advertencia! No deseas recopilar datos en una semana atípica. Obtendrás análisis mucho mejores si realizas este ejercicio durante un periodo típico.

4. Ahora que conoces la Mezcla de 4Ds óptima, averigüemos dónde te encuentras. En última instancia, necesitarás evaluar cómo utiliza su tiempo todo tu equipo, pero como tú estás leyendo el libro y posiblemente sirves al PAR, analizaremos tu combinación primero. Y si eres una empresa de una sola persona, entonces eres el equipo.

5. Junto a cada tarea documentada, revisa la actividad y clasifícala como Dar acción, Decidir, Delegar o Diseñar.

6. Si no estás seguro de cómo categorizar una actividad, elige el nivel más bajo de las que estás considerando. Por ejemplo, si una actividad podría ser Diseñar o Delegar, elige Delegar.

7. Suma el tiempo dedicado a cada categoría y divídelo entre el tiempo registrado en tus hojas para obtener los porcentajes de la Mezcla de 4Ds. Por ejemplo, si trabajaste 80 horas a la semana y el total de tareas fue 73, el tiempo de decisión fue 5, el tiempo de delegación fue 0 y el tiempo de diseño fue 2, los porcentajes serían:

   a) Dar acción: 91.25% (73 horas divididas entre 80 horas)

   b) Decidir: 6.25% (5 horas divididas entre 80 horas)

   c) Delegar: 0% (0 horas divididas entre 80 horas)

   d) Diseñar: 2.5% (2 horas divididas entre 80 horas)

8. Este análisis revela cuánto tiempo dedica un individuo (tú) a cada una de las categorías 4Ds. Completa este análisis para cada miembro del equipo y tendrás una idea clara de cómo utilizan su tiempo. Suma los números de análisis de todos para comprender cómo tu empresa utiliza su tiempo.

Aunque todos los tipos de trabajos son necesarios, muchos negocios están desequilibrados. En un momento veremos el negocio completo, pero por ahora vamos a empezar viendo dónde te encuentras. ¿Qué puedes notar? ¿De qué te has dado cuenta?

MEZCLA DE 4DS

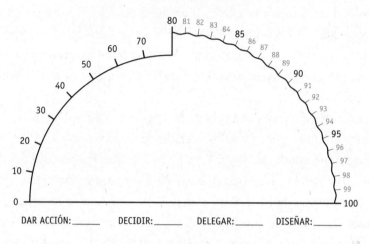

FIGURA 9.

Nota: esta gráfica no está elaborada con incrementos equilibrados para que resulte más fácil de leer.

Muchos empresarios que trabajan solos caen en la trampa de tener 95% de su tiempo dispuesto para Dar acción. Están viviendo en una trampa de "tiempo por dinero", donde la única manera de crecer es Dando más acción, pero no puedes hacerlo porque no tienes tiempo.

También he visto a empresarios que trabajan solos caer en una Mezcla de 4Ds de mucho Diseño. Invertir 40% de tu tiempo en Diseñar (lo cual es mucho más del 10% óptimo) tal vez indique que eres un soñador, pero, con toda seguridad, significa que no estás pasando suficiente tiempo Dando acción para convertir en realidad esos sueños.

Por supuesto, la Mezcla de 4Ds también funciona para empresas de muchos empleados. Por ejemplo, si tienes dos empleados (y tú eres uno de ellos), el promedio de sus Mezclas de 4Ds individuales constituye la mezcla de la empresa. Así que si tu 4Ds es 50% Dar acción, 0% Decidir, 0% Delegar y 50% Diseñar, y la del otro empleado es 80% Dar acción, 20% Decidir, 0% Delegar y 0% Diseñar, es el promedio de cada categoría el que define la mezcla de tu negocio.

(Nota: sé que tal vez tú trabajes 70 horas a la semana y tu empleado 40, razón por la cual se debe poner más énfasis en los porcentajes. Pero ese nivel de detalle no genera mucho impacto en los resultados, así que no vamos a ponernos tan quisquillosos. Además, nuestra meta es reducir tu tiempo a menos de 70 horas. ¿Recuerdas?)

En este ejemplo, la mezcla de la empresa es 65% Dar acción (el promedio de 50 y 80%), 10% Decidir (promedio de 0 y 20%), 0% Delegar (promedio de 0 y 0%) y 25% Diseñar (promedio de 50 y 0%). Así que el negocio es 65/10/0/25. Compara esto con la Mezcla de 4Ds óptima de 80/2/8/10 y es posible que veas la necesidad de aumentar el Dar acción (hacer el trabajo) y reducir el Decidir por los demás (tal vez subcontratamos ayuda virtual y necesitan demasiada dirección). No se está Delegando nada y queremos que 8% del tiempo se invierta en empoderar a los demás para lograr resultados. 25% del tiempo entre esas dos personas se invierte en Diseñar (visión y pensamiento a futuro) el negocio, lo cual es demasiado (debería ser de alrededor de 10%).

Si tienes una empresa grande con docenas, cientos o miles de empleados, sigue siendo posible que lleves a cabo este ejercicio para todos. Pero hazlo en grupos de departamentos y responsabilidades. Por ejemplo, digamos que tienes 200 empleados y tu departamento de contabilidad tiene 10 personas. Haz que cada persona del departamento de contabilidad analice su Mezcla de 4Ds. Luego promedia los resultados de todos los que trabajan en ese departamento. Haz lo mismo en el caso de otros departamentos, después elabora gráficas para cada uno. Suma la Mezcla de 4Ds de todos los departamentos para ver cuál es la de tu empresa.

Cuando entrevisté a Amanda Bond por videoconferencia para este libro, estaba tomando agüita de coco ¡de un coco de verdad! en un bar de Playa del Carmen, México. Rodeada de otros empresarios nómadas digitales que seguro también estaban realizando videoconferencias, parecía como si acabara de salir de la playa para atender mi llamada.

La empresa de Amanda ayuda a sus clientes a crear un flujo de caja automatizado mediante anuncios en redes sociales. Antes de implementar el sistema Clockwork* ella hacía la mayor parte del trabajo. Luego creó cursos en línea para enseñar a las personas cómo hacer el trabajo por sí mismas y los vendió usando su método. ¡Súper meta! Así que hizo funcionar su modelo de negocio mientras hacía funcionar su negocio.

Cuando Amanda completó el Análisis de tiempo, descubrió que había pasado demasiado tiempo diseñando: un enorme 25%. Antes de comenzar este proceso, había estado manejando su negocio de manera "chapucera" y al final se cansó. El momento del diseño fue su "momento de fantasía" y también fue un descanso muy necesario. Pero después de nueve meses de sobrediseño, no tenía ningún programa nuevo que mostrar.

"Era como si estuviera 'jugando' a los negocios", me dijo. "Pasaba todo mi tiempo pensando y proponiendo ideas, pero nadie las ejecutaba".

Amanda tuvo que volver a Dar más acción para producir resultados y, finalmente, llegar a la Mezcla de 4Ds óptima. A veces corregimos demasiado, pero ésta es la belleza del Análisis del Tiempo. Podemos ver dónde necesitamos hacer cambios y volver al camino correcto.

Sí, puedes hacer que cualquier negocio funcione como relojito

Si eres un empresario creativo o un empresario con una habilidad especial de la cual depende tu negocio, ¿cómo pasas de Dar acción a Diseñar? A menudo me hacen esta pregunta, en especial médicos, abogados, artistas y otras personas muy capacitadas. Es importante

---

*Ella también completó el programa Run Like Clockwork. Los detalles están disponibles en runlikeclockwork.com.

recordar que Dar acción, Decidir, incluso Delegar mantienen tu negocio. Diseñar *eleva* tu negocio. Incluso si estás en un ramo especializado e independiente como, digamos, la pintura, puedes ser el diseñador del negocio. ¿No me crees? Dejaré que Peter te lo explique.

Sir Peter Lely, artista alemán del siglo XVII, sin lugar a dudas no fue el primer artista en sistematizar su arte, pero se dice que fue el primero en hacer que su empresa funcionara como un reloj cucú bien aceitado. (Éste es un saludo para todos mis lectores talladores de madera de la Selva Negra, quiero decir, mi único lector.) Lely pintaba al estilo barroco, que era popular en aquel tiempo. Luego de mudarse a Londres, rápidamente se convirtió en el retratista más buscado y después en el pintor principal de la familia real. Era muy conocido por una serie de 10 retratos de damas de la corte ("Las bellezas de Windsor") que se encontraban colgados en el Castillo de Windsor.

Como había mucha demanda por su trabajo, Lely abrió un taller y entrenó a otros pintores para ayudarle a terminar sus pinturas. Este señor no sólo tenía unos cuantos asistentes: tenía una operación en masa que le permitía hacer aquello por lo que era conocido; lo que hacía mejor: pintar rostros, dejando el resto de la pintura a sus asistentes. Cuando un cliente quería algo similar a "Las bellezas de Windsor" sólo se trataba de los rostros. Sin embargo, si Lely pintaba cada retrato completo, incluyendo el atuendo y el entorno de la persona, pasaba la mayor parte de su tiempo trabajando fuera de la zona de su genialidad, es decir, capturando rostros. Si se quedaba exclusivamente en las fases de Dar acción, Diseñar y Delegar, la única forma en que podría escalar era trabajar más duro y por más tiempo.

Así que, saltando directo a la fase de Diseño (aunque nunca abandonó del todo la otra fase), Lely dibujó una variedad de poses y las numeró. A menudo usaba el mismo diseño de vestido y la misma escenografía. Después de terminar el rostro de una persona, su artista principal asignaba a algún miembro del equipo de artistas para usar una plantilla con la pose numerada requerida y pintar el resto del cuadro. Lely era *El padrino* de la pintura con números.

El negocio floreció porque él daba una de las cosas que más deseaban sus clientes: la interpretación que Lely podía hacer de sus rostros. El resto (la escenografía, el color del vestido, la utilería empleada en el fondo) no importaba gran cosa. Y, como fue capaz de enfocarse sólo en Dar acción respecto de pintar los rostros Delegando el resto, fue capaz de realizar miles de pinturas a lo largo de su vida, mientras que sus contemporáneos apenas lograron llegar a un centenar.

La próxima vez que te atrevas a decir "Mi negocio no se puede optimizar" o "Yo tengo que hacer todo el trabajo", haz una pausa. Te estás mintiendo. Tu negocio puede funcionar solo. Si un pintor de la vieja escuela podía hacerlo hace cientos de años, seguramente tú puedes hacerlo hoy.

Por demasiado tiempo luché contra la idea de que, en mi negocio, otros pudieran hacer el Trabajo primario o, te lo digo de corazón, *todo* el trabajo. Mi enemigo era mi ego. Creía que era la persona más inteligente… al menos en lo referente a mi negocio. Pero todo cambió cuando mi amigo Mike Agugliaro me contó de un sencillo cambio que hicieron él y su socio.

Mike y su socio de negocios, Rob Zadotti, hicieron crecer un negocio de plomería que, de los días en los que los dos corrían de un lado a otro en un camión destartalado, se convirtió en un negocio de servicio a domicilio con valor de 30 millones de dólares. ¿Cómo hizo Mike el cambio de Dar acción a Diseñar un negocio de clase mundial (que en el verano de 2017 vendieron, en palabras de Rob, por "un dineral inimaginable")? Lo hicieron cambiando la pregunta que hacían. Ya no preguntaban: "¿*Cómo* hago para sacar el trabajo de plomería?". Preguntaban: "¿*Quién* sacará el trabajo de plomería?". Ese sencillo cambio en la pregunta comenzó a traer respuestas que los convirtieron en diseñadores del negocio. Para que puedas convertirte en diseñador de tu negocio, ya no puedes preguntar "cómo", sino "quién". Esa única pregunta, "¿quién hará el trabajo?", te abrirá los ojos a un negocio que transitará directo a la fase de Diseño.

No te imaginas la cantidad de veces que un empresario me ha dicho: "Mi negocio es demasiado singular. No es posible sistematizarlo". Lamento decírselos, pero no son especiales. Sí, tienen algunas cosas que los hacen especiales, pero 90% de su negocio es igual que el de los demás. Así pasa con el mío. Así pasa con el tuyo.

Pocos negocios en el mundo son singulares. Y cuando realmente lo son (y tienen éxito en serlo), todos los demás les copian. Así que dile adiós a la singularidad. Ahora, no te pares de pestañas. Tu mamá tenía razón, eres especial y diferente de todos los demás. Lo que estoy diciendo es que los fundamentos de los negocios siguen siendo constantes de un negocio a otro. Dado que estás leyendo este libro, voy a asumir que al menos estás dispuesto a dejar de lado tu ego e intentar dirigir tu negocio usando el sistema Clockwork.

La mejor parte es que optimizar tu negocio no requiere una cantidad ridícula de trabajo para generar un montón de sistemas. De hecho, es ridículamente *fácil* cuando te das cuenta de que ya tienes todos los sistemas. La meta es sólo extraerlos de donde ya se encuentran documentados: en tu cabeza. Aprenderás cómo hacerlo en el capítulo 8. Y, cuando lo hagamos, serás libre de hacer lo que haces mejor. Sea cual sea el trabajo que hagas, puede dividirse en pasos y delegarse a alguien más.

¿Y qué tal si no quieres renunciar a mucha de la parte de Dar acción porque eso es lo que amas hacer? Entonces, haz lo que amas hacer. Tu negocio debería hacerte feliz. El punto es que *puedes* delegar más de lo que crees hacer. Incluso si tu trabajo es una obra de arte.

Planea tu Descanso (quinta D)

El equipo de Run Like Clockwork ha ayudado a los dueños de negocios en la implementación del sistema Clockwork. La presidenta de nuestra organización, Adrienne Dorison, se dio cuenta de que no había incluido una quinta D en la versión anterior de este libro: el Descanso. Un estudio publicado en *Scientific American* muestra que somos más productivos cuando tenemos descansos mentales.[6] Simplemente no podemos correr a un nivel de productividad optimizado durante ocho horas seguidas. O, lo más seguro en tu caso, una jornada laboral completa de *18 horas*. Nuestro cerebro se agota. Y cuando el cerebro está cansado, nos distraemos fácilmente o buscamos entretenimientos. Las pausas para fumar han sido reemplazadas por las redes sociales, lo cual es fácil de justificar porque tener presencia en estas plataformas a menudo parece "obligatorio". Pero ¿realmente puedes contar el tiempo que dedicas a responder la pregunta "¿Qué tipo de queso eres?", aunque parezca un cuestionario tan productivo? Cuando estamos muy abrumados, terminamos en las madrigueras de internet. O tal vez nos desahoguemos de otras maneras no productivas.

Al incorporar el tiempo de Descanso en tu jornada laboral, puedes usarlo de forma intencional. Y cuando utilizas ese tiempo con un propósito, obtendrás todos los beneficios. Se ha demostrado que los descansos planeados del trabajo son más eficientes que el tiempo perdido en distracciones no planeadas. Esto también elimina cualquier culpa que puedas sentir cuando tu navegación en las redes sociales revela que eres simplemente un Muenster (queso). Eso no es saludable, amigo mío. El Descanso planeado sí lo es.

Comienza con 1%

Hacer cambios en la asignación de tus actividades es difícil. Si estás Dando acción de manera constante, hacer recortes para aumentar el tiempo de Diseño puede parecer imposible, así que comencemos poco a poco. Aparta tan sólo 1% de tu tiempo de trabajo para Diseñar. Si estás en un Dar acción 40 horas a la semana, eso significa 24 minutos a la semana, que, redondeado, es media hora. Si haces todo el trabajo que necesitas en 40 horas, seguramente podrás hacerlo en 39 horas y media. Ahora tienes media hora para tiempo de Diseño.

Si trabajar 60 horas a la semana está más cerca de tu realidad, eso se puede redondear a una hora de tiempo para Diseñar. Ni siquiera tienes que disponer una hora completa (o el equivalente a tu 1%) para el trabajo de Diseño; puedes dividir el tiempo en lo que te resulte más manejable, siempre que los bloques manejables sean tiempo de diseño productivo de verdad. Dividir 60 minutos consecutivos de tiempo de Diseño en unos pocos segundos aquí y unos segundos allá no supone un esfuerzo de trabajo concentrado y, por lo tanto, no será beneficioso.

Una forma de asignar intencionalmente tu tiempo de Diseño es insertar algo en el calendario que interrumpa el tiempo de ejecución. Por ejemplo, compro mi almuerzo en una tienda de *delicatessen* a 15 minutos a pie de la oficina. Llamo, hago mi pedido de un sandwich de crema de cacahuate y mermelada y luego salgo a pie para recogerlo. Mi teléfono va en el bolsillo trasero y mi trabajo de Diseño pasa al frente de mi mente. Mientras camino hacia y desde la tienda de *delicatessen*, considero un desafío empresarial para el cual necesito aplicar una estrategia. Esto da como resultado un tiempo de diseño deliberado y algo de actividad física saludable. Barriga llena, corazón contento. ¡Mmmm!

Con tan sólo 1% de tiempo para Diseñar, puedes enfocarte en optimizar tu Mezcla de 4Ds y otras estrategias que te ayudarán a mejorar tu negocio. ¿Sabes qué más podrás hacer? Por fin serás capaz de elegir el fólder de "Ideas reservadas para algún día" que tenías en el cajón y descubrir si quieres seguir adelante con ellas. Los artículos sobre tendencias en tu ramo y nuevas tecnologías que has estado queriendo leer, los entrenamientos en video que pagaste y aún no has visto… puedes usar tu 1% de tiempo para hacer, por fin, una investigación importante. Incluso con 30 minutos a la semana, tendrás tiempo para hacer uno de los análisis más importantes de tu negocio: preguntar qué está funcionando y encontrar formas de hacerlo más y preguntarte qué no está funcionando y hacerlo menos.

Una vez que te hagas el hábito de apartar tiempo, te sentirás más cómodo tomándote tiempo… y harás buen uso de ese tiempo.

Comenzarás a ver cambios en tu actitud hacia tu negocio y cambios en tu negocio a medida que comiences a implementar algunas ideas y estrategias que creaste durante el tiempo de Diseño. Y, una vez que te acostumbres a tomarte tiempo para Diseñar, querrás más.

* * *

Katie Keller Wood es la directora ejecutiva de CMStep, un programa de capacitación y certificación para docentes que desean obtener la certificación en el método Montessori. Desarrollado por Maria Montessori, doctora y educadora italiana, el método fomenta el aprendizaje independiente y el empoderamiento infantil. Aprendí sobre este enfoque gracias a Katie cuando la entrevisté para este libro. Ella y su equipo estaban en las primeras etapas del programa Run Like Clockwork y quería compartir una observación conmigo.

"El sistema Clockwork es como Montessori para tu negocio", dijo. "El maestro Montessori planea y diseña el entorno de aprendizaje y lo modifica cuando no funciona. El objetivo es empoderar a los estudiantes para desbloquear su potencial. Queremos que sean libres de tomar decisiones y les damos límites apropiados para que no se descarrilen".

Al trabajar hacia la Mezcla de 4Ds óptima, creas un entorno de trabajo que fomenta la independencia y empodera a tu equipo. Tu trabajo es establecer las barreras para mantener a la gente encaminada, pero deja que los miembros de tu equipo corran sus carreras. Imagínate lo que podrías lograr con un personal independiente y capacitado que lo hiciera.

Katie me dijo: "La mejor señal para un maestro es darse cuenta de que los niños están trabajando como si el maestro no existiera". Ésa también es la mejor señal para el propietario de un negocio.

Para empleados: La historia de Cora

En Job Turf, el seguimiento del tiempo se utiliza para buscar oportunidades de eficiencia. Calvin, el dueño, tiene un dicho: "Sólo porque estés haciendo algo no significa que sea algo que debas hacer, viejo".

Tras seis meses aprendiendo los entresijos del trabajo, el gerente, Gordon, le pidió a Cora que llevara un registro de su tiempo durante cinco días. Recibió una sencilla grabadora de mano para sujetarla a su cinturón. Puso una alarma cada media hora en su teléfono. Cuando escuchaba el pitido, hablaba por la grabadora, diciendo la hora y lo que había estado haciendo durante la última media hora. Al final de cada día, Gordon y Cora escuchaban la grabación, tomaban notas de observación y marcaban cada tarea como una actividad de Dar acción, Decidir, Delegar, Diseñar o Descanso. Durante la revisión, esperaba descubrir que dedicaba la mayor parte de su tiempo a Dar acción, pero se sorprendió al ver con qué frecuencia dejaba lo que estaba haciendo para hacerle una pregunta a Gordon. La mayoría de las veces él sólo confirmaba que ella iba por buen camino. Hacer un seguimiento de su tiempo la ayudó a darse cuenta de que conoce las respuestas a muchas cosas y que debe confiar en sus instintos en lugar de acudir a Gordon en busca de confirmación. Esto libera parte de su tiempo y, también, del de Gordon.

¿Cómo puedes ayudar? El tiempo necesario para finalizar una tarea suele ser mucho mayor del que pensamos. El objetivo del seguimiento del tiempo es obtener una comprensión real de cuánto tiempo necesitas para las diferentes partes de tu trabajo. El análisis te ayuda a determinar tu Mezcla de 4Ds y ajustarla en consecuencia. Y en el próximo capítulo, te ayudará a quitar algunas de las tareas por completo.

El monitoreo del tiempo no se trata de comparar. El objetivo no es ver si haces las cosas más rápido o más lento que otros. Esto no es una carrera. Todas las personas realizan tareas a diferentes velocidades. Michael Phelps me patearía el trasero en la piscina. Yo podría nadar lo más rápido posible en crol y él jugando y nadando de perrito…

y aun así estaría dando vueltas a mi alrededor. Escribir un libro de negocios, por otro lado, podría llevarle a Phelps un poco más de tiempo que a mí. Si bien el análisis del tiempo no sirve para ver quién es más rápido o más lento, sí identifica dónde residen tus talentos naturales. ¿Para mí? Quizá sea mejor ponerme detrás de un teclado que en la piscina.

Lleva a cabo un seguimiento de tu uso del tiempo en el trabajo durante la próxima semana. Si deseas obtener una imagen más precisa, realiza un seguimiento de un periodo más largo. Haz todo lo que puedas para monitorear una semana "típica". Registra los tiempos en una hoja de papel o descarga una hoja de trabajo de Clockwork.life.

El objetivo es que tú realices un seguimiento del tiempo, no que te sientas como si te estuvieran siguiendo. No es necesario completar el tiempo de inactividad o de descanso, a menos que estés monitoreando intencionalmente la quinta D (Descanso). El objetivo es ver cuánto tiempo te lleva realizar tareas específicas. Luego, revisa tu Análisis de tiempo con tu gerente y analiza cómo puedes optimizar tu trabajo.

Recuerda esto: el seguimiento del tiempo es un desafío. No tanto por el esfuerzo que requiere hacerlo, sino por el nivel de transparencia que te brindará. Puede dar miedo y obligarte a aceptar lo eficaz (o no) que eres. Pero con el conocimiento viene el poder. No te cierres a ese poder, del otro lado hay una mejor empresa y una mejor persona.

El sistema Clockwork en acción

1. Es hora de que tengas un poco de tiempo para Diseñar. En *La ganancia es primero* les supliqué a los lectores que se comprometieran a apartar un mínimo de 1% de su ingreso como ganancia. Incluso si no seguían ningún otro paso del libro, sabía que el hecho de tomar 1% de ganancia lograría dos cosas: descubrirían lo fácil que era apartar dinero y aprenderían a vivir sin él. Para este paso, me gustaría que apartaras 1% de tu tiempo de trabajo para enfocarte en Diseñar tu negocio. Sólo 1%. Sin importar qué tan grande sea tu lista de pendientes ni qué tan demandantes sean tus clientes o tu equipo, tu negocio puede sobrevivir si te tomas una cantidad de tiempo diminuta cada semana para hacer el trabajo que ayudará a tu negocio a avanzar.

Si eres un diseñador excesivo (alguien que planea y aprende incansablemente a expensas del trabajo), pero no un exitoso excesivo, necesitamos ejecutar un cambio más rápido. En este caso, reduce tu tiempo de Diseñar a la mitad y asígnalo al tiempo de Dar acción.

2. Aparta esa nueva asignación del tiempo de Diseñar en tu agenda, todas las semanas, durante los próximos 18 meses. A medida que avances estarás acelerando (o, en casos raros, disminuyendo) la cantidad de tiempo destinada a Diseñar, pero por ahora tú y yo sólo necesitamos asegurarnos de que ese 1% esté protegido por un largo tiempo.

3. Así como necesitas tomar tu ganancia primero en tu negocio, necesitas destinar ese 1% de tiempo al principio de tu semana. No esperes al final de la semana para hacer el trabajo de diseño. Mejor aparta el tiempo cuando ésta vaya empezando. Si trabajas en la visión al principio de la semana, el resto de esa semana apoyará esa visión de manera natural, haciendo que llegues antes a esa meta. Realiza el Análisis de tiempo en tus actividades de los próximos cinco días, luego determina tu Mezcla de 4Ds.

Capítulo 7

Eliminar, transferir, recortar o atesorar

Eleva a tu equipo para obtener más resultados y enamorarte de su trabajo en el proceso

Entre más hacemos algo, más tiempo lo seguimos haciendo, incluso si no nos sirve. Bienvenidos al efecto del costo hundido. Un inversor compra acciones cuyo valor espera que aumente. Cuando, en cambio, esa acción baja, en lugar de venderlas, invierte *más* en ella, esperando que suban más. Cuando vuelven a fallar, dobla su apuesta.

Si has pasado años creando un proceso, es más probable que te mantengas en él a que lo abandones, simplemente por los costos irrecuperables. Incluso si ese proceso perjudica tu negocio, quizá seguirás haciéndolo. Eso termina hoy.

Ahora que has completado el Análisis de tiempo, puedes trabajar para lograr una Mezcla de 4Ds más óptima e integrarla en la gran promesa y el servicio al PAR a través del proceso de Eliminar, Transferir, Recortar y Atesorar. Es tan simple como mirar la lista de todo lo que haces y, si no está al servicio del PAR o de tu Trabajo primario, elimínalo, transfiérelo, recórtalo o atesóralo. El objetivo no es facilitar tu trabajo a expensas de alguien más. El objetivo es reducir el costo en tiempo y dinero y mejorar los resultados.

¿Qué elimino, transfiero, recorto o atesoro?

Si aún no te has dado cuenta de esto, la persona o personas que atienden tu PAR quizá estén dedicando demasiado tiempo a hacer todo menos servir al PAR. Del mismo modo, tu equipo también dedica demasiado tiempo a hacer otras cosas cuando podría estar protegiendo el PAR y cumpliendo con sus Trabajos primarios. Y es posible que, a pesar de sus buenas intenciones, esté restando valor al PAR y a sus trabajos principales.

Con este sencillo ejercicio, tú y tu equipo podrán ver claramente qué tan concentrados están en servir o proteger al PAR y realizar su Trabajo primario, y qué tan distraídos están con otras tareas. Entonces sabrás qué tareas de aquellos que atienden el PAR se deben delegar a otra persona, qué tareas deben automatizarse y qué tareas deben descartarse.

Para empezar, regresa a la hoja de Análisis de tiempo que hiciste para todos los miembros de tu equipo. Luego resalta el trabajo realizado durante ese periodo que estuvo al servicio directo del PAR. A continuación, resalta el trabajo realizado en el Trabajo primario, si el papel de esa persona no está al servicio del PAR. Cuenta el tiempo resaltado y compáralo con el tiempo total de trabajo. Puedes obtener el porcentaje dividiendo el tiempo resaltado por el tiempo total de trabajo.

Para dominarlo, primero haz este análisis tú mismo. Luego hazlo para cada persona que esté o debería estar sirviendo al PAR (probablemente tú seas uno de ellos). Luego hazlo para el resto de tu equipo, donde el trabajo resaltado es su Trabajo primario. Esto no sólo es fácil, sino que también es revelador.

Cuando completamos este paso en mi empresa, notamos dos grandes oportunidades para mejorar la eficiencia organizacional: una para Transferir y otra para Eliminar. La información sobre Transferir tuvo que ver con el manejo de mi agenda. Mi asistente, Erin Chazotte, hace muchísimo. Ella es productora. A veces, cuando una persona es muy productiva, no te das cuenta de que parte de su trabajo podría mejorarse. Después de hacer el análisis del tiempo que expliqué en el capítulo anterior, Erin y yo notamos que más de 68% de su jornada laboral se dedicaba a manejar mi apretada agenda de apariciones, podcasts, presentaciones y viajes. Pasamos muchas de estas horas yendo y viniendo con la gente para encontrar momentos que funcionaran para ambas partes. Nos dimos cuenta de que podía transferir parte de ese trabajo, no a una persona, sino a un software de programación. El Análisis del Tiempo reveló mi ceguera ante la cuestión. Como Erin es una empleada tan poderosa, nunca hubiera sabido que había ineficiencias en su trabajo diario. Utilizando el método Eliminar, Transferir, Recortar, le liberamos tiempo para que pudiera concentrarse en cosas más importantes y aportar más valor a la empresa.

La idea de Eliminar duele, déjame decirte. Al mirar mi Análisis de tiempo, me di cuenta de que pasaba mucho tiempo grabando mi podcast. Las entrevistas y los resúmenes implicaron una gran cantidad de tiempo. Aún más tiempo requirió el trabajo de edición y promoción que realizó mi equipo para respaldar el podcast. Porque técnicamente me ayudó a simplificar el emprendimiento, mi gran promesa, me sirvió. Pero fue en un papel secundario y me quitó tiempo de mi PAR de escribir libros. Para colmo de males, el programa no tuvo muchos oyentes. Apuesto a que ni siquiera sabías que tenía un podcast. Entonces, aunque me dolió el ego, tuve que dejar ir el programa.

Al utilizar este enfoque, ¿qué haces si te encuentras tareas que puedes transferir, pero no hay nadie a quien puedas transferirlas? A menudo ésa es la señal de que es momento de hacer una contratación.

A medida que transferimos trabajo lejos del PAR y del "Trabajo primario", verás que las tareas para las que se requieren menos habilidades son las primeras que se pueden transferir. Esto por lo general significa que puedes emplear trabajadores menos costosos, de tiempo completo o por honorarios para esa tarea. La meta es tener unos cuantos empleados experimentados, enfocados casi de manera exclusiva en hacer trabajo experimentado, y transferir a todos los demás las tareas necesarias, pero fáciles y repetitivas que no requieren gran especialización. Así funciona un negocio optimizado. Y eso es exactamente lo que apoya el método de eliminar, transferir o recortar. Ahora vamos a pasar a tu negocio.

1. Eliminar. Evalúa una tarea y determina si puedes o no eliminarla. ¿Está relacionada con un objetivo necesario del negocio? ¿Añade un valor cuantificable a tus clientes o a tu equipo? ¿Ves? No todo es necesario en un negocio. De hecho, muchas tareas que pueden parecer necesarias en un momento ya no lo son, pero se mantienen porque "eso es lo que hemos hecho siempre". Elimina las cosas que no son necesarias. Y, si no estás seguro, deja de hacer por un tiempo esa actividad para ver cuáles son las consecuencias. Si no hay consecuencias, quiere decir que no la necesitas. Elimínala.

2. Transferir. A continuación, busca transferir trabajo a otras personas o sistemas que te liberen a ti y a tu personal especializado para que puedan asumir tareas más importantes o desafiantes. Transfiere el trabajo a los recursos menos costosos y empodera al (los) nuevo(s) dueño(s) de la tarea para alcanzar la meta de una manera más eficiente.

3. Recortar. En cuanto a las tareas que debes conservar, evalúa cómo las puedes recortar. ¿Una tarea se puede llevar a cabo de manera más rápida o más fácil? ¿El costo de los materiales y el tiempo asociado con esa tarea se pueden reducir? Si una tarea no se puede eliminar ni transferir, a menudo se puede recortar. Busca formas de reducir el tiempo y los costos asociados con terminar una tarea sin dejar de alcanzar los resultados necesarios.

4. Atesorar. En esta edición de *El sistema Clockwork, corregido y aumentado*, agregué una cuarta acción: atesorar. Éstas son las pocas tareas o responsabilidades selectas que debes tener en cuenta porque son importantes para ti, porque las amas. Éste

es el trabajo que te motiva, el que te entusiasma ir a la oficina. No queremos cambiar la alegría por la eficiencia organizacional.

No te clones

El estribillo del dueño de un negocio pequeño es: "Necesito encontrar a alguien como yo". Por desgracia, no lo harás. Eres insustituible. En todo caso, también los demás. Cada uno es una composición única de muchas partes: experiencias, genética, nuestra educación, lo que hacemos todos los días. Todas esas cosas constituyen la experiencia humana y nuestra individualidad. No puedes encontrar a alguien más como tú. Al menos no justo como tú. Además, si lo hicieras, ¿no estaría dirigiendo su propia empresa? Tú lo estás, después de todo.

Entonces el objetivo no es encontrar otro tú. Es encontrar pequeños fragmentos y partes de ti. Yo lo llamo fraccionamiento.

Digamos que eres muy bueno en ventas y bastante bueno en hacer el trabajo. Supongamos que también puedes hacer la contabilidad, la facturación y los cobros. Digamos que apestas en la comunicación continua con clientes y prospectos. No porque no tengas el talento, sino porque te cuesta encontrar el tiempo. ¿Suena bien?

Todos esos elementos del trabajo conforman tu capacidad. Cuando operas una pequeña empresa, o la más pequeña de las pequeñas empresas (donde estás sólo tú), no intentas (y no puedes) encontrar tu clon. Intentas encontrar tus piezas. Y luego juntarlas.

Deja de mirar tu trabajo como la totalidad de las tareas que realizas. En su lugar, considéralo como una pila de tareas individuales que eliges realizar. Con ese conocimiento, puedes eliminar, transferir y recortar las tareas de forma selectiva. Puedes encontrar personas para realizar una o varias tareas. Pero no tienen que hacerlo todo.

También aléjate de la creencia tan común de que necesitas una persona de tiempo completo o un trabajador que se dedique plenamente a tu empresa. Se puede asignar una tarea a un empleado existente o a uno nuevo. Puede ser para alguien que trabaja medio tiempo o tiempo completo. Se puede entregar a un contratista o a un proveedor. Puede ser ayuda virtual o en el extranjero. Podría ser tu mamá. Podría ser mi mamá. (A los 87, "en broma" se ofreció para ayudar a Ernie, mi paisajista, con las llamadas de los clientes y la programación. Estaba demasiado ocupado para entrevistarla.)

El punto es éste: no necesitas (ni siquiera quieres) sacar todo de tu plato inmediatamente. Pero seguro que necesitas quitarte una cosa de encima. Comienza con las pequeñas cosas que no te gustan. Haz que algo se mueva de un lado a otro. Desarrollarás confianza en tu capacidad para dejar de hacerlo. Luego transfiere otra cosa y luego la siguiente. Desecha las cosas que nadie necesita hacer. Hazlo por partes. Fracciónate, luego elimina, transfiere y recorta en consecuencia.

Cuando eres tú quien trabaja por el PAR

¿Qué pasa cuando realmente parece que tú eres el único que trabaja por el PAR? ¿Cómo puedes retirarte del negocio? ¿Cómo te puedes eliminar, transferir o recortar? El objetivo es simple: hacer que otros trabajen por el PAR.

A veces tienes que dejar de lado tu papel trabajando por el PAR. En el Centro de Cirugía Plástica y Spa Médico Vitality, la integración de los procesos de tecnología de punta (su PAR) para hacer que sus pacientes se vean y se sientan jóvenes, saludables y en forma (su gran promesa) estuvo a cargo del jefe. Tal vez es obvio; tal vez no. La clientela se realiza procedimientos mayores, como terapia de pérdida de peso, cirugía plástica y aplicación de bótox, y tratamientos que requieren discreción, como, eh, tratamientos que requieren discreción. Muchos de ellos representan grandes complejidades, así que la perfección de las operaciones es una necesidad. La fundadora del Spa Vitality, Monique Hicks, hizo todo el trabajo para desarrollar nuevos procesos de tecnología de punta. Ya no podía hacer crecer el negocio de esta manera y estaba agotada. Así que empoderó a su equipo para proteger y trabajar por el PAR en muchas formas, incluyendo un "truco" singular. Hablaré más al respecto en un minuto.

Conocí a Monique en el otoño de 2017 y quedé muy sorprendido por lo que había logrado: que el Spa Vitality creciera al punto de tener una operación de más de 3 millones de dólares, al tiempo que criaba a su hija como madre soltera. Me contó cómo, durante los primeros tres años del negocio, ella fue la única que trabajaba por el PAR. Se dedicaba a investigar procedimientos y trabajaba codo a codo con los clientes para que todo les resultara perfecto. Salía al quite como superhéroe cada vez que surgía un problema. Hacía todo por proteger y atender el PAR ella misma.

Monique me explicó: "Entonces, un día fue muy claro que el negocio dependía única y exclusivamente de mí. La energía y el esfuerzo que invertía en el negocio era lo que buscaban los clientes. Me di cuenta de que el negocio era tan fuerte como fuera yo en un día determinado. Era agotador y no era un modelo con el cual se pudiera crecer. Fue entonces cuando le enseñé a mi equipo cómo atendía yo al PAR, lo que yo había estado llamando mi *zona de genio*, y cómo los necesitaba para protegerme y trabajar por mí desempeñando ese papel".

La parte de la enseñanza fue fácil. Monique tuvo juntas con cada uno de sus empleados, uno a la vez, para explicarles cómo crear experiencias a la medida para cada cliente, conocer sus necesidades individuales y especificar los procedimientos óptimos. Usó una reunión diaria para destacar de qué manera los empleados estaban haciendo mejoras tanto grandes como pequeñas y los empoderó para aprender unos de otros. También hacía que los empleados compartieran entre sí sus mejores prácticas.

Otra cosa que hizo Monique fue mostrar respeto por las áreas de cada empleado. En el pasado ella corría a arreglar las cosas, a veces los empleados lo interpretaban como una interferencia. Teniendo claro cómo proteger y trabajar por el PAR, Monique dejó de correr a meterse y los empleados se sintieron más confiados en el servicio que estaban proporcionando. La moral aumentó. Las cosas mejoraron... en su mayoría.

Sólo había un problema: Monique era la única que estaba haciendo el trabajo del PAR. Sus empleados no acudían a ella con ideas acerca de cómo mejorar la empresa y sus servicios, a pesar de que eran los que estaban haciendo el trabajo.

¿Recuerdas ese "truco singular" que mencioné antes? Fue una contratación especial que hizo Monique. El PAR es la esencia del negocio y es responsabilidad de todos los empleados protegerlo y servirlo en cierta medida. Incluso cuando (especialmente cuando) la jefa no está logrando proteger ni servir al PAR.

Monique es humana, como todos nosotros, y puede cometer errores. Y ella es la primera en admitir que no siempre está segura de cómo mejorar o cambiar los servicios de la empresa. Se dio cuenta de que, incluso en ocasiones en que no estaba identificando los procedimientos más nuevos a implementar, los empleados notaban que los clientes decían cosas como: "Me sorprende que no utilices el nuevo método de congelación de grasa", pero no se lo decían a Monique. A los empleados les costaba trabajo hablar con Monique, porque eran demasiado tímidos o porque no podían creer que existiera una empresa en la que el PAR fuera más importante incluso que la opinión del jefe.

Monique vio el bloqueo que había en las líneas de comunicación y tomó una medida singular. Contrató a una persona "de voz fuerte" que no se sentía intimidada por Monique de ninguna manera. La nueva contratación, a cargo de las operaciones cotidianas, incluyendo recopilar la retroalimentación de los empleados y sentarse con Monique para discutir esa retroalimentación, por incómodo que fuera. La empresa dio un salto hacia adelante en términos de la calidad del servicio y sigue creciendo de manera correspondiente.

"El PAR es un compromiso absoluto, Mike —me compartió Monique—. El equipo necesita saberlo y actuar en consecuencia. Y si ninguna de esas dos cosas está sucediendo, es culpa del dueño.

Su incapacidad o su miedo de ser honestos conmigo con respecto a la falta de aplicación de investigación no era problema suyo, sino mío. Así que me propuse resolverlo de inmediato".

* * *

Tienes derecho a hacer lo que quieras en tu empresa. Ésa es una verdad peligrosa, pero sigue siendo la verdad. Es peligroso porque, como hemos comentado, la mayoría de los empresarios continúan haciendo de todo en el negocio, creyendo que su libertad para hacer lo que quieran es un mandato para hacer todo lo que sea necesario. Estribillos como "la responsabilidad es mía" o "si quieres algo bien hecho, lo tienes que hacer tú mismo" están cansados y no son aplicables. El "dólar", también conocido como problema, debe ser resuelto por el sistema. Hacerlo bien debe estar integrado en el sistema.

Si vas a un McDonald's y tu hamburguesa te sale poco cocida, el dueño no es la persona que escucha tu queja y te da una Cajita Feliz gratis para hacerte, bueno, feliz. El dueño ni siquiera está ahí. La responsabilidad recae en el gerente de la tienda. ¿Y esa hamburguesa poco cocida? ¿Cuántas de ésas te han salido? Ninguna, porque el sistema garantiza que eso no suceda. Una hamburguesa poco cocida ocurre con tan poca frecuencia que cuando una hamburguesa cruda sale de la línea, aparece en los titulares.

En 2021, el *Daily Mail* informó que un cliente en Brisbane, Australia, estaba "horrorizado" porque su Cuarto de libra estaba "completamente cruda". La hamburguesa del cliente fue reemplazada y también recibió una tarta de manzana gratis. El propietario no tuvo que intervenir. El equipo y un trozo de pastel pegajoso se encargaron de ello.

Quizá quieras trabajar en tu negocio. Tal vez quieres hacer las cosas que amas. ¿A mí? Me encanta escribir y hablar. Así que lo hago. Mi negocio no necesita que hable, ya que hemos creado sistemas para hablar. Por ejemplo, hay cientos de personas capacitadas y autorizadas para hablar sobre Profit First. Tengo la suerte de que me inviten a grandes eventos principales, que son mis favoritos, y hay muchos otros eventos en los que nuestros profesionales certificados de Profit First Professionals están presentes, incluso (a menudo) al mismo tiempo que yo. Puedes tener un negocio funcionando por sí solo y aun así elegir trabajar en él. Puedes hacer lo que te trae alegría.

Escribir me hace feliz, así que seguiré escribiendo mis libros. También tengo otros autores que promueven mis ideas escribiendo derivados de mis libros específicos de la industria. Tengo la misión de erradicar la pobreza empresarial y necesito toda la ayuda que pueda conseguir. Por ejemplo, puedes leer *La ganancia es primero para empresas comerciales minoritarias* de Susanne Mariga, *La ganancia es primero para contratistas* de Shawn Van Dyke, *La ganancia es primero para empresas de paisajismo y cuidado de jardines* de Christeen Era, y más. Hay libros de *La ganancia es primero* para dentistas, microgimnasios, inversores inmobiliarios, agentes inmobiliarios, terapeutas, empresas de comercio electrónico, propietarios de salones de belleza, restaurantes y más.

Eres bienvenido a trabajar en tu negocio. Pero sólo cuando ya no te necesita. Ésa es la trampa. Necesitamos liberar a la empresa de la dependencia del propietario, o de cualquier individuo, de hecho. Como dueño de un negocio (accionista), puedes votar por ti para seguir haciendo el trabajo que te da alegría, siempre y cuando no sea necesario para la salud y la eficiencia de la compañía.

Para empleados: La historia de Cora

Cora aprecia que todos en Job Turf se preocupen por que ella disfrute del trabajo, no sólo por sus resultados. Durante la reunión semanal con su gerente, Gordon, él siempre le pregunta: "¿Hay algo que debamos cambiar para mejorar el trabajo para ti?". Parte de esa discusión incluye identificar cualquier tarea o responsabilidad que podría eliminarse, recortarse o transferirse para ayudar a la empresa a cumplir la gran promesa.

A los pocos meses de empezar a trabajar, Cora notó una oportunidad de transferencia: no para dejarla pasar, sino para asumirla. Gordon era el único operador de grúa certificado en el negocio. Es un trabajo que requiere una excelente destreza manual, una percepción de profundidad exigente y una coordinación manual magistral. Aunque rara vez se necesitaba trabajo con grúa, cuando lo era, todos tenían que esperar hasta que llegara Gordon.

Cora realmente disfruta el trabajo que hace con el minicargador, pero ahora que lo domina, el trabajo se ha vuelto monótono. Oportunidad, por favor júntate con la preparación. En la vida anterior de Cora, ella era una operadora de tanques altamente calificada. Al igual que una grúa, un tanque tiene una gran torre giratoria y requiere una excelente destreza manual, una exigente percepción de la profundidad y una magistral coordinación manual. La única diferencia es que con un tanque explotas cosas y con una grúa las construyes.

Una reunión rápida con Gordon y el hecho se hizo: asignó a Cora como segunda operadora de grúa de la empresa. Después de completar la capacitación y las certificaciones necesarias, ella también está construyendo cosas con esa enorme máquina de torsión y torneado. Y Gordon ha transferido una gran parte de su trabajo, lo que le permite gestionar sitios sin interrupciones. Todo hecho por una gran empleada que vio una gran oportunidad para transferirse el trabajo a ella misma.

¿Cómo puedes ayudar? Hacer más cosas no significa que estés haciendo más. El objetivo no es estar ocupado por estar ocupado. El objetivo es maximizar tu trabajo en las cosas que realmente importan. Pon atención a la protección de tu tiempo. Si te atraen en varias direcciones, di algo. Pide ayuda.

Mira tu Análisis de tiempo, observa qué tareas no benefician a la empresa y qué tareas pueden distraerte de hacer el trabajo que importa. Determina si necesitas eliminar, transferir o recortar algunas de tus responsabilidades. Y toma nota también del trabajo que atesoras. Si pudieras aportar más eficiencia al negocio aceptando un trabajo que realiza uno de tus compañeros, propón la transferencia. Tu jefe quiere que ames tu trabajo, así que busca maneras de servir mejor a la empresa al mismo tiempo que sirves mejor a tu Trabajo primario.

El sistema Clockwork en acción

1. Ahora es el momento de despejar las responsabilidades de las personas que trabajan por el PAR. Quítales la tarea más fácil y que más los distrae. Aunque sea sólo una cosa, el impacto será enorme.
2. Piensa cómo está trabajando tu equipo actualmente. ¿Tienes a la gente más calificada haciendo trabajo para el cual no se necesita estar muy capacitado? Si es así, esa manera de actuar te está costando dinero. Usa el método de eliminar, transferir y recortar para pasar el trabajo a las personas adecuadas. Por lo general encontrarás que la mayor parte del trabajo de una empresa es sumamente repetitivo y requiere pocas habilidades. Un ejército de becarios o empleados de medio tiempo y personal con menos habilidades especializadas, es decir, más económico, puede que hagan más trabajo, más rápido, mejor y más barato.
3. Una vez que has dado los pasos necesarios para garantizar que el PAR está siendo protegido y atendido, es momento de tomar una decisión. ¿Quieres estar en el corazón del negocio y hacer tú mismo el trabajo relacionado con el PAR o quieres ser el alma de la empresa y hacer que otros trabajen por el PAR? Si eliges esta última opción, necesitas dar otro paso muy sencillo. ¿Cómo? Hablaremos de ello en el siguiente capítulo.

Capítulo 8

Crea sistemas

Captura procesos para cualquier
parte de tu negocio y archiva el conocimiento
de tu empresa para siempre

Una voz fuerte resonó por la oficina: "¿Crear sistemas? Ni siquiera tengo tiempo para sacar el trabajo, ¿y ahora debo crear un documento paso a paso superdetallado? No necesitamos sistemas; aquí hacemos las cosas y ya. Nosotros somos el sistema. Yo simple y sencillamente hago las cosas. Mi personal hace las cosas. Y punto". Ese exabrupto fue mío. Fruto de un momento de debilidad mientras luchaba por transferirle algunas tareas recurrentes a mi pasante. Es cierto que mi voz se vuelve un poco aguda cuando estoy frustrado. Si no te acuerdas de la referencia, Michael, Carol y Alice, el ama de llaves, se sentirán decepcionados.[*]

¡Crear sistemas requiere mucho tiempo! ¿No? Por lo menos eso creía yo y tal vez tú pienses lo mismo. La idea de crear sistemas para que quienquiera que esté atendiendo el PAR (o haciendo un "Trabajo primario") pueda descargarse de otras tareas es abrumadora. Es algo que consume muchísimo tiempo. Y a menudo es un desperdicio de tiempo porque para cuando el sistema está documentado por completo ya no es relevante. Primero debemos pensar en el resultado que necesitamos lograr, luego debemos

---

[*] Googlea *The Brady Bunch*. Y asegúrate de ver su video musical "Time to Change", donde Peter Brady demuestra su voz aguda.

descubrir cuál es la secuencia paso a paso para llegar ahí y después documentarlo. Pronto (no, olvida eso), mucho, mucho después, tendremos un mueble lleno de carpetas de tres aros que representen nuestros sistemas: buenas prácticas, lineamientos de flujo de trabajo, cadenas de comando y más. Sangre, sudor, lágrimas, noches en vela tomando café y madrugadas con tequila invertidos en esas carpetas, ¿y alguien las usa? Quiero decir, ¿de verdad alguien las usará para otra cosa que no sea encender el bóiler? No lo creo.

Yo solía creer que este laborioso proceso, por doloroso que fuera, era necesario. Lo había hecho decenas de veces en el pasado, pero nunca con éxito, debes saber. Sin embargo, nada más funcionaba tampoco, así que, luego de que intenté y fallé en desplegar otro sistema, trataba de eliminar mi frustración haciendo el proceso "sólo una vez más". Y mi frustración crecía… como un grano… un grano enorme, monstruoso, que sólo has visto en películas de ciencia ficción (o en un adolescente especialmente desafortunado).

Recuerdo haber hecho esto para el envío de mis libros. Había descubierto una excelente oportunidad para hacer dinero vendiendo libros usados. Para acercarme a mi Mezcla de 4Ds óptima, decidí agilizar todo el proceso para poder eliminarlo de mi lista de tareas pendientes. Me pasé fácilmente cuatro horas creando un procedimiento de operaciones estándar paso a paso (POS). El documento final fue una receta de 15 pasos, cada uno escrito simple y claramente, complementado con imágenes y diagramas. Cuando la obra de arte estuvo lista, se la entregué a mi asistente y ella se puso a trabajar. Surgieron problemas.

Primero, el documento no era perfecto. A medida que ella seguía paso a paso, había variables que yo había olvidado y pasos que me había saltado sin darme cuenta, lo cual hacía que se detuviera. En minutos, estaba de regreso en mi oficina con preguntas, lo cual me regresaba a la fase de Decidir. Ella era la que tenía las manos para la acción, pero yo era el único que tomaba decisiones para todos los brazos. ¿Conoces a Kali, la diosa de la India? Tiene muchos brazos, pero sólo una cabeza para controlarlos.

Actualicé el POS para arreglar lo que no había tomado en cuenta y pronto descubrí que había muchas cosas más que no había incluido. Luego, había situaciones atípicas. ¿Qué tal si la orden era un envío urgente? ¿Qué tal si la orden llegaba en fin de semana? ¿Qué tal si (¡Dios mío!) el cliente ordenaba dos libros? ¿Los enviamos por separado o juntos?

Antes yo simple y sencillamente usaba mi juicio para hacer lo que en ese momento tenía sentido, pero ahora estaba comprometido con tener listo este documento que pudiera incluir todas las variables. El POS creció para incluir situaciones atípicas. Pasé más tiempo desarrollándolo. Más todavía revisándolo una y otra vez. Y luego se desató el infierno: el sistema postal de Estados Unidos actualizó su sitio de internet. Todas las imágenes y los pasos que estaban documentados en el POS en relación con el proceso de envío necesitaban rehacerse. Y a mitad de todo eso Amazon cambió también su sistema. Qué lata. Las horas y horas, días y días que me tomó documentar un procedimiento sencillo se habían ido a la basura. Ni siquiera podía hacer un POS infalible, menos aún podría hacer los cientos que necesitaba para mi negocio. Simple y sencillamente no lo valía. La idea de hacer esto con toda mi empresa me hizo pensar que renovar mi licencia de conducir en la oficina de tránsito (por el gusto de hacerlo) podría ser una opción más atractiva.

Recuerdo una reunión con Kaushik, el editor de la primera edición de este libro, en las antiguas oficinas de Penguin. Nos estábamos reuniendo en su oficina cuando mis ojos se desviaron y se posaron en un libro muy grande en un estante detrás de él. Debía tener más de mil páginas amarillentas y estaba cubierto de un espeso polvo. Parecía sacado de una película de Indiana Jones. O tal vez fue la Biblia, es decir, la primera que imprimió Gutenberg.

—¿Qué es eso? —pregunté, señalando el libro.

Kaushik miró por encima del hombro.

—Oh, ése es nuestro procedimiento de operaciones estándar.

—¿Lo usas?

—Nunca lo he mirado. Allí lo dejó la última persona que utilizó esta oficina. Creo que tampoco lo abrieron nunca —respondió—. De todos modos, aquí se aprende en el trabajo.

Eso sucede en muchas empresas. Pasas mucho tiempo creando el POS, pero nadie hace referencia a él. Se convierte en un artefacto, como el polvoriento manual de Penguin, al que, irónicamente, el equipo se refiere como "la Biblia".

Nosotros, los humanos, somos como ríos. Siempre buscamos el camino con menos resistencia para llegar a donde vamos. Y cuando ves que tus empleados ignoran tus POS, es una señal segura de que los POS no están funcionando. La meta de toda empresa no debería ser buscar eficiencia ni mejoras constantes. Desperdicio de materiales, desperdicio de dinero y desperdicio de tiempo son la desgracia de todo negocio y hay que lidiar con ellos todo el tiempo. Los POS tradicionales ya no parecen servir para esa meta.

De las miles de compañías empresariales con las que he tenido contacto, muy pocas tienen sistemas activos documentados. Tampoco tienen POS, al menos no en el sentido tradicional. Y cuando visito la oficina de un empresario y le pido ver su manual operativo, por lo general lo que tiene es un documento mixto y correos electrónicos enterrados en alguna nube virtual que nadie puede encontrar.

Lo que hace la mayoría de las empresas es dar capacitación activa. En términos técnicos: "Vamos a entrenar a este cachorro". Lo que te pidan que hagas, haces. Y cuando alguien más te dice que hagas algo más, lo haces. Y si esas instrucciones se contraponen entre sí, simplemente haces tu mejor esfuerzo para cumplir ambas y te aseguras de enseñarle esto a la persona que venga después de ti.

Puede ser que este proceso te suene familiar. Después de todo, está unido al tejido de la humanidad desde las comunicaciones que tenían lugar en los tiempos prehistóricos. Dado que no tenían lenguaje escrito, las personas dibujaban imágenes en las paredes de las cuevas y se contaban historias entre sí alrededor de la fogata sobre cosas acerca de cómo hacer una fogata.

Una persona solía decir al clan: "Grrr. Golpear rocas. Rocas más grandes producir chispa más grande. Yo tener rocas más grandes, si saben a lo que me refiero… Ja. Grrr. Ja, ja. Grrr". Las historias pasaban de una persona a otra y, como el juego del teléfono descompuesto que jugabas de niño, el mensaje original terminaría siendo algo diferente. "Golpear rocas" puede convertirse en "Soplar focas" y ahí tienes a estos mensos saliendo a buscar focas para abanicarlas. Y a su regreso nadie sabría cómo diablos encender fuego.

Para garantizar que el PAR está en orden y que tu empresa está operando con una Mezcla de 4Ds óptima, necesitarás sistematizar tanto el PAR como todo lo que lo rodea. La meta de un POS es tener un proceso consistente para producir un resultado consistente. Pero los POS son muy difíciles de hacer, dado que aún no tienes sistemas. Y son superdifíciles de mantener, ya que las cosas cambian constantemente. Tiene que haber una mejor manera… Y la hay.

Ya tienes sistemas

Primero, permíteme aclarar una idea equivocada sobre los sistemas. Tal vez estés pensando: "Yo no tengo ningún sistema", o algo como: "Necesito crear sistemas desde cero". Falso. ¡Completamente falso! De hecho, ya tienes cada uno de los sistemas que necesita tu negocio. Todos y cada uno. Todos tus sistemas están en tu cabeza o en la de tus empleados. Todas esas tareas que necesitas delegar ya las estás haciendo tú. Ya sigues un proceso en tu cabeza. Así que no necesitas crear nada nuevo. Ni tampoco necesitas extraerlos dolorosamente, paso a paso, de tu mente al papel. La meta no es crear sistemas; la meta es *capturar* sistemas… y hacerlo fácilmente. Así es como transfieres el conocimiento de tareas y logras que tu negocio funcione como relojito. La mejor parte es que cualquiera puede capturar y es ridículamente fácil. Primero vamos a quitar del camino el método que *no* funciona, ¿va?

Tal vez la forma más ineficiente de extraer cosas de tu mente es escribirlas en una secuencia para que alguien más la pueda entender. Te obligas a pensar en exceso las cosas. Revisar paso a paso lo que haces en la actualidad y ponerlo en papel (o en un documento electrónico, en un diagrama de flujo o en cualquier otro medio escrito) es dolorosamente lento y está plagado de pasos equivocados. En pocas palabras, no lo hagas. No funciona.

Ahora vamos a hablar acerca del sencillo método que *sí* funciona. La mejor manera, por mucho, de crear un sistema para un proceso es capturar el proceso a medida que lo llevas a cabo. Aquí la magia es que te pones a trabajar al mismo tiempo que creas el sistema para que otros lo sigan.

La idea de capturar sistemas es que tomas tus procesos mejor establecidos y los transfieres a tu equipo de la manera más simpe y fácil posible, de modo que puedan hacerlo adecuadamente al avanzar. En pocas palabras, haz lo que sea que haces ahora y que funciona mejor y regístralo mientras lo haces.

Las capturas no se tratan sólo de liberar tiempo; se aseguran de que cualquier persona de tu empresa pueda realizar el trabajo si es necesario. La clave es que cada persona capture su propio sistema y así se lo enseñe a otra persona. Lo último que deseas es que uno de sus empleados se vaya sin transmitir sus conocimientos: los pequeños ajustes y atajos que utilizaron para hacer su trabajo de manera eficiente y que nadie más conoce, y los obstáculos y variables que deben corregirse. Todo eso debería transmitirse a través de capturas.

Cuando un empleado captura un proceso y se le asigna el trabajo a otro empleado, o al menos se le capacita en él para que pueda respaldar el papel, la persona que aprendió el proceso también debe enseñarle al sistema a través de una grabación. Leíste bien: la persona que ahora es responsable del proceso hace una captura. Ésta es una manera de retener sus conocimientos y reforzar las mejores prácticas que les acaban de enseñar. Si puedes enseñarlo, debes saber cómo hacerlo. La enseñanza es la forma suprema de aprendizaje.

Y cuando captan el proceso de forma adecuada, retienen el conocimiento y demuestran su capacidad para realizar la tarea.

Sistemas para empresas emergentes

Si tu negocio es nuevecito, puedes argumentar fácilmente que no tienes sistemas. A ver, ¿no tienes nada, ni siquiera en tu mente, para decir a los demás cómo hacer las cosas? Entonces ¿qué haces? Dos cosas.

Recuerda que la transición de Dar acción a Diseñar es como un acelerador, no como un interruptor. Quieres hacer el trabajo durante un periodo de modo que puedas aprender y relacionarte con él. Entonces puedes capturar lo que aprendiste y transferirlo. O podrías tomar un atajo y convertirte en editor de los sistemas de otra persona.

Una búsqueda en YouTube arrojará decenas, si no es que cientos, de sistemas para casi todo lo que necesitas. Tal vez no sea como tú lo quieres o como tú lo harías, pero los sistemas están ahí, evaluados y revisados por otras personas. ¿Quieres implementar un sistema de facturación que tu equipo pueda seguir? Busca "cómo facturar para los clientes". ¿En el ramo de la construcción de terrazas? Busca "cómo construir una terraza". ¿Necesitas que tu equipo cave agujeros, vierta concreto y martille vigas? Busca "cómo cavar un agujero para una viga", "cómo verter concreto para colocar vigas en terrazas" y "cómo instalar vigas".

Los sistemas ya han sido creados. Tu trabajo consiste en capturar lo que está en tu mente o usar lo que otras personas ya han capturado de lo que estaba en su mente. Luego procedes a diseñar el proceso para que tu equipo use el conocimiento que fue capturado, registrado y que está listo para ser implementado.

Cuando se trata de elegir qué sistematizar primero, la prioridad es siempre proteger y servir al PAR. Captúralo si puedes, incluso si no puedes transferirlo (todavía). *Pero*, y éste es un gran importante *pero*, primero debes desarrollar el músculo de adaptación de tus sistemas. Lo primero que hay que hacer es acostumbrarse a capturar sistemas con algo fácil.

Por ejemplo, ¿notas que respondes a las mismas preguntas una y otra vez? Crea un sistema para ello. Registra el proceso de cómo respondes y crea una plantilla fácil de usar, copia y guarda las respuestas, luego asigna esa tarea a un asistente u otro colega. Me doy cuenta de que existe un software sofisticado que puede hacer esto y quizá mejores enfoques. El objetivo es simplemente aprender a sacar cosas de tu plato con rapidez y asignárselas a otra persona para que las desarrolle y mejore aún más. Captura, asigna (Transferir), luego pide que hagan otra captura de cómo están haciendo el trabajo y que encuentren formas de hacerlo de manera más eficiente (Recortar).

Elije cosas que sean "fáciles" pero que no deberías hacer o que no te gusta hacer. Captura y Transfiere. Luego empieza a capturar cosas que te distraigan de enfocarte en el PAR.

Cómo capturar sistemas

Una vez que has identificado lo que necesitas sistematizar primero, debes determinar qué proceso primario estás siguiendo. ¿Estás *1)* realizando una acción física (moviendo algo, hablando con alguien) o *2)* interactuando con algo (trabajando en la computadora, apretando los botones de la caja registradora)? O, por supuesto, puede ser una combinación de ambos.

Empecemos con trabajo realizado en la computadora, ya que es algo muy común. Digamos que facturo a los clientes (cosa que he hecho) y mi PAR es escribir libros (lo cual es cierto). Uso un software que graba lo que está en la pantalla de la computadora para registrar mi proceso. (No quiero recomendar un software en específico, puesto que siempre están cambiando, pero tengo una lista en Clockwork.life.)

A medida que llevo a cabo la tarea, simplemente grabo la pantalla y narro lo que estoy haciendo. Luego almaceno el video en una carpeta que lleva el nombre de esa tarea. A veces también pongo la transcripción del video, lo cual es fácil. Ahora la persona que lo está haciendo tiene un video de entrenamiento que puede usar para replicar el proceso una y otra vez. Es fácil de encontrar en la carpeta correspondiente y fácil de hacer puesto que está grabado, paso a paso. Además, el video y las instrucciones escritas funcionan para diferentes estilos de aprendizaje.

¿El video capturado incluirá todas las situaciones atípicas? No es probable que sea así. Pero, como en el video se muestra y se cuenta cómo hacer algo, transmite mucho más de lo que se puede transmitir en papel. Conozco a la propietaria de un estudio de gimnasia que filma a los estudiantes haciendo volteretas hacia atrás para poder grabar cómo entrena y enseñar su método a otros. Y conozco a un tipo de maquinaria CNC que registra cómo soluciona problemas en la maquinaria para que otros puedan hacer lo mismo. Graba lo que haces mientras lo haces y ofrece una narración de los pasos que estás dando, uno a uno.

Esto es más que un simple proceso capturado. También hiciste el trabajo mientras creabas el material de formación. Por lo tanto, no se pierde tiempo en la construcción del sistema. ¡Ay!

Para otras actividades en las que sólo estás hablando (un tipo de acción física), todo lo que necesitas es una grabadora de voz. Probablemente ya tengas una en tu bolsillo: tu *smartphone*. Y para las cosas en movimiento, sólo necesitas una grabadora de video, que probablemente también tengas. Ese mismo *smartphone*.

Captura la actividad, almacénala en una carpeta a la que todo tu equipo tenga acceso y luego delégala a otro miembro del equipo. Simplemente elimínalo de las cosas que tú tienes que hacer. ¡Protege el PAR a toda costa!

Una nota sobre el almacenamiento de capturas: usa un sistema de índice, como una hoja de cálculo, para que tus videos sean fáciles de encontrar. Estandariza las convenciones de nomenclatura para que cualquier novato pueda localizar el video que necesita. Si alguien tarda más de 60 segundos en encontrarlo, algo anda mal con tu sistema de almacenamiento y ahora es una distracción. Así que busca la ayuda de tu equipo. Si algo es difícil de encontrar, pídeles que generen ideas para hacerlo más fácil.

Al principio, es probable que los empleados regresen a hacerte preguntas básicas que olvidaste incluir en el contenido que capturaste. Quizá hiciste un video sobre cómo enviar productos usando la computadora, pero no incluiste cómo usar la contraseña. Ahí es cuando les das la respuesta y ahora les pides que *ellos* hagan un video nuevo y mejorado. Así es. Ellos comienzan a trabajar en mejorar el sistema de inmediato y, al grabar, se convierten en maestros. Y todos sabemos que el mejor alumno siempre es el maestro.

Haber hecho esto tuvo un fuerte impacto en mi negocio. Me di cuenta de que las tareas administrativas consumían mucho tiempo y de que hacer cosas como enviar libros (lo cual hice yo mismo durante años) y facturar me alejaba de mi PAR. Escribí el POS original para el envío de libros, que rápidamente se volvió irrelevante y todo el mundo lo ignoró. Entonces, yo tendría que enseñarle a la persona que fuera a hacerlo, lo cual consumía mucho tiempo y siempre había que volver a empezar. Así que le volvía a enseñar. Luego, cuando un nuevo empleado reemplazaba al anterior, todo el conocimiento se iba con él y yo debía hacer todo otra vez.

Entonces capturé el proceso como describí antes y fue mágico. Simplemente usé un software para grabar pantalla y audio para capturar el proceso de tomar una orden y tenerla lista para el envío.

Tomé mi maravilloso iPhone y me grabé atendiendo una orden y explicando los detalles de cómo darle seguimiento. Estas grabaciones de la computadora fueron todo lo necesario. No he vuelto a enviar un libro desde entonces. El equipo lo hace.

Cuando una persona nueva comienza el proceso, mira el video. Amazon cambia sus procesos de envío con mucha frecuencia, así que cuando el proceso necesita ser actualizado, la persona que en ese momento se ocupa de ello graba un nuevo video. Es el responsable de esta tarea, por lo que también se le invita a realizar mejoras en el sistema. Y como la persona que está haciendo el nuevo video (que está enseñando) es el mejor estudiante, ambos refuerzan el proceso en su mente y tienen la capacitación lista para la próxima persona que se ocupará del asunto.

Hicimos lo mismo con el proceso de facturación y el pago de las cuentas. Video listo. Grabación lista. El trabajo se hace según los estándares. Y las facturas están enviadas.

Una vez que los sistemas han sido delegados, determina cómo se va a medir y monitorear el resultado. Por ejemplo, yo quiero saber que las facturas están saliendo y que el dinero está entrando. La métrica es sencilla: qué nuevos proyectos han entrado y cómo lucen las cuentas correspondientes. Después de cinco minutos de revisión, sé si el sistema está funcionando o si hay algún problema que necesita solución. No estoy tratando de parecer demasiado maniaco con respecto a la eficiencia, pero quiero dejar claro el punto: hago que peguen el reporte del lado izquierdo del monitor de mi computadora una vez a la semana. Cuando regreso a la oficina después de una gira de conferencias, veo el reporte de inmediato (sin siquiera tener que prender la computadora). Si he estado fuera tres semanas, entonces tengo tres nuevos reportes. Simple y rápido.

La clave es que siempre haya una persona responsable del resultado. Haz que eso quede clarísimo. De esa manera, sabes con quién hablar si surge algún problema que requiera solución. En la pared de la oficina que tengo en casa, coloqué una cita de uno de mis héroes, George Washington, en la cual habla sobre la importancia de la responsabilidad individual: "Me he dado cuenta de que, cuando se considera que una persona es adecuada para realizar una tarea, dos personas la hacen peor y tres o más apenas casi nunca la llevan a cabo". Si un padre fundador del mundo libre pensó que esto era de absoluta importancia, tú deberías pensar lo mismo.

A medida que pasas a la fase de Diseño, siempre busca simplificar procesos para obtener mejores (o los mismos) resultados que en el pasado, pero con menos esfuerzo.

Cuando estaba en una gira de conferencias en Australia, fui a cenar con Craig Mintr en el Potting Shed de Sídney. Craig es un asesor especializado en eficiencia que analiza las empresas para determinar cuáles son las oportunidades evidentes para que el dueño del negocio genere eficiencia organizacional. Después de tomar una cerveza platicando sobre todo lo que se te ocurra, desde la enfermedad llamada tinnitus hasta los maratones y el calzado correcto, Craig me explicó cómo trabaja.

"Con frecuencia es posible hacer los mayores avances en la optimización de un negocio si delegas de una manera efectiva. Por esa razón lo primero que busco es si al dueño no le está faltando delegar decisiones. Luego determino las decisiones que es necesario tomar para que el negocio funcione como relojito y si esas decisiones son distracciones", dijo Craig.

Según Craig, el dueño por lo general está haciendo algo relacionado con el PAR (aunque él no usa este término) o alguna otra tarea importante y luego se distrae con las decisiones que lo sacan de la jugada. Si las decisiones se están empujando hacia arriba del organigrama, se presentan distracciones y pérdidas de tiempo (por ocio o por la espera). Y si aparecen pérdidas de tiempo, algunas bastante largas, Craig busca cómo cambiar el proceso para que las decisiones sucedan más rápido y con menos distracciones. Por lo general lo logra.

Luego, Craig me contó la que él llama su "historia del semáforo" sobre Debbie Stokes y su empresa de fabricación de cortinas, R&D Curtains. "Debbie estaba invirtiendo dos horas diarias en tomar decisiones. Cada vez que un trabajo estaba listo, el líder del equipo tocaba la puerta de Debbie y preguntaba qué debían hacer a continuación. Ella dejaba lo que estaba haciendo, bajaba a piso y evaluaba el trabajo. Sólo tardaba unos minutos en descubrir cuál debía ser el siguiente trabajo, pero luego tardaba como 15 minutos más en retomar el proyecto en el que estaba trabajando antes de la interrupción. Después, la puerta volvía a sonar".

Debbie contrató a Craig, quien implementó un sistema en el que cada trabajo tenía una etiqueta verde, amarilla o roja. Ahora, con este "sistema de semáforo", el equipo de Debbie sabe en qué debe trabajar a continuación y no llama a la puerta para pedirle guía. Ella pasa aproximadamente 10 minutos diarios clasificando los trabajos del día siguiente, poniendo etiquetas rojas, amarillas y verdes. Las rojas significan algo que es algo urgente y que hay que hacerlo a continuación; las verdes corresponden a proyectos que tienen el tiempo adecuado antes de la fecha de entrega, y las amarillas a casos intermedios. El equipo conoce la regla de oro: tomar decisiones a lo largo del día de producción que mantengan el trabajo en el verde o que lo regresen al verde lo antes posible. Ahora Debbie puede pasar más tiempo tomando decisiones importantes y pensando estratégicamente en los siguientes pasos para su empresa.

Aunque tal vez no puedas capturar de manera razonable todas las tareas y delegarlas, con una solución sencilla como el sistema del "semáforo" de Craig puedes encontrar formas de recortar el trabajo de la persona que atiende el PAR y transferirlo al resto del equipo.

Sí, puedes capturar lo que haces

Tengo noticias para ti. Eso que haces, eso que crees que nadie más puede hacer, o hacer tan bien como tú, puede ser capturado. Sé que quieres pensar que tienes un toque mágico especial que no se puede replicar, pero tal vez sí. Incluso se pueden grabar tareas que parecen ser puramente artísticas. Fue cierto para la pintura de Peter Lely y también lo es para los artistas modernos.

¿Recuerdas a los redactores Jessi Honard y Marie Parks de North Star? Compartí su historia en el capítulo 4. Determinaron que eran reconocidos por captar las voces de sus clientes, su PAR. Pero cuando tuvieron un problema de capacidad y no pudieron encargarse de todo el trabajo, ¿cómo podrían asegurar que otros escritores fueran capaces de hacer la magia que ellos hacen tan bien? ¿No era simplemente su "cosa", algo que por intuición sabían hacer? ¿Qué pasaría si otros escritores no tuvieran la misma habilidad? ¿Cómo podrían enseñar algo así?

Marie me dijo: "El sistema Clockwork que creaste para nosotros nos ayudó a cambiar la mentalidad y darnos cuenta de que no somos tan especiales. No es sólo intuición. Hay un proceso sucediendo aquí. Simplemente no nos hemos tomado el tiempo para descubrir qué es".

Cuando empezaron a revisar su proceso, Jessi y Marie se dieron cuenta de que, aunque sus clientes eran diferentes, cada vez les hacían las mismas preguntas, buscando información similar. Utilizaron una hoja de ruta para idear un código sobre cómo se comunicaba cada cliente.

"Se trata tanto de lo que alguien *dice*, como de lo que *no dice*", explicó Marie. "Comparten historias específicas. La puntuación es importante. ¿Usan muchos guiones? ¿Les gustan los emojis? ¿Usan la coma 'Oxford'? ¿Acentúan 'sólo'?".

"Tomó tiempo", intervino Jessi. "Incluso ahora, todavía estamos haciendo pequeños ajustes y mejoras. Pero pudimos encontrar una manera de capacitar al equipo, un proceso sistematizado y repetible que podría usarse para cualquiera de nuestros clientes".

En esencia, capturaron su sistema para captar la voz de la marca. Y funcionó. El trabajo producido por su equipo necesitó menos revisiones y pudieron lograr la voz prácticamente desde el primer día, lo que les ayudó a proteger su PAR. La satisfacción del consumidor mejoró y los clientes estaban más dispuestos a seguir con North Star a largo plazo.

Por supuesto, Jessi y Marie no contratan a cualquiera para hacer este trabajo; contratan a otros escritores. Así que sus capturas

CREA SISTEMAS | 169

funcionan para otros escritores, pero no para, digamos, el contador, a menos que sea uno de esos novelistas secretos que tienen un manuscrito en el cajón de su escritorio.

Una cosa es encomendar una tarea menor a otra persona, pero encomendar algo en lo que te enorgulleces de ser excelente, algo por lo que eres conocido, es otra cosa por completo distinta. Cuando les pregunté cómo lo manejaron Jessi y Marie la primera vez, dijeron que fue "absolutamente aterrador". Entonces mitigaron un poco el riesgo. Se aseguraron de que la primera vez que otro escritor usara su sistema de captura de voz fuera con un cliente que probablemente no se enojaría si el trabajo no fuera así. Eso les dio un poco de seguridad.

No pasó mucho tiempo antes de que su foro de discusión interno se callara y ya no respondieran preguntas de los escritores. Los clientes estaban contentos y su PAR estaba sano y salvo. Finalmente, crearon un papel de escritor-mentor y colocaron a dos de sus escritores en el puesto para ocupar su lugar. Ahora Marie y Jessi ya no son las "poseedoras de todo el conocimiento de la escritura", lo que las libera para centrarse en el crecimiento y otros proyectos apasionantes que han dejado atrás: las novelas en el cajón.

Tú y yo tampoco somos especiales. Puedes capturar eso que haces. Puede que lleve algo de tiempo, pero se puede hacer. Siempre se puede hacer.

Pero espera, chico Mikey. ¿Estás diciendo que alguien más podría pintar la Mona Lisa? Tal vez. Tal vez no. Lo que estoy diciendo con seguridad es que el proceso de pintar la Mona Lisa podría ser capturado. Y entonces el proceso de que otra persona haga lo mismo es mucho más fácil. Necesitan el talento y la experiencia adecuados, pero el camino ya está delineado. Hay una razón por la que el legendario paisajista e ícono de PBS Bob Ross dice que primero se deben pintar las nubes. (¿Te das cuenta de que el proceso de enseñanza de Bob también incluía videos? El tipo se adelantó a su tiempo.) Si los espectadores no siguen la secuencia correcta, se equivocarán. Quizá no sean el próximo Bob Ross. Pero serán mejores pintores que antes.

Los ríos siguen el camino más sencillo

A medida que asignas tareas a tus trabajadores, en especial la responsabilidad de tomar decisiones, algunos quizá sigan regresando contigo en busca de guía... a pesar de que hayas capturado los sistemas que quieres que sigan. Desde su perspectiva, tiene sentido, porque ¿qué tal si toman una "mala" decisión? Les preocupa que el jefe (tú) los regañe, o peor aún, los despida. Sin lugar a dudas, no quieren perder tu confianza, pero si tú tomas las decisiones por ellos no se pueden equivocar. Si les das una respuesta y funciona, los recompensas por seguir instrucciones. Si les das una respuesta y no funciona, no es su culpa. De cualquiera de las dos formas, en cuanto *tú* tomas la decisión, ellos están a salvo. Y, además, ¡no tienen que pensar! Sólo tienen que actuar. (Y ya sabemos que "dar acción" es lo que más te gusta hacer; ¿por qué para ellos no iba a ser así?)

La tendencia natural de las personas es diferir las decisiones. Lo hacemos en el trabajo y en casa. ¿Alguna vez te han hecho la pregunta más desafiante de todos los tiempos después de un largo día de trabajo? Ya conoces el: "¿Qué quieres cenar?". No sé. Lo que quieras. Es fácil para tu equipo hacer lo mismo. No lo saben. Quieren lo que tú quieras.

Si estás encontrando resistencia de parte de los empleados a los que has empoderado para tomar decisiones, hagas lo que hagas, ¡no tomes decisiones por ellos! Debes dejar que hagan la investigación, que determinen el curso de la acción y que se comprometan con ello. Después de todo estamos tratando de sacarte del negocio y no puedes hacerlo si sigues tomando decisiones.

Tal vez tus empleados se resistan a esto acudiendo a ti en busca de apoyo para tomar la decisión, pero siempre puedes devolverles la obligación de tomar la decisión. Si piden orientación, responde diciendo: "¿Tú qué crees que deberíamos hacer?". Si la resistencia a tomar una decisión continúa con la popular frase: "Yo no lo sé, por eso recurro a ti", responde diciendo: "Te contratamos para buscar respuestas. Por favor, regresa cuando tengas tu mejor respuesta y la decisión que tomarías y entonces lo discutimos". Cuando esa persona regrese debes estar listo para sonreír, asentir con la cabeza y dar tu visto bueno.

Aunque ofrezcan ideas con las que no estés de acuerdo, muérdete la lengua y apóyalos. Luego, después de que las decisiones y las acciones se hayan realizado con resultados significativos, ya sean positivos o negativos, haz un interrogatorio y pídele al empleado que comparta qué aprendió y que comente qué haría diferente la próxima vez. Siempre haz el interrogatorio *después* de que han tomado y ejecutado una decisión.

El único momento de intervenir es cuando veas que están tomando una decisión que tendrá consecuencias extremas y fatales. Si observas un daño severo, alerta de inmediato a tu equipo. Ahora eres su mentor, no quien decide por ellos. Y recuerda, hay una gran diferencia entre la decisión correcta y tu decisión. Todos procesamos a nuestra manera. Entonces, cuando observas la decisión de un empleado, en lugar de compararla con la decisión que tú podrías haber tomado, pregúntate si es una decisión que beneficia a la empresa.

* * *

En una entrevista muy vista, la multimillonaria Sara Blakely, fundadora de Spanx, explicó la creencia fundacional que generó su éxito: debes aceptar el fracaso.[7] Blakely afirmó: "Cuando era niña mi padre nos alentaba a mi hermano y a mí a fracasar... Esto realmente me permitió ser mucho más libre para probar cosas y abrir las alas en la vida". La única forma de hacer progresos es pasando por desafíos, errores, equivocaciones y aprendiendo en el proceso. Esto requiere que tomes tus propias decisiones. Al final, como explicó Blakely, el único fracaso es la inmovilidad, cuando no tomas ninguna decisión. Deja de entrenar a tus empleados a ser improductivos, al tomar las decisiones por ellos. Haz que hagan avanzar hacia adelante tu negocio al empoderarlos para tomar decisiones.

¿Cómo empoderas a alguien para tomar decisiones? Entiéndelo: debes recompensar los errores. Cuando algo no sale bien y castigas a esa persona (la regañas, señalas lo que estuvo mal, le descuentas dinero de su sueldo o cualquier otra cosa) le infundes miedo de tomar decisiones equivocadas y, por tanto, es más seguro para ella regresar contigo para que seas tú quien las tome (lo cual hace que te mantengas en la fase de Decidir). Pero si dices: "Oye, el resultado no fue el que esperábamos, pero estoy orgulloso de que hayas tomado una decisión que nos permite avanzar. Quiero que sigas así y que sigamos avanzando. Dime, ¿qué puedo hacer para apoyarte?", no sólo comenzarás a ver que tu negocio funciona sin necesitarte todo el tiempo, sino que tendrás una mejor relación con un miembro de tu equipo.

El proceso de fabricación famoso a nivel mundial de Toyota está basado en la misma creencia. La toma de decisiones debe ser empujada hacia abajo del organigrama a quienes deben tomar las decisiones. Cuando un trabajador tiene un problema, puede detener toda la línea de producción (leíste bien), mientras el gerente corre a apoyar a esa persona. El trabajador de la línea da las órdenes y las instrucciones y los gerentes proporcionan el apoyo necesario para que la línea vuelva a funcionar. Eso es empoderamiento y dar el proceso de toma de decisiones a las personas adecuadas, a las personas que están más cerca del problema.

Para empleados: La historia de Cora

Job Turf buscaba constantemente nuevos equipos. Es decir, algo nuevo para ellos: les gustaba comprar cosas usadas. Pero querían equipos nuevos que fueran 1) más eficientes y efectivos, y 2) mejores para el medio ambiente. A Cora le encantó aprender sobre las nuevas herramientas. Cuando compraron una nueva máquina para trasplantar árboles, a ella le asignaron la tarea de dominar la herramienta y crear un sistema para operarla.

La compra más reciente fue una pala especializada que se conectaba a su minicargador existente. Cora fue a practicar a su lote, moviendo un árbol muerto de un lugar a otro, y a otro, y a otro. Pasó algunas horas aprendiendo a usar la pala y una vez que sintió que estaba lista para hacerlo en el campo, filmó una demostración del proceso con el árbol muerto. Tenía dos cámaras encendidas, una filmando el minicargador con la pala y la otra mostrando el panel de control. Ella filmó el proceso mientras explicaba los pasos. Luego cargó los archivos de video y los almacenó en la nube de Job Turf para que cualquiera pudiera verlos.

Durante las semanas siguientes, mientras Cora usaba la nueva pala, encontró formas más eficientes de usar el equipo. Grandes rocas subterráneas interferían con la remoción o replantación de árboles, por lo que desarrolló un método simple para probar el área primero usando una varilla y un mazo. También hizo algunos ajustes en la forma en que usaban el equipo. Luego, filmó el proceso nuevamente y reemplazó el antiguo video de capacitación con la nueva versión en la nube.

Llegó el día en que alguien más del equipo tuvo que usar la pala del árbol. Cora viajaba de vacaciones a Lanai, Hawái, donde se comprometió con el amor de toda su vida, y su vuelo de regreso fue cancelado debido a las tormentas. Ningún problema. Gordon observó la "captura" del proceso de pala del árbol e hizo el trabajo. Aunque le llevó un poco más de tiempo que si Cora lo hubiera hecho, hizo el trabajo correctamente.

¿Cómo puedes ayudar? Crea un video que enseñe uno de los procesos que realizas en tu trabajo. Empieza con algo pequeño y fácil. Luego, pídele a un compañero del equipo que realice el proceso que acabas de capturar. Observa los resultados: ¿cumplen con sus estándares? Si no, mejora las grabaciones hasta que lo hagan. Una vez que otra persona pueda completar con éxito la tarea, te habrás vuelto aún más valioso para la organización. Puedes hacer cosas importantes, puedes capturar esas cosas importantes y puedes transferirlas, lo que te permite asumir tareas aún más importantes.

Considera diferentes formas de registrar un proceso para que otros puedan aprenderlo fácilmente. Por ejemplo, además de la captura de video, puedes crear una lista de verificación o un diagrama de flujo.

Cuantos más procesos registres, más te elevarás, en especial cuando captures tu Trabajo primario. El empleado que se hace irreemplazable puede pensar que tiene asegurado su puesto, pero está comprometiendo la estabilidad de la empresa (si él no hace el trabajo, nadie podrá) e impidiéndose crecer más allá del puesto. La captura de sistemas es una forma de proporcionar el conocimiento que se acumula a la empresa. También te permite crecer hacia nuevos trabajos y oportunidades.

Cuando otros pueden realizar tu Trabajo primario, tienes respaldo y puedes tomar descansos. Es posible que incluso puedas tomarte unas vacaciones de cuatro semanas. (Pregúntale a tu jefe. Dile que yo te dije.)

El sistema Clockwork en acción

1. Captura un sistema ahora mismo. Sí, tienes cientos de sistemas que vas a capturar tarde o temprano, pero no capturarás ninguno si no empiezas. Da el primer paso hoy mismo. Empieza con algo pequeño y fácil, algo que puedas quitar de tus responsabilidades de manera permanente. Captura ese primer sistema y ve cómo te funciona. Luego, haz que la persona a quien asignaste el sistema haga la siguiente versión de la grabación.

2. Almacena tu primer sistema capturado en una carpeta. Éste debería ser el mismo directorio que utilizan todos los miembros de tu equipo. Puedes utilizar cualquier software de almacenamiento en la nube que funcione para tu empresa o tu propio servidor.

FASE 3
ACELERAR

Tu negocio está a punto de explotar, en el buen sentido. Tu equipo estará empoderado. Tu empresa comenzará a encontrar y solucionar sus propios problemas. Entonces ¿dónde te deja eso?

Mientras escribía esta edición corregida y aumentada de *El sistema Clockwork*, me tomé un descanso para asistir a una reunión trimestral sobre mi actividad de escritura y oratoria, planeada por nuestra presidenta, Kelsey Ayres. Si lees la primera edición de este libro, quizá recuerdes que ella era mi asistente en aquel momento. Kelsey comenzó como empleada de medio tiempo, ganando 10 dólares por hora… Ahora supervisa la ejecución de nuestra visión como presidenta de la empresa.

En la reunión trimestral, conceptualizamos nuevos productos que sirvieran aún más y pudieran expandir nuestra comunidad establecida, incluidos productos y un libro para niños inspirado en *La ganancia es primero*. (Eso se convirtió en *My Money Bunnies: Fun Money Management for Kids*). Hicimos una lluvia de ideas sobre nuevas estrategias de una manera que yo no había experimentado antes. La reunión concluyó con el anuncio de que habíamos tenido el trimestre más rentable de nuestra historia. Esto fue notable porque mis presentaciones como orador, una importante fuente de ingresos, prácticamente se habían agotado debido a la pandemia de covid-19. Todo esto fue posible gracias a que hicimos funcionar la empresa y seguimos mejorando nuestros sistemas. La reunión terminó con vino de celebración y aperitivos (sólo buenas cosas, ¿eh? Porque así es como se reconocen los logros).

Integrar la claridad obtenida en la fase de Alinear (sobre tus clientes más importantes, tu Big BANG, la gran promesa y el PAR de tu empresa) te permitirá lograr la eficiencia organizacional. El siguiente paso será llevar tus sistemas al siguiente nivel.

En la fase Acelerar, equilibrarás tu equipo según sus fortalezas, eliminarás cuellos de botella e incorporarás vacaciones de tu empresa y para tu empresa. Serás relevante para tu negocio de una forma nueva y más importante. Ya no serás el corazón de tu negocio. Serás el alma.

Capítulo 9
Equilibra el equipo

Consigue a las personas adecuadas, en las funciones adecuadas, haciendo las cosas correctas, en las cantidades correctas

Desde el momento en que haces tu primera contratación, de medio tiempo o de tiempo completo, o de que contrates a tu primer asistente virtual, tu empresa tiene múltiples engranes y necesitas que trabajen en armonía. Si construyes una empresa equilibrada desde el inicio, tendrás cimientos más sólidos y te resultará más fácil construir desde ese punto. Domina las habilidades que te permitirán equilibrar a tu equipo, comenzando con tu primer empleado. Se trata de una habilidad de diseño y dominarla desde el inicio te llevará lejos.

Como dice Verne Harnish en *Dominando los hábitos de Rockefeller*: necesitamos conseguir a la gente adecuada, haciendo las cosas de la manera adecuada. Esto es cierto, muy cierto. Pero hay un elemento adicional. La gente adecuada necesita estar haciendo las cosas adecuadas en la cantidad adecuada. Mi versión modificada de esa máxima es así: *Haz que la gente adecuada haga las cosas adecuadas en las proporciones adecuadas, justamente.*

Así es como se puede dividir la frase anterior:

1. "Haz que la gente adecuada…". Esto significa que conoces las fortalezas de tu equipo y que conoces sus zonas de genio. Es importante que sepas qué es lo que más hacen, actualmente, pero también qué es lo que mejor saben hacer y lo

que más les gusta. Cuando una persona es excelente en algo y ama hacerlo, lo hará excelente. Por desgracia, la mayoría de los dueños de negocios y líderes no sabe cuáles son las fortalezas de su gente. Determina las fortalezas de tu gente (y evalúa las fortalezas de las personas antes de contratarlas) y usa este conocimiento para ponerlas en una posición en la que lo hagan de manera excelente.

2. "… haga las cosas adecuadas…". Identifica lo que necesita tu negocio y lo que no. *Elimina* lo que no necesita de modo que nadie se distraiga con esas tareas. *Transfiere* el trabajo a las personas adecuadas. *Recorta* el trabajo para que sea más eficiente. *Atesora* el trabajo que necesitas mantener. Cuando lo haces, estás alineando las personas adecuadas con las cosas adecuadas.

3. "… en las proporciones adecuadas…". Tanto las personas como tu negocio necesitan equilibrio. Todas las acciones del mundo se quedarán cortas si no hay una guía clara. Y toda la guía del mundo es inútil si nadie está dando acción conforme a la estrategia. Aunque sea excelente en algo, tu equipo necesita equilibrio y necesita su propia cantidad de variedad.

4. "… justamente". Esto es cuestión de educación. Proporciona a tu equipo el sistema capturado que sea necesario. Ten una meta bien definida para que pueda proceder. Explícale claramente en qué consiste el PAR, su Trabajo primario y lo necesario que es que lo atienda y lo proteja.

Las personas adecuadas

Tras dar mi primera conferencia magistral sobre el sistema Clockwork a 400 personas en un congreso en San José, California, me quedé en la habitación durante otros 45 minutos respondiendo preguntas, escuchando las historias de otros empresarios y sus planes para optimizar sus negocios. A medida que la audiencia abandonaba el lugar, me di cuenta de que había un caballero esperándome pacientemente. Si eres conferencista, sabes que esa persona por lo general es rara y debes evitar hacer contacto visual a toda costa. Pero a este tipo lo reconocí. Era Darren Virassamy, cofundador de 34 Strong.

Darren es *el* experto en equilibrar equipos y en sacar un compromiso extraordinario de todos los empleados. Su empresa ha adoptado el "sistema StrenghtsFinder", que mide los talentos de un individuo (entre otras cosas), y ha desarrollado un poderoso proceso para que las personas adecuadas estén en los lugares adecuados de un negocio.

Darren y yo comenzamos a hablar y decidimos seguir nuestra conversación durante la cena, donde me instruyó en el tema del equilibrio. Me di cuenta de que, aunque la estrategia del PAR funcionaba y resonaba en el público, una empresa tenía que equilibrar a su equipo para poder lograr la eficiencia organizacional.

"El error que cometen las organizaciones, tanto grandes como pequeñas, es que ven a la gente básicamente igual. Si eres capaz de hablar bien en una entrevista, estás contratado. Si eres capaz de lamer botas una vez que te hayan contratado, te dan un aumento. El trabajo, por supuesto, es importante, pero la medida es simplemente si puedes hacer un trabajo adecuado en el tiempo con el que cuentas —dijo Darren—. Lo que falta es darse cuenta de que cada persona tiene un talento extraordinario. La persona que entra con la cara roja a una entrevista y apenas es capaz de escupir dos palabras puede ser la mejor mente analítica del mundo. Esa persona que habla sobre la importancia de servir a los demás quizá no sea el mejor vendedor ni quien esté más motivado con los números, pero puede ser una persona muy poderosa en el área de servicio al cliente y sentirse muy motivada por el impacto".

Prosiguió: "Necesitas saber en qué es fuerte cada persona de manera inherente y, luego, en tu negocio, empatarlos con el papel para el que aplicarán esa fortaleza lo más posible". En otras palabras, si mides a un pez por lo bien que trepa un árbol y a un mono por el tiempo que puede contener la respiración abajo del agua, tendrás un gran fracaso. Pero si mides al pez por su capacidad para respirar abajo del agua y al mono por su capacidad para trepar un árbol, te darás cuenta de que son excelentes.

En cuanto a tu equipo, empata la fortaleza de cada persona con el papel que desempeña. ¿Cómo puedes encontrar su superfortaleza? Les preguntas. Bueno, es un poquito más complicado que eso. Por ejemplo, si estás entrevistando a alguien para que escriba contenidos en tu página de internet, le preguntas cuál es su fortaleza. Si esa persona tiene el más mínimo deseo de conseguir el trabajo, es probable que te diga: "Soy buenísimo escribiendo contenidos".

Así que la pregunta no es para qué son buenos; la pregunta es qué aman hacer de manera natural. Por ejemplo: "¿Cuáles son las tres cosas favoritas que has hecho en tu trabajo?". "Si pudieras tener cualquier trabajo del mundo, haciendo lo que te gusta, ¿qué harías?". "Dentro de 10 años, ¿cuál es el trabajo perfecto que te ves haciendo?". "Si tuvieras todo el dinero del mundo y simplemente quisieras trabajar por el gusto de trabajar, ¿qué harías?". Busca cuáles son sus intereses. Indaga cuáles son sus *hobbies*. Busca qué les da alegría. Porque si les da alegría, por lo general es su fortaleza.

Ése es el camino corto. Para mi propio negocio uso un enfoque mucho más detallado. Hice la evaluación de equipo de 34 Strong y seguí sus instrucciones para mover a las personas adecuadas a los papeles adecuados (de lo cual hablaremos en un minuto). Cuando pensamos hacer nuevas contrataciones, entrevistamos a los candidatos con las preguntas anteriores y hacemos que Darren los pruebe por nosotros.

Cuando nos despedimos, Darren se hizo hacia delante para estrecharme la mano. Yo, que nunca he sido bueno para entender el lenguaje corporal, ni cuenta me di, así que le di el abrazo más incómodo de todos los abrazos incómodos del mundo. Su brazo extendido quedó atrapado entre nuestro abdomen mientras yo lo abrazaba por un tiempo horriblemente largo. Los dos carraspeamos, pero no hay nada que arregle uno de esos abrazos horriblemente largos, entre hombres, con los brazos aprisionados. Y, por desgracia, el bicho raro que andaba por ahí después de mi discurso no era Darren; era yo.

Un último detector de fuerza, y quizá el más eficaz de todos, es la observación. Observa a tus colegas en el trabajo. ¿En qué se destacan naturalmente? ¿Qué quieren hacer más? ¿Sobre qué quieren aprender más? Todos estos son probablemente indicadores de sus puntos fuertes.

Ahora que estás trabajando para conseguir una Mezcla de 4Ds óptima, que has identificado tu PAR y que estás movilizando a tu equipo para proteger y servir al PAR, notarás que quizá tu equipo necesite cambiar para adaptarse a esos cambios. Aquí es cuando en ocasiones puedes sentir que tu equipo no te deja avanzar. Tal vez a la gente le preocupe su estabilidad laboral o quizá le cueste trabajo dejar de lado el papel que tenía antes porque hacer "menos" lo hace parecer menos jugador del equipo, aunque ocurre exactamente lo contrario. O a lo mejor te encuentres atrapado en tu propio abrazo demasiado largo. A medida que pases por este proceso, mantén en mente que las transiciones pueden ser difíciles para algunas personas. En este capítulo te compartiré cómo equilibrar a tu equipo y también atenderé algunos problemas potenciales que pueden surgir en el proceso.

¿Cuándo debo hacer una contratación?

Esta pregunta me la hacen casi diario. Antes de que pueda responder, la persona que hace la pregunta ya tiene su propia respuesta. Dicen: "En este momento no me puedo dar el lujo de contratar a alguien" y "Nadie va a tener las habilidades que necesito, a menos que cobren un dineral" o "Nadie sirve para nada". La conclusión del empresario casi siempre es la misma: "Creo que necesito aguantar un poco más de tiempo yo solo". Decide que necesita retrasar la nueva contratación y, al hacerlo, se queda atrapado más y más tiempo en la "trampa de la sobrevivencia". Una buena regla es: si sientes que te sería útil contar con ayuda, pero necesitas aguantar un poco más, toma eso como una súplica de tu subconsciente que está implorando ayuda y haz la contratación.

Primero, vamos a atender tu forma de pensar con respecto a hacer el trabajo tú mismo. Déjame hacerte una pregunta. ¿Preferirías ganar 50 dólares por hora o cinco dólares por hora? Obviamente quieres los 50 dólares. ¿Qué tal si te preguntara si preferirías ganar 50 dólares por hora haciendo tú todo el trabajo o cinco dólares por hora sin trabajar en lo absoluto? Aquí es donde se revela la "trampa de la sobrevivencia". Cincuenta dólares por hora es un mejor ingreso por hora que cinco dólares por hora, pero la cantidad que ganas está determinada exclusivamente por tu esfuerzo y tu capacidad de mantener esos esfuerzos. Los cinco dólares por hora (sin impuestos) entran sin importar si estás trabajando o no.

Cuando descubres que puedes multiplicar cinco dólares por hora al infinito, quizá cambies tu manera de pensar. Digamos que con una buena contratación puedes ganar cinco dólares por hora sin trabajar y con dos contrataciones puedes ganar 10 dólares. Con 10 contrataciones puedes ganar 50 dólares por hora sin mover un dedo. Estás enfermo, ganas dinero. Vas a la obra de teatro de la escuela de tu hija, ganas dinero. Te vas de vacaciones, ganas más dinero. Ésta es la meta de una empresa que funciona con el sistema Clockwork; la empresa funciona sola sin que dependa de ti en lo más mínimo, porque eres el accionista, al tiempo que te da el dinero que genera.

Ahora que ves que *puedes* ganar dinero incluso (o especialmente) si no haces todo el trabajo tú mismo, ¿cuándo debes hacer una contratación? Contratar a alguien no puede suceder demasiado pronto. Pero *sí* puede suceder demasiado rápido. Son dos cosas distintas. Si contratas demasiado rápido, estás contratando a la ligera y sin la consideración adecuada. Ése es un error. Pero no puedes contratar demasiado pronto. Lo que significa que un negocio del tamaño que sea se beneficiará de la contratación adecuada, contratada según los parámetros adecuados, más pronto que tarde.

Por ejemplo, digamos que tienes la rutina de hacer todo el trabajo tú y eso es relativamente consistente, pero no estás ganando suficiente dinero para ti y estás agotado. Es momento de hacer una contratación. No dejes que te distraiga el sentimiento inmediato de "no tengo dinero". Piensa a largo plazo: "Necesito una forma de ganar más dinero, sin trabajar más". Es momento de contratar a alguien, según los parámetros adecuados. Esto significa que quizá no estás listo para contratar a alguien de tiempo completo y con prestaciones. Tal vez quieres a alguien que trabaje cinco horas a la semana y a quien sólo le puedes pagar 10 dólares por hora, siendo realistas.

Ahora, es posible que estés pensando quién va a querer trabajar por 50 dólares a la semana. Hay alguien allá afuera que estará encantado de encontrar un trabajo así. El error que cometen los empresarios es pensar que todas las personas están buscando trabajos de tiempo completo y que todas las personas esperan ganar una fortuna. Por ejemplo, Erin Moger ha trabajado de tiempo parcial para Profit First Professionals desde el día uno. No quiere trabajar más; quiere estar a cargo de su familia. Mi socio de negocios, Ron Saharyan, y yo nos sentimos honrados de conocerla y de trabajar con ella. Erin es un estupendo miembro del equipo. Así que creamos un puesto que para ella representa una enorme ganancia dado que respeta su tiempo y sirve a nuestra empresa, atendiendo a nuestros miembros en formas asombrosas. Eso para nosotros es una enorme ganancia.

La primera contratación que hice, Jackie Ledowski, trabajaba tres horas diarias, tres días a la semana. Era perfecto para lo que ella quería en su vida y era perfecta para lo que yo necesitaba. Ahora yo era capaz de transferirle un poco de Dar acción administrativa (al principio por nueve horas a la semana), lo cual me permitió Diseñar más.

Una contratación no se limita a empleados de tiempo completo o medio tiempo. He contratado miembros de equipos virtuales, pasantes, proveedores y contratistas.

Incluso puedes contratar fuera de las formas tradicionales de empleo, como voluntariado o familia o voluntariado familiar. "Contraté" a mi mamá y a mi papá para que me ayudaran a limpiar la oficina cuando tuve mi primera empresa. La paga para ellos era mala (cero) y los beneficios eran peores (iba a su casa y me comía todas las sobras). Pero fueron excelentes "contrataciones" para reducir el trabajo y, sí, son excelentes padres. Piensa más allá del empleo tradicional y considera a cualquier persona o cosa que pueda quitarte incluso una fracción del trabajo.

La meta para las primeras contrataciones (y para todas las subsecuentes en realidad) es liberarte para enfocarte más en Diseñar y menos en Dar acción, y eso puede suceder muy pronto. Recuerda, necesitas ganar dinero sin hacer el trabajo. Cada centavo que ganas a través del esfuerzo de tu empresa, no del tuyo, te acerca cada vez más a convertirte en una empresa Clockwork.

¿A quién debería contratar?

La gran ironía es que no deberías contratar a la gente con base en las habilidades que se enuncian en su currículum. Lo único que puedes darle a la gente son habilidades y lo que quieres es darle a la gente las habilidades necesarias para hacer el trabajo como tú lo haces. Los trabajos que requieren habilidades pueden ser una trampa. Cuando contratas a alguien que ya tiene habilidades, significa que está llegando con el bagaje de su trabajo anterior. Aplicará las habilidades que necesitas, a su manera, lo cual rara vez coincide con la forma en que tú quieres que se haga el trabajo. Esto significa que, en el mejor de los casos, habrá confusión e inconsistencia y, en el peor, la necesidad de volver a hacer el trabajo.

Quieres contratar gente con una excelente actitud para hacer las cosas, mucha energía, mucha inteligencia, gente que tenga un buen acervo cultural y tenga el deseo de hacer el trabajo que necesitas que se haga. Todos estos elementos son intangibles, no se pueden enseñar.

O los tienen o no los tienen. Así que busca gente que tenga los intangibles que necesitas y luego dale lo único que realmente puedes darle: habilidades.

Una vez que te das cuenta de que no necesitas "un especialista sénior con 10 años de experiencia en redes sociales y distribución de productos", en teoría podrías contratar a un adolescente con la actitud adecuada, energía, inteligencia y capacidad para hacer ese trabajo. Bueno, no es en teoría; eso es exactamente lo que nosotros hicimos. Mi oficina tiene a una adolescente que se ocupa de las redes sociales y coordina la distribución de los productos. Como es menor de edad, voy a cambiarle el nombre por Alice. Puede ser que sea menor de edad, pero es una empleada en toda la extensión de la palabra. Alice gana un poco más que el sueldo mínimo, no porque estemos abusando de ella sino porque su experiencia y la descripción del trabajo así lo indican. Además, no puede trabajar sino hasta que sale de la escuela, quiere tener tiempo libre para hacer deporte e ir a los ensayos de su banda y necesita poder caminar al trabajo o que su abuelo le dé un aventón, cosas que nos encanta facilitarle.

Recuerda, la gente no elige un trabajo sólo en función del sueldo y las vacaciones. Y si eso es lo único que toman en cuenta las personas para tomar una decisión, no las quieres en tu equipo de cualquier manera. Sí, las personas quieren un buen sueldo para tener cierto estilo de vida y desean vacaciones para hacer otras cosas, pero los buenos empleados también están buscando algo más profundo: diversión, aprendizaje, impacto, cultura y más.

Cuando busques nuevos miembros para tu equipo, busca diversidad. El mayor error que cometemos es contratar gente que nos cae bien. Si nos caen bien, por lo general es porque les caemos bien. Necesitamos personas con diferentes habilidades y diferentes puntos de vista. Contrata la diversidad. No contrates gente que te cae bien; contrata gente que respetas.

Por último, concéntrate en buscar ciertos rasgos. Busca empleados con los rasgos y las fortalezas que necesitas. En tu búsqueda de ciertos rasgos, querrás determinar si esa persona necesita estar superorientada al cuidado de los detalles, ser una gran oradora o alguien muy analítico. Toma en cuenta cuáles son los distintos trabajos que necesitas hacer en tu oficina y cuáles son los rasgos específicos que esos empleos requieren y contrata con base en eso.

¿Alguna vez te has dado cuenta de que cuando pones un anuncio para un puesto vacante, llegan decenas o cientos de aspirantes que en realidad no están interesados en el trabajo? Simple y sencillamente están aplicando a *cualquier* trabajo. Esas personas atiborran tu bandeja de entrada con currículums y, si tratas de entrevistarlos, responden con algo como: "¿Me repites para qué puesto es la entrevista?" o "¿cuál es el sueldo y cuántos días de vacaciones me corresponden?" y "¿me repites otra vez qué es lo que tendría que hacer?". No estoy diciendo que sean malas personas, pero, sin lugar a dudas, no son adecuadas para tu empresa. Y son un gran desperdicio de tu valioso tiempo.

Para encontrar mejores candidatos crea un anuncio que defina tu cultura empresarial y descalifique al mismo tiempo a esas personas que sólo mandan su currículum porque sí. ¿Cómo haces ese milagro? Crea un anuncio largo y describe tu cultura empresarial con detalle, prepara a los empleados potenciales para los requerimientos divertidos y no tan divertidos del puesto e incluye un pequeño requerimiento en el anuncio mismo. Por ejemplo, cerca del final del anuncio, pídele al aplicante que responda el correo electrónico usando en el asunto la frase: "Estoy hecho para este trabajo". Descubrirás que la mayoría de los aplicantes no lo harán, lo cual significa que en realidad no leyeron el anuncio y no están interesados de verdad en el trabajo, o están enviando currículums a donde sea o no son capaces de seguir instrucciones (una habilidad fundamental). En Clockwork.life comparto uno de los mejores anuncios que he publicado para solicitar empleados. Puedes copiarlo, modificarlo y publicarlo para atraer a tus propias estrellas de tiempo completo o parcial.

Tu mayor miedo: confianza

Necesito ser supersincero contigo con respecto a algo. Hazme un favor: sólo mira a tu alrededor por un momento y asegúrate de que nadie más esté escuchando. ¿Todo en orden? Perfecto.

Creo que tienes un problema de miedo. De hecho, *sé* que tienes un problema de miedo. Mejor dicho, es probable que tengas un problema de confianza. La razón más común por la que los negocios no logran crecer y funcionar como relojitos no es el sistema. Es cierto, existen muchos sistemas sumamente útiles para crecer, como *Tracción* de Gino Wickman, *El mito del emprendedor* de Michael E. Gerber y *Scale Up* (Consejos para hacer crecer tu negocio) de Verne Harnish. No obstante, la mayoría de las personas que sigue esos sistemas, o el sistema Clockwork o el que tú quieras, sigue sin lograr crecer.

¿Por qué? Porque no pueden confiar en otras personas para que dirijan su negocio. Imagina que contratas a un empleado clave que llega a ayudar con el negocio y luego, unos meses después, se va llevándose a todos tus clientes. Esto puede suceder y de hecho sucede. Imagina que ese nuevo empleado en quien pusiste tu confianza para atender a tus clientes lo arruina en grande y hace que pierdas un cliente clave para siempre. El riesgo de confiar en los demás parece demasiado grande. Podría decirte que "le eches ganas" y que lo superes, pues necesitas confiar en tu gente para poder hacerte a un lado de las operaciones cotidianas, pero eso es como decirte que "le eches ganas" y corras un maratón cuando no has entrenado para eso. El riesgo de que te lesiones es muy grande y, por lo tanto, es probable que te resistas y nunca lo hagas.

Así que, en vez de eso, vamos a hacerlo paulatinamente. Piensa en un matrimonio. Es muy probable que no hayas conocido a una persona cualquiera en la calle y le hayas pedido que se casara contigo. Si lo hiciste así, es probable que hayas recibido otro golpe en la cara, con más que un guante sintético. No te casas así como así. Es muy probable que hayan salido una o dos veces, o 200. Tal vez pasaron tiempo conociéndose. Tal vez vivieron juntos antes de atar el nudo. Existe un cortejo… por lo general.

Pero en lo que respecta a contrataciones clave, o incluso a socios de negocios, a menudo las decisiones se toman demasiado rápido. Conoces a un socio de negocios potencial durante 24 horas y sientes que es adecuado hacer el acuerdo de dirigir juntos un negocio de por vida. Literalmente pasarás más tiempo con esa persona que con tu cónyuge y a pesar de eso pasas muy poco tiempo conociéndolo.

Así que muévete lentamente con respecto a las contrataciones. Construye la confianza poco a poco, pero empieza de inmediato. El objetivo es que tu nuevo compañero de equipo se vuelva completamente autónomo y, para lograrlo, comienza con transferencias de bajo riesgo. Bríndales trabajo nuevo a un ritmo que puedan gestionar y mide su producción. A medida que puedan asumir más, transfiéreles responsabilidades cada vez mayores. Cuando veas indicios de que pueden estar abrumados, ralentiza o detén la transferencia de nuevas tareas. Dar un poco, medir un poco, dar un poco más, medir un poco más. Pero pase lo que pase, intenta que hagan algo por su cuenta durante la primera semana de empleo. Eso generará confianza para ambos.

Además, asegurarte de que tu equipo esté alineado con tu gran promesa y comprenda el PAR te ayudará a generar la confianza que necesitas para dejar de lado las responsabilidades y comenzar a mover a las personas a las posiciones correctas.

Ejercicio: Análisis de rasgos laborales

Es importante que entiendas que un puesto en una empresa, como el de recepcionista, vendedor o cualquier otra cosa, tiene una lista de tareas que requiere ese puesto. Esta lista crea un agujero redondo; sin embargo, la mayoría de los que aplican son piezas cuadradas. Encontrar a alguien que tenga los rasgos que le permitan destacar en todas las tareas que requiere el puesto es poco probable. Es mejor si evalúas los rasgos fuertes de la gente que ya tienes y la que quiere entrar y los empatas con las distintas tareas que hay que llevar a cabo, sin importar el título del puesto. Por ejemplo, alguien excelente para hablar por teléfono podría ser muy bueno en algunos aspectos del trabajo de recepción, ventas y servicio al cliente. Al mismo tiempo, su presentación descuidada hace que no sea adecuado para otros aspectos del trabajo de recepción, ventas y servicio al cliente. Tu meta: empatar los mejores rasgos de las personas con las tareas en las que se requieren esos rasgos.

ANÁLISIS DE RASGOS LABORALES

TAREA	RASGO DESTACADO	IMPORTANCIA PAR/ALTA/ MEDIA/BAJA	ACTUAL PERSONA QUE REALIZA EL TRABAJO	MEJOR PERSONA PARA REALIZAR EL TRABAJO

FIGURA 10.

Una versión descargable e imprimible está disponible en Clockwork.life.

En el siguiente ejercicio llevarás a cabo un "Análisis de rasgos laborales".

1. En la columna "Tarea", escribe todas las tareas que requiere un puesto en tu empresa. Hazlo para todos los puestos que tienes en la empresa, incluyendo el tuyo.

2. En la columna "Rasgo destacado", escribe el comportamiento primario que permitiría a una persona destacar en su empleo/tarea. Por ejemplo, si un empleo/tarea es "atender llamadas de los clientes", el rasgo destacado podría ser "voz profesional y segura" o "comunicación clara y empática". No entres en minucias como "habilidad para marcar en un teclado" ni "poder transferir llamadas". Sí, eso es necesario, pero lo que estamos buscando aquí no son las habilidades que se requieren (puedes entrenar esas habilidades). Estamos buscando habilidades y entusiasmo inherentes que son difíciles o imposibles de enseñar. Sólo escribe uno. ¿Cuál es el rasgo fundamental que hace avanzar la tarea de la manera más exitosa?

3. "Importancia": esta columna es para el impacto que tendrá en la empresa. Marca cada tarea con base en uno de los siguientes cinco niveles: PAR, Trabajo primario, alta, media, baja. PAR es el nivel más importante. Trabajo primario es la responsabilidad personal más importante. Alta es la tarea primaria que debe llevarse a cabo siempre y cuando se haga el Trabajo primario. Media y baja son funciones necesarias, pero no esenciales.

4. "Actual persona que realiza el trabajo": enlista a las personas que actualmente realizan el trabajo.

5. Luego llena la casilla de "Mejor persona para realizar el trabajo", al enlistar a la persona (o personas) que, con base en el ejercicio de empatar rasgos, haría mejor ese trabajo. Empieza este proceso de empatar, primero, para el PAR, luego para el Trabajo primario, después para las tareas alta, media y baja. Recuerda, las personas no son sus títulos, son sus características. Por ejemplo, no buscas un recepcionista, buscas "un gran comunicador", así que identifica quién es esa persona

y empátala con las tareas y trabajos que requieran un gran comunicador.

6. Después mueve a la gente a las tareas más importantes, empezando con la más trascendente: el PAR. Empata a la persona que tiene un rasgo determinado con el trabajo que lo requiere. Mueve y observa. No será práctico mover a todo el mundo a una tarea o trabajo optimizado. Por eso siempre prioriza de arriba para abajo. Empieza con el PAR y termina con la tarea más baja.

Como tal, nos vamos a deshacer de la estructura de pirámide de los directorios, que ponen énfasis en la antigüedad y el poder/el puesto. La gente necesita "subir la escalera" y a menudo ocupa puestos que no usan muchos de sus rasgos o habilidades. Una empresa que implementa el sistema Clockwork no tiene una estructura piramidal; más bien usa una red de conexiones que empatan una fortaleza donde se requiere, lo cual produce una red estructurada, como un cerebro.

Alinea su alegría con su trabajo

Cuando entrevisté a Cordé Reed para unirse a nuestro equipo, le pregunté: "¿Qué trabajo te encantaría hacer?".

"Oh, Dios mío", dijo. "Nunca antes me habían hecho esta pregunta. ¿Hablas en serio? ¿De verdad quieres saber qué quiero hacer?".

Sí. Cuando las personas hacen lo que aman, sobresalen. Piensa en los pasatiempos o actividades que más disfrutas. Puedes sumergirte en hacerlos, ¿verdad? Te encanta arreglar motos y puedes pasar un fin de semana entero en tu garaje, feliz como una lombriz. O te encanta hacer colchas y te pueden encontrar cosiendo hasta la medianoche. Cuando nos encanta hacer algo, invertiremos mucho tiempo y energía en ello. Nos da energía en lugar de quitárnosla.

Ahora imagina que tienes un equipo completo de empleados que obtienen energía trabajando en tu empresa. En lugar de terminar la jornada laboral agotados y cansados, se sienten empoderados. ¿No sería mágico? ¿No quieres que tus empleados estén entusiasmados de ir a trabajar porque pueden hacer lo que les encanta hacer? Puedes conseguir esto si alineas su alegría con su trabajo. Empata las tareas con las personas y sus talentos. Empata su trabajo con sus necesidades. Ésta es una empresa donde a la gente le encanta trabajar y ayudar a crecer.

Ejercicio: Balancear al equipo

Para que un negocio se mantenga a flote y crezca activamente debe estar haciendo cosas que sus clientes valoran. El trabajo de diseño consiste en crear la mejor forma de hacer cosas que tus clientes valoran y lograr que tu empresa las haga en automático.

Kyle Keegan es dueño de Team K Services, un servicio de limpieza especializado en desastres (incendios e inundaciones), y le encanta ayudar a la gente. Le fascina hacer el trabajo. Se ensucia las manos, literalmente, todas las semanas al menos por unas cuantas horas. Y aprende en el campo cómo hacer que su empresa funcione mejor. La gran promesa que les hace a sus clientes es una respuesta inmediata a su pregunta número uno: "Ahora ¿qué hago?". Para un cliente, a menudo ésta es la primera vez que experimenta un desastre. Y en muchos casos, el equipo de Kyle está en comunicación con el cliente apenas unas horas después del desastre. Su promesa es brindarles la información correcta, en ese mismo momento, para que puedan seguir adelante. El PAR que identificó para su empresa es hacer cálculos extremadamente rápidos y precisos.

Sin embargo, Kyle se dio cuenta de que su Dar acción estaba obstaculizando el crecimiento de la empresa. De modo que analizó a su equipo para determinar cuáles eran los rasgos más fuertes de cada persona y ver si alguien tenía los rasgos de comunicación y confianza para atender el PAR. Una vez que determinó esto, pudo dedicarse más tiempo al diseño y llevar a su empresa al siguiente nivel. Encontró a dos personas ideales para ese papel. Al identificar a los nuevos miembros del equipo con los rasgos correctos de comunicación, balanceó el uso del tiempo de todos (incluyéndose). El PAR fue protegido y atendido por estas dos personas nuevas, dejando a Kyle libre para enfocarse más en Diseñar. Para mantener el negocio equilibrado, hizo el "Análisis de tiempo". Y tú también puedes hacerlo.

A continuación, te explico cómo llevar a cabo tu propio balance del equipo:

1. Como compartí antes, los porcentajes óptimos de trabajo equilibrado para las empresas son: 80/2/8/10. El 8% es Dar acción: llevar a cabo las tareas que de manera directa atienden a los clientes o les dan valor; 2% es Decidir en lugar de otras personas: hacer las aprobaciones necesarias, ayudar a los empleados a tomar decisiones en circunstancias inusuales; 8% es Delegar la administración de recursos. Para precisar, Delegar NO es tomar decisiones por los demás, sino asignarles responsabilidades y proporcionar el liderazgo necesario para obtener el resultado deseado. El 10% es la estrategia de Diseño. Esto implica hacer que los otros tres niveles: Dar acción, Decidir y Delegar, sean cada vez más efectivos.

2. Una empresa de un solo empleado (el dueño) es la empresa completa. Así que la división de tareas debería tener como meta 80/2/8/10.

3. Cuando tienes varios empleados, quieres equilibrar al equipo para que se logre un promedio de 80/2/8/10. Por ejemplo, tu tiempo individual puede ser 60% Dar acción, 4% Decidir, 16% Delegar y 20% Diseñar. Asumiendo que tienes otro empleado que trabaja el mismo tiempo que tú, deberá tener 100% en Dar acción para que el promedio de Dar acción de tu empresa sea 80%, dado que su 100% y tu 60% en promedio da 80%. De manera similar, Decidir ahora sería 2% para la empresa (el promedio de los dos), 8% para Delegar y 10%

para Diseñar.

4. Usa la tabla de "Análisis de tiempo 4Ds" que hiciste para ti y tu equipo para encontrar cuál es el equilibrio de tu empresa. Incluye a todas las personas. Sopesa el tiempo que trabajan para la empresa en relación con la empresa completa. Por ejemplo, si trabajas 80 horas a la semana (necesitamos arreglar eso, por cierto, porque el hecho de que trabajes tanto no es el espíritu del sistema Clockwork) y otro empleado trabaja ocho horas a la semana, tu trabajo pesa 10 veces más que el de ese empleado.

5. Ahora observa qué está haciendo tu gente y compáralo con qué quiere hacer. Juega con modelos en los que muevas a las personas para aprovechar sus fortalezas mientras mantienes a la empresa en esa zona 80/2/8/10. Cuando estés listo para probar tu nuevo modelo, realiza pruebas y ejecuciones de prueba. Deja que las personas prueben el nuevo trabajo para asegurarte de que les convenga. Cambia de forma deliberada, pero lenta, y comunícate en todo momento. Dile a tu equipo cómo estás tratando de balancear el trabajo que realizan todos, para que estén más contentos con el trabajo y aumente la eficiencia. Prepáralos para golpes y magulladuras en la transición. Y pide su opinión activa para mejorar aún más el nuevo equilibrio.

Encuentra nuevas formas de desafiar a tus empleados

Cuando las personas dominan algo, con el tiempo se aburren. ¿Por qué crees que el señor Miyagi de *Karate Kid* se dedicó al arte del bonsái? Porque ya dominaba el karate, hombre. Necesitaba algo más que hacer. A veces, las personas que están de manera perpetua en modo *master* aparecen muy poco y pueden comenzar a cometer errores. Como no están experimentando nuevos aprendizajes ni resolución de problemas, se desconectan o al menos no se involucran por completo. Como el chico superinteligente de la clase que se portaba mal porque estaba aburrido. Vuelve a balancear a tu equipo para mantener los desafíos vigentes y aprovechar sus habilidades y deseos.

La última vez que tomé un vuelo, vi que esto sucedía minuto a minuto. En el pasado, la persona de la TSA que miraba la pantalla del escáner de equipaje observaba una maleta tras otra durante horas y horas. Su trabajo consistía en escudriñar cada detalle, pero la repetición de tareas la adormecía y fácilmente podía pasar por alto algo realmente importante. Bien por la TSA: ahora rotan el equipo cada 20 minutos aproximadamente. Los empleados pasan del control de equipaje a dirigir a las personas a través de escáneres y a los codiciados (o no codiciados) cacheos. Se mantienen frescos porque no se quedan estancados.

En nuestro programa Run Like Clockwork, compartimos el concepto "curva S del aprendizaje" creado por Whitney Johnson, autora de *Build an A-Team: Play to Their Strengths and Lead Them Up the Learning Curve*. Un video de YouTube sobre el libro explica que la curva S del aprendizaje es como una montaña rusa.[8] Cuando un empleado está en lo más bajo, es un novato total con muy poco conocimiento y experiencia. La subida de la montaña rusa (clic, clic, clic, clic) es el proceso de dominar el trabajo. Cuando llega a la cima es fantástico porque es gratificante. La vista es bastante buena desde allá arriba. Pero quedarse estancado en ese nivel puede volverse bastante aburrido con rapidez. Y luego está lo de ¿qué hago si tengo que ir al baño? ¿Alguna vez saldré de este remolino de vómito que no va a ninguna parte? Para volver a sentirse entusiasmado, tendrá que caer en picada hasta el fondo y comenzar una nueva curva de aprendizaje.

En el video de Johnson, ella revela que la combinación ideal para un equipo balanceado es que la mayoría aprenda todo, unos pocos comiencen y otros pocos lo dominen. La mayoría de los que están aprendiendo son tus productores, los maestros pueden ayudar a los

alumnos y los novatos son los que pueden desafiar las ideas arraiga-
das y preguntar: "¿Por qué lo hacemos de esta manera?".

Equilibrar tu equipo es un proceso vivo. Revísalo cada trimestre.
El objetivo es conseguir que tus empleados tengan cada vez más de lo
que les encanta hacer. Puede que no siempre sea posible, pero con
el tiempo, el objetivo es crear el "trabajo soñado" para cada miembro de tu equipo. A medida que este proceso evoluciona, tu equipo
crecerá y cambiará. En la revisión trimestral, asegúrate de considerar
cuántos de sus empleados están en modo de aprendizaje y cuántos
en modo *master*.

* * *

El cambio es difícil. Estoy seguro de que no necesitas que te lo diga,
pero lo saco a colación porque, después de implementar los primeros cinco pasos del sistema Clockwork, seguramente lo estás sin-
tiendo. Aun cuando el negocio está floreciendo, y aun cuando tienes
más tiempo para enfocarte en Diseñar tu negocio, el cambio puede
ser estresante… en especial cuando estás cambiando el equilibrio
de tu equipo. Tu equipo también sentirá ese cambio y es probable
que se sienta inseguro con respecto a su nuevo puesto o que le preocupe que vayas a eliminarlo del todo.

Recuerda, balancear al equipo no es sólo una herramienta de
retención para el talento existente, también te ayuda a reclutar talento. El compromiso de tu empresa de ayudar a tu equipo a amar
su trabajo es enormemente atractivo para los posibles empleados.

Tranquiliza a las personas que sigan siendo parte de tu equipo.
Escucha sus preocupaciones. Afirma su lugar en el equipo. Recuerda
tomarte el tiempo necesario para respirar durante el proceso. Sí, el
cambio es difícil. Pero también te va a dar lo que deseas: un negocio
que funcione solo.

Para empleados: La historia de Cora

Cora ama Job Turf y ama su trabajo, sin importar lo que esté haciendo. Se ha destacado en el uso de equipos grandes porque le encantó y fue genial en eso. Cada vez que manejaba máquinas grandes, tenían menos accidentes. Esto no fue una sorpresa para Cora. Cuando sirvió en el Ejército, conducía todo tipo de camiones. Y tenía un historial intachable de accidentes en su casi década como conductora de camiones militares.

Entonces Cora se acercó a Gordon y le preguntó si podía hacer más del trabajo que amaba. Él estuvo de acuerdo y cambió su Trabajo primario a manejar equipos grandes. ¡Esto ayudó a balancear al equipo y dar un paso más hacia la mejora de la productividad de la empresa! Además, Cora estaba encantada. Tenía un trabajo que amaba y ahora tenía el Trabajo primario de sus sueños.

¿Cómo puedes ayudar? El equilibrio consiste en poner a las personas adecuadas en los roles adecuados. También se trata de que hagas las cosas correctas de la manera correcta. ¿Qué te gusta hacer? ¿Qué trabajo evitas hacer? Comparte con tu gerente los amores, gustos, mehs y odios del trabajo que realizas. Todo el mundo tiene que hacer cosas en el trabajo que no le gustan, a veces durante mucho tiempo. El objetivo no es hacer que todos estén calientitos y acomodaditos. El objetivo es aprovechar tus fortalezas, brindarte oportunidades de crecer y buscar constantemente formas de hacer más de lo que amas.

El sistema Clockwork en acción

1. Realiza un análisis para garantizar que tu empresa dedica alrededor de 80% a Dar acción. Haz una nota para recordar que cuando los recursos de tu empresa se expanden o se contraen, debe seguir manteniendo un 80% óptimo de Dar acción.
2. Realiza una evaluación de tu equipo para identificar cuáles son sus talentos y sus rasgos más fuertes. Luego realiza una evaluación de

las 10 tareas más importantes que deben realizarse en tu negocio. Ahora empata los mejores rasgos de tu gente con las tareas que más los requieren.

Equilibrar tu equipo es un proceso constante y no es posible lograrlo en media hora; ni siquiera en un día. Los ejercicios de este capítulo te ayudarán a llegar ahí. Planea enfocarte en un objetivo de la compañía cada semana y luego evalúa la información para asegurarte de que las personas adecuadas están en los papeles adecuados, haciendo las cosas adecuadas en las proporciones adecuadas, justamente.

Capítulo 10

Encuentra y arregla cuellos de botella

Domina el método para la mejora continua en cualquier negocio

¿Alguna vez has sentido que arreglas todo, pero nada funciona? Si te esfuerzas mucho pero no obtienes los resultados que deseas, los dos sospechosos habituales son: *1)* estás trabajando en algo equivocado y *2)* estás trabajando en demasiadas cosas a la vez.

Imagínate una tubería de desagüe obstruida. Si hay varios bloqueos, sólo puedes limpiar la tubería reparando un bloque a la vez, en secuencia. No puedes saltarte el tubo uno y empezar con el dos. Incluso si pudieras hacer eso mágicamente, el primer problema persistiría y no sabrías si eliminaste la obstrucción dos. Y no se pueden eliminar dos obstrucciones al mismo tiempo a menos que se retiren segmentos de tubería y luego se reconstruya todo. Reconstruir tu negocio rara vez es mejor opción que arreglar un atasco. Elimina un cuello de botella a la vez.

Al final del día todo negocio es fabricante. Incluido el tuyo. Empezamos con materias primas (o ideas primas en negocios basados en servicios) y las ensamblamos para otorgar un producto final. Los fabricantes llevan a cabo una secuencia de pasos para hacer esos productos. En pocas palabras, hay mucho que aprender de los fabricantes, en particular de la eficiencia de la fabricación. Me puse en contacto con Kevin Fox, el fundador de Viable Vision, una empresa que se especializa en la eficiencia de la fabricación. Al hablar con Kevin compartimos historias poderosas sobre cómo encontrar cuellos de botella en un negocio, es decir, los puntos donde los negocios se ralentizan.

"Con una métrica —me explicó Kevin—. No necesita ser un sistema de computadora muy moderno con un número que enciende y apaga reportado en una pantalla plana en la oficina del gerente. De hecho, recomiendo elementos de medición simples, cosas que puedes ver y evaluar en el momento, sin necesidad de cálculos ni algoritmos de computadora. Algo como la medición de la luz azul".

Las métricas se usan para identificar bloqueos y problemas que impiden que tu negocio funcione de manera eficiente. Como cuando un médico te toma el pulso, si está dentro del rango normal, no hay nada de qué preocuparse. Pero cuando las cosas no son como deberían, usa ese indicador para investigar el problema de forma más profunda. Quieres una instantánea de lo que está pasando. Haz que tus métricas sean fáciles de entender y actuarán como signos vitales para la salud de la empresa.

Medidas sencillas. Me recuerda a la navaja de Ockham, la creencia de que las explicaciones más simples suelen ser las preferibles. Las métricas describen lo que está sucediendo. Hazlas fáciles de entender y brindarán una explicación sencilla para entender lo que está pasando.

Cuando Kevin dijo esto, de inmediato mi mente pensó en las ofertas que Kmart anuncia con luz azul, la cual enciende y apaga, y la gente corre a los anaqueles en busca de las ofertas. Resulta que no estaba muy errado. Kevin me compartió una historia de un fabricante de defensas para coche que contrató a Viable Vision para mejorar la eficiencia de su empresa. Kevin y su equipo fueron con el fabricante en busca de cuellos de botella donde las cosas estuvieran en espera de ser hechas. Obviamente, el inventario se estaba acumulando frente a la estación de soldadura, ahí arrumbado, esperando. Los cuellos de botella de tu negocio se revelarán del mismo modo.

Justo frente al cuello de botella, las cosas se acumulan y esperan. El tiempo se desperdicia.

Con las defensas apilándose, Kevin analizó lo que estaba esperando ser soldado. Ahí estaba el cuello de botella. Se dio cuenta de que la luz azul de los aparatos de soldar rara vez se encendía. Luego simplemente observó. Se dio cuenta de que los soldadores iban a una pila, llevaban las piezas, las ponían en una rejilla, las soldaban en puntos específicos para mantener en posición sus partes y, hasta entonces, encendían la máquina de soldar para unirlo todo. Después limpiaban las partes, las movían hacia la sección donde colocaban lo que ya estaba listo y comenzaban de nuevo el proceso. En total, los soldadores pasaban 10% de su tiempo soldando. Así que las luces azules sólo se encendían —adivinaste otra vez— 10% del tiempo.

El "Trabajo primario" de los soldadores es soldar. Y estaba claro, por la falta de luces azules, que su "Trabajo primario" no se estaba priorizando. De hecho, estaban haciendo su "Trabajo primario" sólo —adivinaste otra vez— 10% del tiempo.

Para arreglar el problema, Kevin simplemente contrató a algunos adolescentes para que sirvieran como ensambladores. Su trabajo era mover las partes con el propósito de que estuvieran listas para los soldadores. Los ensambladores llevarían las partes al soldador y las pondrían en la planilla. Luego trasladarían las partes terminadas a la sección correspondiente. Mientras los ensambladores estuvieran haciendo esto, el soldador pondría los puntos de soldadura y después encendería la máquina de soldar para hacer el trabajo. Luces azules encendidas. Los ensambladores, luego de mover las partes terminadas, regresarían a las partes que estaban esperando ser soldadas, donde ensamblarían las partes en la rejilla (que tenía ruedas) y después harían rodar los componentes de la defensa hacia el soldador. Para ese momento el soldador ya habría terminado de soldar la defensa anterior. Los ensambladores pondrían la nueva rejilla en posición y se llevarían rodando la defensa terminada. El soldador comenzaría a soldar otra vez, con luz azul encendida. Mucho.

Con este arreglo, ahora las defensas comenzaron a pasar por el antiguo cuello de botella a la velocidad de la luz. La pila de partes desapareció en unos días y las partes pocas veces se volvieron a acumular de nuevo. Y el negocio completo fue capaz de fabricar defensas más rápido que nunca. La magia no sólo estuvo en la solución sino en la métrica. Era simple: si Kevin veía luces azules encendidas constantemente, eso significaba que el cuello de botella estaba fluyendo, pero si las luces se detenían por un tiempo, o estaban encendidas con menos frecuencia, eso indicaba que había un problema.

Kevin, y después el dueño de la fábrica, tenía una métrica ridícula, pero increíblemente efectiva: ¿las luces azules están encendidas? Debes procurar que también tu métrica sea lo más simple posible. Quieres medir si tu negocio está fluyendo bien. Eso es todo. Cuando no es así el trabajo de la métrica consiste simplemente en notificarte que hay un problema. Y si hay un problema, tu trabajo, maestro del ajedrez, es investigar en qué consiste y resolverlo. ¿Luces azules encendidas? Todo está bien. ¿No ves tantas luces encendidas? Es una señal de que debes buscar el problema.

Una métrica por lo general es un número. También puede ser una respuesta binaria sí/no o encendido/apagado), un indicador (rojo=malo, amarillo=regular, verde=bueno) o algo más. Pero siempre es algo medible y comparable. Un sistema de medición fija las expectativas, y cuando lo que la métrica está midiendo es más alto o más bajo de lo esperado, indica que se debe realizar una investigación de la situación y que se requiere una solución.

Piensa en el tablero de control de tu propio automóvil. Cuando vas manejando, tienes varios elementos que te permiten evaluar que todo está bien. Si das un vistazo de dos segundos, puedes saber si estás manejando demasiado rápido, si tu motor se está sobrecalentando o si te estás quedando sin gasolina. Todos éstos son indicadores sencillos de un problema y de que se necesitan acciones.

Si vas demasiado rápido (como seguro es tu estilo, demonio del volante) quitas el pie del acelerador. Si tu motor se está sobrecalentando, puedes orillarte y revisar tus niveles de enfriador. (O, si eres como yo y no tienes mucha idea de coches, te vas a orillar y vas a salir corriendo del coche pensando que tu motor se está incendiando... Y luego, al llamar a asistencia en el camino, te dirán que sólo era vapor. Historia real.) Si te estás quedando sin gasolina, puedes cargar en la próxima gasolinera. Sin los instrumentos que están en el tablero te podrían detener por exceso de velocidad, podrías ver cómo tu motor se enciende por estar en llamas (de verdad) o podrías quedarte parado a mitad de la nada.

Lo mismo es cierto en el caso de tu negocio. Un tablero de control con los elementos de medición necesarios te mostrará cómo están funcionando las partes esenciales de tu negocio. Entonces, si algo está fuera de lugar, rápidamente puedes revisar la salud de tu negocio y hacer los ajustes necesarios. Cuando los elementos de medición de tu tablero indican que todo está bien, puedes concentrarte en el futuro de tu negocio y dejar de preocuparte por las operaciones del día a día. Eso es algo hermoso, porque es cuando ganas dinero en piloto automático. Sí, eso es real. No estoy hablando del "ingreso pasivo" que tantos infomerciales de televisión prometen. Estoy hablando de administrar el negocio que amas, invirtiendo apenas una fracción del tiempo que actualmente pasas haciendo el trabajo en el negocio, recibiendo más dinero del que alguna vez creíste posible y amando cada minuto de ello.

Cuando está claro el papel de tu abeja reina, los elementos de medición te harán libre

¿Recuerdas la historia de Lisé Kuecker? Es la mujer que abrió franquicias del gimnasio Anytime Fitness. Lisé tuvo su primer negocio cuando estaba en segundo de primaria. Hacía hojas para colorear para sus compañeros del salón y vendía en un dólar cada libro. Ser empresaria es algo que le resulta natural a Lisé y, no obstante, cuando empezó por primera vez en el ramo del ejercicio, vivió una historia muy común. Había contactado a una empresa de Fortune 100 para desarrollar sus programas de pilates y de yoga y, a pesar de las muchas horas y los resultados exitosos, muy pocas veces se iba a casa con dinero ganado. Entonces Lisé decidió dar un salto de fe y comprar tres gimnasios de una joven franquicia llamada Anytime Fitness. Esta vez no planeaba trabajar 80 horas a la semana. De ninguna manera. Una vez que tuviera cada gimnasio listo y funcionando, planeaba trabajar lo menos posible.

Lisé abrió su primer gimnasio mientras su hijo de seis meses la seguía por todas partes en su andadera. Luego abrió otros dos. Luego, otros dos. Por "loco" que suene, es una maestra en la aplicación de la Ley de Parkinson, de la cual hablamos en el primer capítulo. Mientras su esposo estaba trabajando en el Ejército, ella tomó cada vez más negocios. Y como no tenía tiempo para trabajar, debía hacer que el negocio trabajara por ella. Ya sabes, como relojito.

Como quizá recuerdes, todos sus gimnasios estaban en estados distintos de donde ella vivía en ese momento y, a pesar de esa dificultad (este... oportunidad), Lisé logró que funcionara. Tenía una estrategia meticulosa que cubría todos los aspectos de la gestión de su negocio y un sistema para rastrear los progresos... que explicaré en un segundo.

En unos años, los cinco gimnasios de Lisé generaban ingresos anuales de siete cifras y ella dirigía todos desde su casa, trabajando como máximo cinco horas a la semana. Sí, debo decir de nuevo que yo sigo sorprendido por ese número. Por lo general Lisé pasaba alrededor de un mes en un gimnasio para dejarlo listo, pero una vez que estaba funcionando, sólo pasaba *cinco horas a la semana* administrando los *cinco gimnasios*. Ella y su esposo vendieron los gimnasios y ahora Lisé se dedica a ayudar a empresarios a hacer crecer sus negocios usando métodos que ella desarrolló y perfeccionó mientras dirigía las franquicias.

Cuando Lisé y yo hablamos por teléfono, de inmediato ella me compartió cómo hizo su tablero de control para dirigir su negocio "en automático". Lisé usaba... espera... espera que ya te lo digo...

un tablero de control y un análisis profundo. El primero era una hoja de cálculo semanal que contenía información proporcionada por todos los empleados que trabajaban en ventas en los cinco gimnasios. Ya fuera el gerente general del gimnasio, un gerente de entrenamiento personal o un entrenador que administraba sus propias ventas, todos llenaban la información semanalmente en el mismo reporte.

La hoja de cálculo semanal presentaba varios elementos de medición clave relacionados con las membresías de los gimnasios: nuevas ventas, renovaciones, cancelaciones y cualquier tipo de pausa a la membresía realizada por los miembros del gimnasio. Este documento también registraba las actividades diarias, como cuántas citas se hacían, cuántas llamadas de teléfono se recibían o cuántos prospectos se acercaban en persona. Por último, rastreaba el porcentaje de cierre de ventas de cada gimnasio. Era una forma fácil de leer y de señalar lo que funciona y lo que no (el objetivo de un tablero de control).

"Era una hoja de cálculo poderosa —me contó Lisé—. Pero sólo se necesitaban cinco minutos para revisarla, pues tenía elementos de medición excelentes (siete para ser exactos) que daban el pulso del negocio. Luego podía analizar más a fondo cualquier indicador de un problema. Además, mi gerente de distrito veía los elementos de medición semanalmente y luego, en nuestra junta de los lunes por la mañana, me reportaba lo que veía en los números semanales". Así que Lisé no estaba viendo su tablero de control toda la semana; su gerente de distrito era quien llevaba el seguimiento. Lisé sólo veía el resumen semanal del tablero de control durante pocos minutos cada semana. A partir de esa información, podía decir si debía hacer alguna mejora en algún lado.

"Mi junta de los lunes era con seis miembros clave del equipo… y sigo haciendo esto hoy en día como asesora de los negocios que vendimos. Escucho su visión de lo que está sucediendo y luego les doy ánimo y orientación. Dependiendo de la época del año de que se trate, puedo hacer una segunda junta, pero nunca de más de media hora. Es una simple revisión de números. Los números no mienten

—explicó Lisé—. Durante la junta, el gerente de distrito explica las circunstancias que están detrás de los números. Por ejemplo, puede decir: 'Sé que los números están bajos, pero el esposo de Brittany se acaba de ir al Ejército, así que eso es lo que está pasando'".

Así que Lisé podía decir si un número estaba bajando debido a una situación temporal, como el hecho que una empleada estuviera lidiando con el estrés de que su esposo se hubiera ido al Ejército, o si los elementos de medición indicaban un problema mayor que necesitaba ser atendido. El análisis profundo le daba aún más detalles para ayudarla a tomar estas determinaciones.

"Al final de cada mes me entregaban una hoja completa de mediciones para mi análisis profundo. Además de mi tablero de control que contenía los indicadores clave, cada mes veía los números más a fondo —explicó Lisé—. Era una hoja de cálculo muy sencilla. En una línea estaban las metas que teníamos proyectadas para todo el año. En la siguiente línea estaba el número del año pasado con respecto a las mismas metas. Y en la siguiente cómo nos estaba yendo en términos de cumplir con esas metas en este momento. Podíamos decir de dónde veníamos, hacia dónde creíamos que estábamos yendo, hacia dónde se esperaba que fuéramos el mes siguiente y cómo nos estaba yendo realmente en ese momento.

"Podía ver el índice de deserción del mes de julio del año pasado, por ejemplo, y compararlo con el mes de julio de este año y determinar qué necesitábamos ajustar para que esa métrica estuviera más cerca de donde queríamos que estuviera", continuó Lisé. "Cuando estás fijando metas y haciendo proyecciones para tu negocio, muchos cambios son circunstanciales, en especial a medida que tu equipo crece. Puede ser que pierdas un empleado o que algo disminuya. Los números pueden cambiar rápidamente y este tablero de control me permitía ver el escenario completo".

Recuerda, Lisé sólo estaba físicamente en el gimnasio al inicio, pero durante esas semanas formativas podía asegurarse de que todo el mundo supiera cuál era el PAR y cómo transmitirlo. "Tenía una visión muy clara de cómo quería que se vieran los gimnasios y entendía que le tenía que inspirar esa visión a mi equipo", comentó Lisé. También se aseguró de haber comunicado el PAR de los gimnasios a los miembros ya existentes y a las personas de la comunidad. Y no es de sorprender que hiciera las contrataciones con base en el PAR. Un gerente de gimnasio capaz de dirigir el barco en situaciones difíciles, pero es un patán, no es útil. Un gerente que hará lo que esté a su alcance para proporcionar un servicio al cliente extraordinario, pero que en ocasiones tiene dificultares para hacer que las cosas funcionen, está bien. El PAR siempre está primero.

¿Lisé habría sido capaz de dirigir su negocio (desde otro estado) trabajando sólo cinco horas a la semana (después de haber terminado la instalación el gimnasio) si no hubiera tenido claro su PAR? ¿Habría podido hacerlo si no hubiera entrenado a su equipo para cumplir ese PAR? ¿Y si sus clientes no hubieran pensado que podían confiar en ese PAR? ¿Y si ella no hubiera tenido un tablero de control sólido para mantenerse al tanto de todo? De ninguna manera. De hecho, lo que mantenía motivada a Lisé era su pasión por cambiar la tasa de obesidad, y las historias de éxito que recibía de los miembros del gimnasio la mantenían satisfecha, a pesar de estar lejos de las instalaciones.

* * *

Atraer, convertir, entregar y reunir

Como los eslabones de una cadena, estos son los cuatro elementos de todo negocio (pero no necesariamente en el mismo orden). Son Atraer, Convertir, Entregar y Reunir. Simplemente llamado ACER. (Como el verbo hacer, pero sin "h", así como tú luego escribes…)

Sin importar si eres un *coach* empresarial o dueño de un lavado de autos o cualquier otra cosa, tu negocio debe completar cuatro pasos importantes para mantenerse en funcionamiento. El *coach* empresarial atrae a un cliente potencial (Atraer), lo convierte en cliente (Convertir), le proporciona servicios de *coaching* (Entregar) y le pagan por el trabajo que realiza (Reunir). En un lavado de autos, alguien conduce hasta el negocio (Atraer), solicita un nivel de servicio de lavado (Convertir), paga por el servicio (Reunir) y conduce al lavado para que limpien el auto (Entregar). Tu empresa obtiene clientes potenciales (Atraer) que se convierten en clientes (Reunir) de pago (Convertir) y tú les proporcionas tu servicio o producto (Entregar).

EL MODELO ACER

FIGURA 11.

1. **Atrae.** Todo negocio necesita atraer nuevos prospectos que preguntan por tu producto o servicio. Los prospectos alimentan tus ventas. Sin ellos las ventas no existirían porque no tendrías a quién venderle.
2. **Convierte.** El objetivo de la actividad de ventas es *convertir* un prospecto en un cliente que pague. Puede ser que tengas todos los prospectos del mundo, pero si no puedes convertirlos en ventas, tu negocio se irá a pique.
3. **Entrega.** Los entregables son los procesos y servicios necesarios para dar adecuadamente lo que le vendiste al cliente. Si no cumples entregando lo que el cliente compró irá tras de ti… y a veces cancelará su orden, solicitando un reembolso y probablemente difundiendo que eres de lo peor. ¿No puedes cumplir? Entonces no puedes mantenerte en el negocio.
4. **Reúne.** Si el cliente no cumple con la promesa de pagarte, estás en problemas. Si no puedes cobrar el dinero por el trabajo que

hiciste, o no puedes conservarlo (porque el cliente lo pide de regreso o lo pierdes), tu negocio se va a morir de hambre.

El modelo ACER

Éstas son las cuatro funciones clave de todos los negocios. Debes llevarlas a cabo todas bien. Y a medida que empecemos a jugar el famoso juego de todos los líderes de negocios, "reduce los cuellos de botella", contantemente evaluarás y resolverás todo tipo de cosas tanto grandes como pequeñas dentro de esas cuatro áreas. Casi todos los negocios siguen el predecible camino ACER de la sustentabilidad, en la misma secuencia.

Sin embargo, hay pocos casos únicos. Por ejemplo, algunos negocios funcionan "especulando"; significa que el entregable se termina antes de que el prospecto se convierta en cliente. En este caso el flujo sería AECR.

Cobrar el dinero puede verse como algo un poco delicado. Por ejemplo, puede ser que cobres incluso desde antes de comenzar el trabajo (el entregable). Pero incluso si has cobrado antes de hacer el trabajo, el dinero no es realmente tuyo hasta que entregues lo que le prometiste al cliente. Si no lo haces, puede pedir la devolución de su dinero. Ya sabes, demandándote. Por esa razón puse las categorías en esa secuencia y por eso necesitas por lo menos un elemento para medir cada una de esas categorías. Así es como puedes ver el flujo de clientes a través de tu negocio.

Permíteme mostrarte mi propio tablero de control de los Profit First Professionals.

1. **Atraer.** Tu métrica para atraer prospectos puede ser cuánta gente ha llevado a cabo una acción específica. En el caso de un programa de capacitación en línea, podría ser cuántas personas te están dando su correo electrónico a cambio de tus contenidos gratuitos. En el caso de una empresa que se dedica

a atender a otras empresas, podría ser cuántas personas solicitan una propuesta. En el caso de Profit First Professionals (PFP), es cuántas personas han llenado el formato de registro en nuestra página de internet. Si logramos que tres personas llenen el formato al día, eso se traduce en un poco más de mil aplicaciones al año (tres prospectos al día por 365 días). Cuando llenan el formato y lo mandan, sabemos que tenemos un prospecto. Cuando hay menos personas que están llenando el formato, se detona una pregunta. El elemento de evaluación no indica que nuestra forma no esté funcionando, pero ése podría ser el problema. Indica que tenemos *algún* tipo de problema, porque hay menos personas que están llenando el formato de registro. Esto nos lleva a investigar y a resolver el problema. Al igual que cuando en el coche se enciende la luz que indica que hay que revisar el motor, sabemos que hay que llevar a cabo un diagnóstico. Podría ser algo pequeño (como un cable suelto) o podría ser algo grande (como que la transmisión está arruinada). Cuando vemos que no estamos cumpliendo con nuestra métrica de tres formatos diarios, la pregunta es: "¿Por qué no hay más gente llenando el formato?". La respuesta podría ser que nuestra página de internet no está funcionando o que la gente nos está llamando por teléfono en lugar de ingresar a internet, o puede ser que tengamos un problema con el PAR (el sistema de mensajería de la página de Profit First) y nada esté fluyendo hacia el otro lado, lo cual significa que tenemos que encontrar y resolver el cuello de botella.

2. **Convertir.** Nuestra métrica para transformar clientes en ventas es el número de personas que se convierten en nuevos miembros tres meses después de haber sido prospectos. Es un porcentaje sencillo: queremos una tasa de conversión de 33%, lo cual implica que tendremos aproximadamente 360 nuevos miembros al año. Dicho esto, no todos los prospectos son iguales (ya sabes a qué me refiero). Algunos son ideales,

otros son una patada de mula, otros están en una etapa muy incipiente de su negocio como para ser adecuados, y así sucesivamente. Algunas discusiones cualitativas que surgen durante nuestras juntas trimestrales son cómo tener un mejor servicio de mensajería, cómo atraer prospectos de mejor calidad y cómo vender mejor de modo que podamos separar más rápido a los prospectos ideales de los que no lo son. Los elementos de medición simplemente son indicadores de desempeño de nuestro tablero de control, pero los analizamos con mayor profundidad (y tú también deberías hacerlo) para poder tomar decisiones de más impacto. La forma como funciona esta métrica es que sabemos que, si hablamos con 100 personas en un mes y sólo 10 se vuelven miembros (10% en vez de 33%), algo está mal. De igual manera, si 80 se vuelven miembros (por glorioso que suene), algo también está mal. La métrica simplemente indica si hay algo distinto a lo esperado. Cuando eso sucede, necesitas investigar.* Bueno, fuera de nuestro 33% de conversión, nos preguntamos qué está sucediendo con las ventas. ¿Introdujimos una nueva estructura de precios que no funcionó? ¿Contratamos a algún nuevo vendedor? ¿La calidad de los prospectos está cambiando? También analizamos la cadena. Antes de las conversiones

---

* A veces, la medición de cualquiera de esas métricas seguirá siendo la misma; no obstante, sigue habiendo un problema. Tu conversión de ventas se queda en 33%, pero sólo estás haciendo una venta al mes. Eso significa que lo más probable es que los prospectos sean el problema y que, sin lugar a dudas, sólo hay tres prospectos en un mes. Pero puede ser peor. Es posible que tengas todos los prospectos que esperas, y todas las conversiones, pero que los nuevos clientes quizá son imposibles de retener. Un problema de este tipo se podría revelar con una métrica de retención, pero el problema podría ser la calidad del prospecto. Esto significa que a veces el problema se revela en alguna otra parte (retención), pero la causa no está ahí (en este caso los prospectos). Toma como ejemplo la reparación de techos. La filtración de agua puede estar entrando a tu casa por una pared, pero el agujero del techo puede estar en un lugar totalmente diferente. En ocasiones, los problemas viajan por ahí antes de revelarse.

están los prospectos, de modo que si tenemos una alerta con las conversiones nos preguntamos si también tenemos una disminución en la métrica de los prospectos. Si es así, es probable que el problema sean los prospectos y entonces investigamos ahí primero.

3. **Entregar.** ¿Entregas lo que el cliente espera (o algo mejor)? En el caso de algunos negocios, el mejor indicador de que los entregables fueron excelentes es que los clientes regresan una y otra vez (retención). Otro es cuando los clientes hablan maravillas sobre su experiencia, haciendo mercadotecnia de boca en boca. Tal vez, si tienes estándares diferentes, es que no haya quejas. Por ejemplo, piensa en un restaurante de carretera. Seguro ha sucedido, pero yo creo que raras veces la gente postea: "Acabo de tomarme la malteada más rica del mundo en el restaurante de carretera más hermoso que he visto" o "Tienes que ver esos mingitorios. ¡Son lo máximo!". Si la gente tiene algo que decir sobre un restaurante de carretera por lo general es una queja. Así que, mientras menos quejas, mejor.

En PFP, nuestros entregables se miden con base en escalones terminados. Uno de esos escalones es la certificación. Una vez que una persona se certifica en Profit First ha terminado una secuencia de capacitación a través de PFP y está lista para pasar esa prueba. Sé que si la gente obtiene el certificado, ha dominado el proceso en su negocio y está lista para atender clientes. Nuestra métrica es cuántas personas han terminado su certificación a los seis meses de haberse inscrito. Queremos que la medición sea de 97%. Aunque nos encantaría que nuestra métrica fuera 100%, no es realista (hay imprevistos, cosas que pasan en la vida). Y pretender un 100% significa que constantemente estaríamos en una situación de alarma. "Ay, no, otra vez no logramos el 100%, ¿qué sucedió?". Como esto es irrealizable, nunca lo podremos lograr, lo cual significa que comenzamos a ignorarlo.

La lección aquí es que tus elementos de medición no pueden ser tus "números soñados"; haz que sean indicadores realistas. Mientras escribo esto la métrica para la certificación de nuestros miembros es de alrededor de 90%. Es menos que el 97% que esperamos y sé que significa que probablemente los miembros no están comprometidos en cierto modo. ¿No estamos logrando apoyarlos adecuadamente o han perdido el interés? Necesito averiguarlo, pues estoy seguro de que por lo menos ese 7% que falta está menos comprometido o menos preparado o necesita atención adicional para ponerse al corriente.

4. **Reunir.** Repite después de mí: "El dinero es la sangre que da vida a mi negocio". Otra vez. "El dinero es la sangre que da vida a mi negocio". El dinero es la parte más importante y no obstante más dejada de lado de todos los negocios. Podría ser que no tuvieras un solo cliente, que tus servicios fueran horribles y podrías no tener idea de cómo generar prospectos, pero si tienes toneladas de dinero, tu negocio sobrevivirá. En nuestra empresa buscamos el porcentaje de miembros que no realizan un pago en un mes determinado. Si es más de 5%, tenemos un problema. Cada vez que podemos disminuirlo (descubrimos que podíamos hacerlo ofreciendo un programa de pagos anuales), estamos alimentando a nuestro negocio con el dinero que necesita para sobrevivir. ¿Cómo está fluyendo (o cómo no está fluyendo) el dinero en tu negocio? Determina la métrica que puedes usar para evaluar su salud. Tu negocio depende de ello.

5. **Papel de la Abeja Reina.** La gran promesa para los Profit First Professionals es que somos el mejor método para hacer que casi cualquier persona profesional pase del trabajo de cumplimiento (conectar números para sus clientes) al trabajo de asesoría (ayudar a sus clientes con una dirección estratégica para obtener ganancias). El PAR es el *coaching* personalizado de nuestro equipo de guías. Obtener la certificación en

Profit First es una parte clave, pero trabajar en una capacidad nueva con tus clientes, como asesor, es difícil cuando nunca lo has hecho antes. Es como pasar de jugar futbol a entrenarlo. Son diferentes habilidades.

La métrica del PAR es simple: nuestros miembros realizan las implementaciones con los clientes. El equipo de guías brinda a nuestros miembros (clientes) instrucciones específicas sobre cómo realizar el trabajo de consulta con Profit First. Nuestros miembros reciben instrucciones sobre cómo hacer llamadas con clientes existentes, cómo hablar sobre Profit First, cómo realizar evaluaciones e implementaciones completas de ganancias. Pero a menos que tengan la experiencia en su haber, todo es sólo teoría. Por eso, nuestro equipo realiza un seguimiento de las implementaciones de los miembros. Porque cuando lo haces, mejoras.

A medida que nuestra organización crece, también lo hace la actividad PAR. Contamos con más guías. Y algunas de nuestras organizaciones miembro han crecido hasta el punto de contar con un equipo de profesionales certificados de Profit First que trabajan dentro de su empresa. Están utilizando la misma métrica PAR para realizar un seguimiento interno de cuánta actividad de implementación están realizando sus empleados de Profit First. La demanda del PAR está creciendo y lo sabemos porque el PAR se monitorea. Y eso significa que nuestro impacto está creciendo. Pero si la métrica del PAR indica un problema, volvemos a solucionarlo.

Las cuatro áreas clave (Atraer, Convertir, Entregar y Reunir: ACER) se convierten en los elementos de medición de tu tablero de control, más el PAR. Lo que necesitas hacer primero es identificar *cómo* mides el progreso (o la falta de progreso) en cada uno de esos cinco puntos y cuál es tu meta para cada uno. Al implementar métricas, no exageres porque más de cinco puede resultar abrumador. Demasiados botones e instrumentos dificultan el darse cuenta de que algo no funciona, lo que anula el propósito de tener un tablero.

Imagina a un guardia de seguridad en el turno de la noche. Puede estar viendo seis pantallas distintas y fácilmente darse cuenta del más ligero movimiento. Pero si le das 600 pantallas, puedes estar seguro de que algo se le va a ir. En todas las películas en las que el chico malo logra burlar al guardia de seguridad que está viendo los monitores es porque el guardia tiene demasiados monitores... o se distrajo con el "ruido sospechoso" del objeto de metal que el chico malo acaba de dejar caer en el pasillo. (Funciona de maravilla.) Un tablero de control te permite ser el guardia de seguridad de tu negocio, así que cuantos menos elementos de medición tengas que monitorear, mejor. Y, por lo que más quieras, no caigas en el truco del "ruido en el pasillo"... siempre es una trampa.

Cuando tu negocio funciona de forma *demasiado* eficiente

Cuando Andrew Johnson y sus hermanos se hicieron cargo de la empresa familiar, O Ring Sales & Service Inc., una empresa de distribución de bienes físicos en Lenexa, Kansas, fijaron un objetivo de optimización al que llamaron "15 15 15". Eso se tradujo en dirigir la empresa con un equipo de 15 personas, utilizando sólo 15 mil pies cuadrados de espacio de almacén y generando 15 millones de dólares en ingresos anuales. Para alcanzar esos objetivos, tendrían que ser extremadamente eficientes en todos los aspectos de su negocio.

"Se convirtió en una carrera armamentista en busca de eficiencias internas", me dijo Andrew cuando lo entrevisté para este libro.

Y esa carrera funcionó bien. En realidad, demasiado bien. Cuando O Ring Sales & Service recibía un pedido, un recolector tomaba una canasta, caminaba por los pasillos y recogía los artículos para enviar. Como Andrew y sus hermanos habían establecido su meta de 15 15 15, idearon estrategias e inventos que tal vez no habrían considerado si no hubieran impuesto esas restricciones. Crearon un nuevo carrito de compras con un sistema de recolección, fabricado con una batería de automóvil, una minicomputadora, una pantalla y una varilla de escaneo. Se volvieron tan rápidos que el límite era la velocidad a la que podían moverse los carros (ejem, la gente).

Todos los días verificaban sus métricas. Empujaron más fuerte. Ya casi estaban allí. Tenían 17 empleados, utilizaban alrededor de 18 mil pies cuadrados de espacio de almacén y generaban 14 millones de dólares. Y entonces empezaron a aparecer las grietas.

Los recolectores que empujaban los carros estaban al límite. Sólo podían moverse con cierta velocidad, por lo que cuando intentaron mantenerse al día con el sistema recientemente optimizado, se sintieron abrumados. Cometieron errores. Necesitaban descansos, pero el objetivo de optimización no se los permitía. Al llegar al máximo, explotaron el uno contra el otro.

"Estaba dispuesto a ir al almacén y empezar a hacer restallar el látigo con más fuerza, pero me di cuenta de que llegar a 15 15 15 y mantenerlo tendría un costo enorme para el capital humano", dijo Andrew. "La gente perderá la cabeza. Los empleados renunciarán. Será muy cáustico. Necesitábamos un enfoque más mesurado porque las personas eran nuestro mayor activo. Si perdemos a las personas porque estamos maniacos, singularmente concentrados en llegar a algún número elevado, entonces somos estúpidos. Ellos se están volviendo locos porque nosotros somos los que estamos locos".

Andrew y sus hermanos se dieron cuenta de que la eficiencia puede generar ganancias… pero llegar demasiado lejos. Las personas pueden ser la grasa de los engranajes, y si pierdes a la gente buena, no importa qué tan rápido giren tus engranajes, se quemarán y se detendrán. Los grandes sistemas con gente que no hace un gran trabajo, o sin gente, fracasan. Irónicamente, los sistemas marginales con grandes personas todavía pueden sobrevivir.

Un botón a la vez

Es fácil suponer que una empresa tendrá múltiples cuellos de botella en un momento dado, pero por la naturaleza de los cuellos de botella, sólo puede haber uno. Imagínate un reloj de arena, con un punto de estrangulamiento en el medio. Ahora agrega tres puntos de estrangulamiento más de diferentes tamaños. La arena se acumulará en el punto de estrangulamiento más estrecho, independientemente de dónde se encuentre. Ése es el único obstáculo para todo lo demás. Y si cada punto de estrangulamiento es exactamente del mismo tamaño (lo que prácticamente nunca sucede en la vida real), el cuello de botella es el primero de la secuencia. Una vez que se abre un cuello de botella, el siguiente punto más bajo que se revela es el nuevo cuello de botella. Siempre hay uno solo. Simplemente se mueve.

Arreglar un cuello de botella es "fácil", ¿verdad? Sólo empuja más fuerte. Te estás rompiendo el trasero trabajando desde la cuna hasta la sepultura, así que será mejor que obtengas resultados. La realidad es que el esfuerzo sólo funciona bien cuando se centra en lo correcto. Conozco a un tipo que se esforzó mucho en las cosas equivocadas y, muy a menudo, en varias cosas equivocadas al mismo tiempo. (No estoy dando nombres, pero podría rimar con Pike Pichalowicz.) Muchos empresarios caen en la misma trampa. Es por eso que escribí *Un paso a la vez*, para ayudar a los dueños de negocios a identificar lo primero que deben arreglar.

Para encontrar "lo único correcto", revisa cada una de las métricas de ACER. Pregúntate qué esperas de cada métrica y qué tienes que hacer para solucionar la que actualmente es el mayor impedimento para todo el sistema.

Mi podadora dejó de funcionar en el verano en que empecé a escribir la primera edición de este libro. Comenzó a funcionar de manera intermitente, y en lugar de cortar el pasto, lo acariciaba suavemente, moviéndolo de un lado a otro. Fui al garaje con la intención de reparar esa bestia de una vez por todas y de inmediato cometí un pecado cardinal. Intenté arreglar todas las causas posibles de una sola vez. Limpié el carburador, reemplacé el filtro de aire, cambié el aceite, afilé la cuchilla, la llené de combustible, todo al mismo tiempo. Luego intenté encender el motor. Esta vez salió peor.

Como ninguno de mis esfuerzos había resuelto el problema, me preparé para la reparación extrema del motor. Le puse broches nuevos, nuevos interruptores y limpié todas sus piezas. Por supuesto, no funcionó. Por último, después de dos días de trabajar en la podadora, la llevé a un taller. Treinta minutos después estaba arreglada. ¿El problema? El carburador estaba dañado, probablemente por mi culpa. (No aceptaré ni negaré haber golpeado la tapa cuando la #$@!% no cerraba bien.) El problema original era que quizá se había tapado un filtro de aire. Pero, aunque yo había arreglado eso, también había "arreglado" otras cosas al mismo tiempo, lo cual en realidad ocasionó un nuevo problema, que yo equivocadamente consideré que era el mismo del principio.

El punto es que cuando trabajas en muchas cosas a la vez para resolver un problema, en realidad puedes arreglar y descomponer la solución al mismo tiempo, al no darte cuenta de que ya lo habías arreglado y de cuál era la causa. La solución es trabajar en una pieza cada vez y ver si eso resuelve el problema. Comienza con lo que es más probable que sea el problema, pruébalo y luego pasa a lo siguiente que crees que pueda ser la causa.

El tablero de control de tu negocio es nuestro proceso. En ocasiones las cosas van a fallar y cuando eso suceda necesitamos girar (arreglar) una perilla a la vez. Toma como ejemplo las ventas. Digamos que te percatas de que tus ventas han bajado. Te das cuenta de que el flujo de efectivo no ha cambiado mucho o incluso se ha incrementado, pero el equipo de ventas está vendiendo mucho menos. Contrataste a un nuevo empleado que está agarrando la onda lentamente y ves que las ventas son mucho más bajas de lo que esperas. De modo que te propones resolverlo. Giras la siguiente perilla de tu tablero de control: le das un nuevo guion de ventas que debe seguir. Le das a ese empleado más prospectos de manera que pueda avanzar más rápido. En vez de que uno de tus empleados con experiencia imparta la capacitación de ventas, ahora tienes a dos personas trabajando con el nuevo empleado, en espera de que se ponga al corriente lo más rápido posible. Pero fracasa. ¿Por qué? ¿Es por el guion? ¿Esa persona está manejando demasiados prospectos al mismo tiempo? O quizá el vendedor se siente muy intimidado cuando hay dos personas que lo están supervisando.

Retrocede y vuelve a empezar. Las ventas están más bajas desde que el nuevo empleado comenzó a trabajar. Concluyes que las dos cosas probablemente están relacionadas. Te vas a lo obvio, al guion, y giras esa perilla. Lo modificas por una versión más sencilla. Luego observas. Las ventas no suben ni bajan. Ahora regresas al guion anterior, colocando la perilla en su posición original, y entonces pasas a la siguiente perilla. Pensando que tiene algo que ver con la capacitación, intentas que otras dos personas trabajen con el nuevo empleado. Como antes, las ventas no se incrementan; en cambio, bajan mucho y muy rápido. Interesante. Encontraste una perilla que está afectando negativamente las ventas. Ahora investigas esta situación extraña que acaba de suceder.

Cuando regresas a que una sola persona monitoree al nuevo empleado, las ventas suben pero siguen siendo más bajas que tu promedio histórico. Luego pruebas la loca idea de eliminar el papel del mentor de ventas y éstas vuelven a la normalidad. Qué raro. Ahora sabes exactamente qué está causando el problema y llevas a cabo una investigación profunda. Descubres que tus mentores de ventas, al trabajar con el nuevo empleado, estaban dejando de lado sus propias llamadas de ventas. Los prospectos llamaban a los mentores y estaban esperando, sin éxito, que los atendieran. Así que cambias el trabajo de capacitación para que se realice en horas extra y lo mejoras con el uso de tecnología al grabar las llamadas. Ahora tus mejores vendedores están cerrando tratos y luego revisan las grabaciones de esas llamadas con el nuevo empleado después de que se acaba el horario de atención. ¿Y adivina qué? Las ventas se van por las nubes.

A veces, cuando identificas un problema en tu tablero de control en una categoría, el problema puede emanar de otra. Por ejemplo, el reto con la cobranza es que a veces a las personas les pagan antes de realizar el trabajo. Eso está muy bien, pero si tu negocio tiene un problema de flujo de efectivo, ¿realmente es el problema de la cobranza? Cuando analizas tu tablero de control, puedes ver que tus ventas han bajado y tus elementos de medición principales están en su sitio. ¿Qué podría significar eso? Tal vez como a los clientes potenciales se les está pidiendo que paguen por adelantado nadie está comprando. ¿La solución? Probar una perilla a la vez. Intenta eliminar el pago por adelantado y ver qué sucede. Si las cosas regresan a lo que esperabas, encontraste la causa. Pero si no, entonces (y ésta es la clave) vuelve a poner el requerimiento del pago por adelantado y luego piensa en la siguiente posible solución. Tienes que poner a prueba cada perilla de manera independiente para descubrir la causa.

Si hay varias cosas que pueden afectar un resultado, cambiarlas al mismo tiempo puede nublar la solución. Usa la técnica de pruebas A/B. Prueba A y luego B y luego compara. Sí, podría volverse más sofisticado en tus pruebas, pero en el momento en que te pongas en la posición de no estar seguro de la causa y el efecto, impedirás tu capacidad para solucionar el problema con confianza. Gira las perillas en secuencia hasta que encuentres la causa y, sólo después de haber girado cada perilla a la vez, considera hacer movimientos en varias al mismo tiempo, si la situación implica que se necesita ajustar varias perillas a la vez para resolver el problema.

Esta última línea es particularmente importante. Las empresas son bestias complejas. Es posible que la causa y el efecto no tengan una relación uno a uno. Podría ser que varios componentes estén afectando un resultado al mismo tiempo. Pero en realidad lleva mucho tiempo encontrar soluciones probando una combinación de soluciones al mismo tiempo. Primero empieza con los sospechosos habituales y las pruebas más sencillas. Si las soluciones obvias, fáciles, rápidas y económicas no logran la solución, tendrás que mover varias perillas.

Mover una perilla a la vez parece ser algo que lleva mucho tiempo. Así que la pregunta que debes hacer aquí es: "¿Alguna vez puedes girar más de una perilla al mismo tiempo?". Cuando se analiza un resultado específico donde las perillas tienen una influencia potencial sobre un resultado común, la mayoría de las veces la respuesta es no. Mueves una perilla a la vez. Pero cuando tu empresa está trabajando en distintos resultados, y las perillas están separadas unas de otras (lo cual significa que producen diferentes resultados), puedes girar muchas perillas al mismo tiempo.

Por ejemplo, puedo determinar que el cuello de botella actual más importante es un problema de Convertir, por lo que quiero intentar girar la perilla y volver a visitar prospectos anteriores que no realizaron conversiones. También puedo tener un cuello de botella en Entregar que hace que los clientes esperen para hablar con un especialista en implementación, por lo que giro la perilla y organizo sesiones grupales para la implementación en vez de sesiones individuales. Se trata de perillas distintas que afectan resultados distintos, de modo que puedo probar ambos de manera simultánea. Es una oportunidad específica que yo tuve en mi negocio y giramos las dos perillas al mismo tiempo. Y cada una mejoró su resultado específico.

La otra situación en la que puedes girar varias perillas es cuando tienes un problema conocido y una solución conocida. Ésta es la vieja situación de estar aquí con un solo sombrero. Nuestro banco recientemente dejó de realizar una transferencia automática asociada con nuestra implementación de Profit First. Esto sucede cada cierto tiempo. En el pasado, significaba que la contraseña había caducado y el banco procesador fallaba en la transacción. Luego, tal vez como medida de precaución, o porque hay un error en el sistema, desconecta las cuentas de transferencia y bloquea la cuenta. Entonces, las perillas que se deben girar son: establecer una nueva contraseña, desbloquear la cuenta y volver a vincular la cuenta. Ah, y el cuarto paso, que mi asistente, Erin Chazotte, espere una eternidad y, cuando termine, le diga al gerente que ésta es la quinta vez en tantos años que hemos tenido que llamar para este problema. Como preguntar no pareció solucionarlo, en la última llamada Erin (que no se anda con rodeos) pidió la dirección postal del presidente del banco para "regalarle" una copia de *El sistema Clockwork, corregido y aumentado* y que lea esta historia específicamente.

Sé que parece que tienes que hacer un montón de movimientos de perillas y tal vez cuestiones tu habilidad para reconocer cuando algunos aspectos de tu negocio necesitan ajustes, pero lo entiendes. Sé que es así.

* * *

Mi padre tuvo un problema de salud que nos dio un terrible susto a toda la familia. Cuando llegó a toda velocidad al hospital, de inmediato lo conectaron a ciertas máquinas para medir signos vitales esenciales. Le monitorearon el pulso, la presión y la temperatura. Aunque ninguno de esos elementos era el problema inmediato, son fundamentales para la vida y por tanto deben ser monitoreados. Su "cuello de botella" fue diagnosticado a través de sus síntomas: debilidad extrema, deshidratación, alucinaciones. Se creía que podía tratarse de un infarto o de una infección de las vías urinarias (que en las personas mayores se manifiesta con los síntomas que él estaba presentando). Las pruebas mostraron que se trataba de lo segundo y le recetaron antibióticos. Los elementos de medición entraron en acción y él recuperó la salud de manera lenta pero segura. Y los elementos de medición demostraron que su salud mejoraba a medida que la infección de las vías urinarias desaparecía. Dos semanas después, todos celebramos su cumpleaños número 90 y él sopló las velas del pastel en un solo intento. Si los elementos de medición no hubieran estado funcionando, no puedo más que imaginar consecuencias horribles.

Con un PAR bien definido y un equipo enfocado en garantizar que el PAR sea entregado de manera consistente, sin falla, puedes monitorear la salud de tu negocio usando un tablero de control constituido por elementos de medición muy simples. Debes tener números que te indiquen expectativas normales para las cuatro partes medulares de tu negocio: Atraer (prospectos), Convertir (ventas),

Entregar (cumplir lo que prometiste entregar) y Reunir (cobrar lo que ellos prometieron). Los números no mienten, pero tampoco te cuentan la historia completa. Simple y sencillamente te indican que algo tiene que ser arreglado o amplificado. Una vez que se levanta la bandera de la métrica, pon manos a la obra e investiga. Al final serás capaz de alejarte de tu negocio y de administrarlo a través de los números. Y puedes seguir experimentando alegría y satisfacción a medida que haces que tu negocio crezca. Incluso si sólo trabajas unas horas a la semana.

Para empleados: La historia de Cora

Cora trabaja en la E de ACER. Ahora opera grandes equipos, pero sigue siendo responsable de la integración del hogar y la naturaleza. Si bien sus actividades han cambiado, el impacto de su trabajo es el mismo y eso afecta a la A y a la C. Por eso, se reúne periódicamente con el equipo de ventas y les cuenta las nuevas técnicas que pueden utilizar y las nuevas cosas que pueden hacer. Con este conocimiento, el equipo de ventas está mejor equipado para vender beneficios a los clientes de Job Turf. Entonces, aunque no trabaja en los elementos Atraer o Convertir de la empresa, influye en ellos compartiendo las capacidades más nuevas de la empresa.

Cora también escucha activamente. Los equipos de marketing y ventas comparten lo que están haciendo para que ella pueda mejorar la Entrega del trabajo. Durante una sesión, un representante de ventas mencionó que un cliente preguntó si Job Turf utiliza un sistema de hidroexcavación (lo cual no hacen). Cora aprovechó la oportunidad para investigar la hidroexcavación y presentó un informe a Calvin y Gordon para su consideración. Piensa que puede ser el método más ambientalmente racional para grandes proyectos de excavación y podría reemplazar la pala en el minicargador. Este libre flujo de comunicación a lo largo de la cadena ACER garantiza que se cumpla la gran promesa y que el negocio esté siempre mejorando.

¿Cómo puedes ayudar? Primero, identifica en qué elemento de ACER se encuentra tu Trabajo primario. A veces es obvio. Si eres vendedor, trabajas en la etapa de Convertir. Otras veces puede no ser tan claro. Por ejemplo, si escribes los textos de los productos de tu empresa. Dado que tu objetivo es llamar la atención de los compradores minoristas, es posible que te preguntes si se enmarca en Atraer. Ese texto también se diseña para que compren, por lo que tal vez tu trabajo está en Convertir. Por otra parte, el texto también incluye instrucciones sobre cómo usar los productos, entonces podrías argumentar que también está en el elemento Entregar. Quizá la respuesta es "las tres", pero sólo una puede ser la más importante. Cuando estés confundido, ten una conversación (lección que aprendí de mi mamá). Para aclarar a qué elemento de ACER prestas servicio, habla con tu gerente.

Una vez que tengas claro dónde encaja tu trabajo en la cadena ACER, conéctate con personas que prestan servicios en otras partes de la cadena y muéstrales cómo operas. Cuando comprenden el flujo de trabajo y la gestión de cada uno, pueden ayudarse mutuamente a producir mejores resultados.

Cuando conoces el área (o áreas) a las que prestas servicios dentro de la cadena ACER, controlas el flujo. ¿Las cosas se ralentizan o se aceleran? ¿Qué notas cuando ocurren estos cambios? ¿Hay algo que se pueda cambiar para mejorar la eficiencia? Pregúntate esto mientras realizas tu trabajo. Luego trabaja con el liderazgo para ver si puedes implementar mejoras. Oye, si mejoras activamente la empresa, tal vez te estés volviendo más valioso. Sólo digo.

El sistema Clockwork en acción

En este momento, tómate 20 minutos para determinar cuáles son las métricas fundamentales que quieres usar para crear tu propio tablero de medición. Recuerda mantenerlo simple; es muy difícil rastrear demasiadas cosas. Fija la alarma o el temporizador de tu reloj para dentro de 20 minutos y comienza a identificar esas métricas clave, es decir, esas pocas cosas que mejor indican la salud de tu negocio.

Las métricas ideales incluyen una forma de medir el desempeño de tu PAR, así como el o los cuellos de botella que has identificado con el método ACER. ¿Cuáles son las cosas clave que crees que puedes hacer para que fluya tu ACER? Clasifica esas métricas y evalúa el progreso a lo largo del tiempo. ¿Dónde crees que tu negocio tiene el mayor riesgo cuando hay un problema en el ACER? ¿Qué dimensiones del negocio estás tratando de mejorar? Determina las métricas que te ayudarán a monitorear esas cosas.

¿Sigues teniendo dificultades o quieres llevar a un experto para que te ayude a diseñar de todo a todo un negocio que funcione solo, *como relojito*? Me alegra poder comunicarte que mi reunión con Adrienne Dorison floreció en una sociedad de negocios. Juntos formamos Run Like Clockwork, un marco de trabajo integral diseñado para ayudarte a ti y a tu equipo a optimizar cualquier parte de tu negocio. Si deseas saber cómo podemos ayudarte, ve a RunLike-Clockwork.com.

Capítulo 11

Toma vacaciones de cuatro semanas

Comprométete con la única acción
que garantizará que tu negocio funcione
de forma permanente

"En dos años a partir de ahora, mi familia y yo estaremos viviendo en Italia. Vamos a estar tomando *limoncello* desde el balcón de nuestro departamento con vista a Roma".

Cuando Greg Redington hizo ese anuncio frente a un grupo indiferente de personas que, como solíamos hacer antes de una junta de empresarios, nos estábamos poniendo al día sobre nuestra vida personal, captó la atención de todo el mundo. No era lo que esperábamos escuchar. Cuando alguien preguntaba: "¿Tienen algo bueno que contar?", las respuestas típicas por lo general eran una de las siguientes tres: "No, nada nuevo", "Todo en orden" o "Tengo un dolor muy raro en mi [llena el espacio en blanco]". ¿Pero Italia? ¿De dónde demonios había salido eso?

Al principio pensamos que Greg bromeaba, que estaba haciendo un comentario al aire. Cuando nos dimos cuenta de que hablaba en serio, nos quedamos mudos.

"Greg, ¿estás hablando de Italia, Italia? ¿El país con forma de bota? ¿O estás hablando del nuevo barrio italiano que se está formando cerca de donde vives?", le pregunté, todavía confundido de que pensara abandonar su próspero negocio en Nueva Jersey para mudarse a otro país de manera permanente. O por lo menos lo bastante permanente como para declarar que Roma sería su nuevo hogar y el Panteón su lugar favorito para comprar el café de la mañana.

Greg es el fundador de REDCOM Design & Construction, una empresa dedicada a la construcción comercial para el área de Nueva York y Nueva Jersey. Había logrado que su negocio creciera para convertirse en una empresa importante, con ingresos de 25 millones de dólares al año. Disfrutaba su trabajo enormemente, pero el negocio seguía dependiendo de él. Greg quería más de la vida y más tiempo en su vida. Quería liberarse de servir al PAR.

El don de Greg es la meticulosidad. Lo ves en su forma de vestir, en cómo tiene su casa y hasta en su manera de caminar. Es específico. Es detallado. Es preciso. REDCOM ha creado su reputación con base en esa meticulosidad. En un ramo en el que los errores de construcción, tener que rehacer las cosas y hacer cambios al vuelo son lugares comunes, la gran promesa de REDCOM es hacer el proyecto bien de principio a fin. Construye estructuras magníficas de una manera perfecta desde la primera vez, cada vez. Ya sabes, como el Panteón, pero en Nueva Jersey. Pero, hasta ese punto, Greg era quien servía al PAR de controles diarios y detallados durante la construcción. Como paso final del diseño de su negocio para que funcionara solo tenía que hacerse a un lado de atenderlo. Y quería hacerlo en grande, volviendo realidad un sueño que tenía desde mucho tiempo atrás.

Cuando mis colegas empresarios animaron a Greg para que diera más detalles, él explicó que quería mudar a su familia a Roma, Italia, durante un año. Para hacerlo, estaba comprometido con la etapa final de establecer un "negocio Clockwork". Se hizo a un lado del negocio, al punto en que éste tuvo que continuar solo. Y el resultado fue asombroso. Greg regresó de Italia después de dos años a un negocio que había duplicado su tamaño, ganando 50 millones de dólares y el doble de su equipo.

Hacia allá es hacia donde me estoy dirigiendo y es hacia donde te invito a dirigirte. No la cifra, sino la libertad de poder dejar tu negocio y que éste siga adelante. Ya has hecho avances significativos en esa dirección. Has alineado a tu empresa para servir a tus clientes más importantes, su gran promesa y su PAR. Has integrado esa claridad en las operaciones diarias de tu negocio para que todos sirvan y protejan el PAR y luego se concentren en su Trabajo primario; tú y tu equipo tienen una Mezcla de 4Ds más óptima y tienen tareas eliminadas, transferidas, recortadas o atesoradas; y tienes sistemas capturados para que cualquiera pueda intervenir y realizar casi cualquier tarea. Y en esta fase de Acelerar, has equilibrado a tu equipo e identificado y solucionado tus cuellos de botella. Con suerte, ya habrás empezado a ver mejoras en la eficiencia empresarial. Has calmado tu mente y desarrollado sistemas. Mira, nada más por haber leído completo este libro, ya estás más adelante que muchos empresarios. Llegó la hora del movimiento definitivo de Acelerar: programar tu interrupción intencional, las vacaciones de cuatro semanas. Recuerda, no se trata sólo de obtener un descanso muy necesario de tu negocio. Es tu negocio obteniendo un descanso muy necesario de ti.

Puedes hacerlo. Te lo prometo. Y, claro, quizá algunas personas pensarán que estás bromeando cuando les cuentes tu plan. Tal vez tus amigos muestren resistencia, pero puede ser que estén celosos porque, por la razón que sea, ellos no pueden tomarse cuatro semanas de vacaciones. Tal vez tu familia muestre una enorme resistencia, pues se sienta nerviosa por el dinero. Y tal vez (borra eso… *seguramente*) tendrás resistencia de tus colegas, que no creerán que el dueño de un negocio puede ni merece cuatro semanas de vacaciones. Y seguramente recibirás el rechazo de ese buen amigo tuyo que dice cosas negativas, la voz en tu cabeza que dice cosas feas como "no puedes hacer esto" y "esto no funcionará". Está bien. En mi experiencia, la resistencia de los demás y de tu crítico interno por lo general es una señal de que estás haciendo algo que desafía la mentalidad previamente programada como de dron que considera que las cosas necesitan hacerse de la misma forma que siempre se han hecho. Por supuesto, querrás atender las preocupaciones que tiene tu familia con respecto al dinero de modo que puedan disfrutar las vacaciones (este… lee mi libro *La ganancia es primero*), pero ignora lo demás. Has puesto en marcha el sistema y ahora vas a cosechar las recompensas. Quizá tengas miedo de tomarte unas vacaciones de cuatro semanas porque no estás seguro de qué harás contigo. Estás tan condicionado a utilizar cada momento libre para Dar acción que quizá ni siquiera recuerdas qué es tener tiempo libre. Si no estás trabajando, ¿quién eres? La realidad es que una parte de ti seguirá trabajando en tu negocio. Al final, tendrás espacio para pensar. Después de retirarte de forma física y digital de tu empresa, y después de haber descansado lo suficiente, tu mente comenzará a elaborar estrategias de forma natural. Esos momentos de inspiración de cinco minutos en la regadera se convertirán en cuatro semanas de grandes ideas. Incluso si lo único que haces en tus cuatro semanas libres es sentarte en el jardín a ver las ardillas, tú y tu negocio estarán mejor gracias a eso. Después de todo, si tu negocio puede seguir adelante —incluso experimentar crecimiento— sin que tú estés en el escenario, imagina lo fácil que será que lo administres cuando vuelvas. (La respuesta es muchísimo más fácil. Del cielo a la tierra.)

Tampoco necesitas dejar atrás las vacaciones. Greg no lo hizo. Después de dos años de vivir en Roma, le resultó difícil irse de Italia. Así que, cuando regresó a su empresa, se aseguró de llevar un poco de Italia con él. No, no me refiero a un *limoncello*. Greg se llevó un Fiat 500. El célebre auto pequeño está estacionado en el "hangar" de su oficina para que todos lo vean y para dar paseos cortos. En los días cálidos de primavera, Greg sale a pasear. No por toda la ciudad, por supuesto, sólo por el barrio de Little Italy.

¿Y qué hay de trabajar en su negocio? ¿Greg se sintió feliz de regresar a servir al PAR? De hecho, sí. Ése es el poder del sistema Clockwork. Esto significa que quedas en libertad de hacer lo que haga saltar tu corazón. A Greg le encanta supervisar proyectos de construcción detallados revisando los progresos diarios en los lugares. Cuando regresó de su sueño de haber vivido en Italia, sólo se dedicó a hacer el trabajo que le gusta. Ya no entra al quite para "arreglar las cosas". La empresa está funcionando bien sola y él es libre de hacer el trabajo que hace mejor y que más ama. Y los resultados son aún más maravillosos.

¿Por qué unas vacaciones de cuatro semanas?

Como ya expliqué antes en el libro casi todas las compañías cumplen un ciclo de negocios completo en cuatro semanas. Esto significa que la mayoría tiene una actividad que recorre las cuatro etapas ACER de una organización: Atraer, Convertir, Entregar y Reunir. Si analizas tu negocio en el mes pasado, es probable que se hayan hecho algunos esfuerzos por atraer clientes. Tal vez un cliente te hizo una recomendación o pusiste un anuncio o hablaste en una convención o enviaste una avalancha de correos electrónicos o tuviste visitantes en tu página de internet o una combinación de todos los anteriores. También es probable que en las pasadas cuatro semanas tu negocio haya hecho esfuerzos por convertir en clientes a los prospectos. Tal vez hiciste llamadas de ventas o tu sitio de internet tuvo activa una promoción de "compre ahora" o se hizo una campaña de correos electrónicos automática en busca de ventas. En pocas palabras, intentaste (y espero que lo hayas logrado) persuadir a alguien de que te compre. En las pasadas cuatro semanas es probable que hayas trabajado en algún proyecto para un cliente o creado un producto o enviado mercancías; a solicitud de un cliente, trataste de entregar algo en parte o en su totalidad. Y a lo largo de las últimas cuatro semanas, administraste el flujo de efectivo; probablemente pagaste algo de dinero y (espero) cobraste algo más.

En un ciclo de cuatro semanas, la mayoría de los negocios también experimenta problemas o desafíos internos, grandes o pequeños: un conflicto interpersonal en tu equipo, una epidemia de gripa, un problema con la tecnología; a alguien se le olvidó hacer algo o alguien recordó hacer algo, pero era algo equivocado. Y durante esas cuatro semanas, probablemente también vas a lidiar con problemas externos, como clientes descontentos o el lanzamiento de un nuevo producto de la competencia o un error del banco o un vendedor que no pudo cumplir una promesa. En nuestra empresa, cada empleado toma vacaciones de cuatro semanas (consecutivas) cada año. Como propietario, al principio me aterrorizaba estar sin un empleado clave durante tanto tiempo. Hasta que vi los resultados. Todos en el equipo respaldan a todos. Somos más fuertes y guapos que nuestros competidores. Y mi ya leal y sorprendente equipo está aún más involucrado en el éxito de la empresa.

Cuando tú o cualquiera de tu equipo se retiran de tu negocio durante cuatro semanas, es probable que suceda la gran mayoría de las cosas que tu compañía enfrenta a diario, así que debes encontrar una manera de que el trabajo se realice y los problemas se resuelvan en tu ausencia. Cuando te vas sólo por unos días, tu equipo a menudo puede confiar en que resolverás los problemas cuando vuelvas. Pero si te vas cuatro semanas, el negocio se ve obligado a sostenerse. Y cuando un negocio se puede sostener durante cuatro semanas, sabes que has logrado tener un "negocio Clockwork". Puedes poner el sello certificado de aprobación "Clockwork" en la puerta de tu empresa y ahora tienes la libertad de irte, si quieres para siempre.

Así que vas a poner a prueba tu negocio y a salir de tu oficina rumbo a donde quieras estar.

Advertencia: reservar unas vacaciones de cuatro semanas durante el próximo año puede provocar ataques de pánico, náuseas y murmuraciones interiores. Te puede dar tanto miedo que simplemente no lo hagas. Por eso se realizan vacaciones de prueba más pequeñas. Tal vez empieces con un descanso programado de tres días, luego una semana, luego dos semanas y así sucesivamente.

Vamos a poner a prueba tu negocio y a sacarte de la oficina con destino a "¡fuera de aquí!".

Sí, tu equipo puede manejarlo

¿Cuántas veces te fuiste de vacaciones, incluso una escapada de fin de semana, y te aseguraste de que tu equipo tuviera una forma de comunicarse contigo en caso de emergencia? Seguro cada vez que vas a algún lugar por más de unos días… u horas. O simplemente al baño. Cuando lo haces, le estás diciendo a tu equipo que no puede (ni debe) manejar la emergencia por sí mismo. Y si crees eso es porque no lo has preparado. No has implementado el sistema Clockwork en tu negocio.

Unos días después de las primeras vacaciones de prueba de una semana de Leslie Liondas, la tormenta invernal Uri azotó Texas. Su firma de contadores públicos en Jackson estaba justo en el centro de todo esto. Esa trágica tormenta provocó una crisis de la red eléctrica de Texas que dejó a la mayor parte del estado sin electricidad durante días. Con Leslie y su socio comercial ausentes y desconectados, su equipo tuvo que intentar descubrir cómo administrar la nómina de docenas de clientes, sin energía.

"Estamos al sur de Houston en el Golfo", me dijo Leslie. "Nunca vemos nieve".

La extraña tormenta de nieve de febrero de 2021 causó estragos en Texas y los estados vecinos. Todo se cerró y mucha gente entró en pánico. Nadie trabajó. Pero como llevaban años trabajando en su negocio, los cinco empleados de Leslie sabían exactamente qué hacer. Incluso el encargado de marketing entró en acción.

Como resultado del fallo de la red eléctrica, Texas experimentó apagones continuos. Cuando se abrió una ventana de electricidad de dos horas, la especialista en marketing condujo hasta la oficina y procesó toda la nómina que pudo antes de que se cortara la electricidad otra vez. Un miembro del equipo logró manejar la nómina de un cliente importante desde su automóvil.

"Nuestros clientes nunca vieron ningún problema en nuestros sistemas", dijo Leslie.

"Ni siquiera recibimos una llamada telefónica preguntándonos: 'Oye, ¿se va a gestionar mi nómina?'. Simplemente asumieron que nos encargaríamos de ello y que todo sería genial".

Al final resultó que otras firmas de contadores públicos de la zona lucharon por cumplir con sus obligaciones para con los clientes, y algunas personas no cobraron. Algunos propietarios de agencias de nómina tuvieron que descubrir cómo prestar ellos mismos los servicios porque sus equipos no podían entrar a la oficina o tenían que quedarse con sus hijos. Los empleados de Leslie también tenían hijos y dificultades para llegar a la oficina, pero trabajaron juntos para resolver el problema.

Leslie dijo: "En realidad se sintieron más empoderados porque lo manejaron y lo resolvieron juntos. Pareció acercarlos porque lo vivieron en conjunto".

Si has trabajado con tu equipo, confía en él para que se encargue no sólo de las operaciones diarias, también de las emergencias. Ni siquiera la peor tormenta de hielo en la historia de Texas puede derribarlos.

Vete de vacaciones de verdad

Durante años pensé cómo dejar de lado mis negocios. Sin importar si yo estaba haciendo el trabajo, tomando decisiones por otros con respecto al trabajo, delegándolo o diseñándolo, siempre me sentí atrapado en el negocio. Estaba seguro de que "tenía que estar ahí". Como compartí en el capítulo 1, aun en las pocas ocasiones en que tomé vacaciones, realmente no "vacacionaba". Quizá me fui físicamente, pero seguía conectado. Me comunicaba con la oficina varias veces al día. Revisaba mi correo electrónico constantemente. Me "escabullía" para llamar por teléfono a los clientes, escribir propuestas y trabajar. Luego, un día, por accidente encontré cómo tomarme unas vacaciones *reales*, unas vacaciones que de verdad me desconectaran del negocio para que éste pudiera seguir adelante solo. Me fui a Maine.

Hay muchos lugares que visitar en Maine que te permitirán seguir conectado con tu negocio. Sin embargo, el lugar que elegimos visitar no tanto. Reservé unas vacaciones en un campamento todo incluido en la región de los lagos y las montañas de Maine, llamado Campamento Grant's Kenebago. Logré encajar el plan de vacaciones en mi saturada agenda y, en mi prisa, no evalué por completo la página de internet del campamento. Vi la parte de "todas las comidas incluidas". Vi el hermoso lago. Vi fotografías de familias en bote y divirtiéndose, todos con enormes sonrisas dibujadas en el rostro.

Lo que escapó a mi atención fue que, en esas fotos, mamá, papá y los hijos estaban usando ropa de camuflaje.

Cuando llegamos al campamento, muy pronto nos dimos cuenta de que había reservado unas vacaciones en un campamento dedicado a la pesca y la cacería. Y la única parte "familiar" del campamento era que los campistas estaban cazando familias de venados.

Estábamos totalmente desconectados del mundo exterior: sin celular, ni televisión, ni nada. La única estación de radio que pudimos sintonizar estaba transmitiendo desde Canadá… en francés.

El primer día fue una desintoxicación de la conexión constante. *¿El negocio se morirá sin mí?* El segundo día comencé a darme cuenta de mis opciones. *Podía ir al pueblo todos los días para revisar cómo iban las cosas.* El pueblo más cercano estaba a una hora de distancia y yo en serio estaba contemplando la posibilidad de manejar durante dos horas al día para revisar cómo iba el trabajo. *O simple y sencillamente podía disfrutar de ese tiempo con mi familia. Todo el tiempo.* Para el tercer día estaba en paz y disfruté mucho las vacaciones.

Estoy seguro de que no te sorprende, pero el negocio no murió. ¿Mi equipo tuvo problemas? Claro que sí. ¿Los arreglaron solos? Algunos, sí. En cuanto a los que no pudieron resolver, ganaron tiempo de modo que yo los pudiera resolver a mi regreso. Hicieron un estupendo trabajo para cumplir con las expectativas de los clientes, lo cual significaba que, aunque tuvieron problemas, los clientes sabían que sus problemas estaban siendo atendidos.

Terminamos divirtiéndonos como nunca. Nos subimos a rocas, hicimos caminatas y anduvimos en bote por el lago. ¡Vimos gansos y alces! Las vacaciones fueron tan poderosas que en ese momento y en ese lugar declaramos que nuestra mascota familiar sería el alce. Es poderoso y sereno, aunque la impresión que da a primera vista es que es un poco torpe, lo cual, en cierta medida, representa nuestro credo familiar.

Hoy, al reflexionar sobre esas vacaciones que definieron mi vida, las recuerdo con gran alegría. Incluyendo las historias del "ataque de murciélagos" y el "asalto de sanguijuelas" y la "reanimación de la langosta" que con mucho gusto Krista y yo te podemos contar en una cena. Recordamos cada uno de los detalles de esas historias y más. ¿El trabajo diario que me perdí? No recuerdo nada al respecto. De hecho, no puedo recordar una sola iniciativa de negocios que tuviera en ese momento. Pero sí recuerdo un momento en el que se me iluminó. Sentado en una mecedora contemplando la puesta de sol, me di cuenta de que el tradicional organigrama piramidal utilizado por la mayoría de las empresas es la raíz de la mala toma de decisiones, aunque su objetivo sea lo contrario. En los años transcurridos desde entonces, he jugado y probado un nuevo concepto que compartiré en trabajos futuros.

Mientras escribí la primera edición de este libro estuve planeando mis vacaciones de cuatro semanas y en lo que más pensaba era en cómo garantizar el estar desconectado. Necesito protegerme de mi propia debilidad de encontrar excusas para "revisar" el trabajo y arruinar la prueba. Cuando pienses a dónde quieres ir de vacaciones y qué quieres experimentar, toma en cuenta qué tan desconectado quieres estar. La primera vez que fui a Australia estaba en una zona horaria completamente diferente que la de mi equipo, así que me sentía desconectado por completo, aunque tenía correo electrónico, podía mandar mensajes y hacer videollamadas. Y vaya que usé esa tecnología para arruinar las cosas y molestar a mi equipo. ¿Necesitarás obligarte a desconectarte al elegir un lugar con opciones limitadas para revisar cómo va el trabajo? Tal vez. Sin lugar a dudas, ayuda.

Diseña tus vacaciones en torno al tipo de experiencia que tú y tus seres queridos quisieran tener, con la intención de estar desconectado. Disfrutar te ayudará a no tener la mente puesta en el negocio y la incapacidad de conectarte te protegerán de caer en la tentación de "revisar cómo van las cosas" y arruinarlo todo.

Necesitas un plan para tus vacaciones de cuatro semanas ahora, incluso si en tu negocio sólo estás tú, porque hasta los negocios de una sola persona pueden encontrar formas de lograr al menos independencia parcial del dueño con respecto a Dar acción en todo. Puedes empoderar vendedores y proveedores. Puedes automatizar procesos y entregables. La tecnología existe y las personas a quienes puedes subcontratar están allá afuera para inyectar una enorme dosis de independencia a un negocio del tamaño que sea.

Algunos negocios de una sola persona se confunden con operaciones de una sola persona. Esto no es necesariamente cierto, ni debería serlo. Un negocio de una sola persona significa que el propietario participa activamente en todas las facetas del negocio, pero eso no significa que lo haga todo. El uso de proveedores, como un diseñador web o un diseñador gráfico, es delegación. Si tienes un teléfono móvil, estás delegando para que un sistema gestione la comunicación por ti.

No importa lo aislado que creas que estás, estás utilizando a los demás sin ser consciente de ello. Ahora puedes hacer consciente esa delegación. Pregúntate qué cosas haces tú que un proveedor podría hacer. ¿Qué siguiente cosa puedes quitarte de encima y pedirle a un asistente virtual que haga por ti?

Empieza a transferir la carga. Si no tienes idea de dónde empezar, contrata a un asistente personal de medio tiempo, alguien que te ayude con cualquier aspecto de tu vida que te permita tener más tiempo para tu negocio. Si tu asistente te ayuda a programar las citas médicas, recoger a tus hijos de la escuela o simplemente prepararte un café, tendrás todo el tiempo libre para brindarle un servicio mejor a tu negocio. No importa cuán pequeña (o grande) sea su empresa o cuántos ingresos obtenga. Todos y cada uno pueden beneficiarse de manera significativa en la construcción de un negocio al contratar a un asistente personal. Incluso si sólo puedes permitirte unas pocas horas a la semana.

Y si resulta que tú eres tu asistente personal, de todos modos necesitas contratar a uno. No puedes ser tu propio asistente. Así no funciona el sistema Clockwork.

Las vacaciones de cuatro semanas no necesitan ser algo extravagante. Puedes hacerlas donde quieras y con el presupuesto que tengas. Sólo necesitas alcanzar ciertas metas:

1. Desconectarte físicamente de la oficina.
2. Desconectarte virtualmente de la oficina. Hay una forma de hacer esto, incluso si hay señal de celular y wifi donde estés. Sugerencia: pídele a un colega que cambie las contraseñas de todas tus aplicaciones comerciales. Puedes volver a cambiarlas cuando regreses al trabajo.
3. Dejar que el negocio funcione todo ese tiempo sin que tú te conectes. Puedes ir a Maine (es maravilloso) o a la casa de tu suegra (aunque no esté al mismo nivel que Maine). Pero hay una manera de hacer esto amigable para tu presupuesto. Tu negocio necesita que hagas esto para que pueda crecer. *Tú* necesitas esto para que puedas crecer.

Operación Vacaciones

Al planear tus vacaciones de cuatro semanas comienza por elegir una fecha que sea dentro de 18 o 24 meses a partir de hoy. Sí, puedes hacerlo más rápido e irte en seis meses. O superrápido e irte mañana. Pero es probable que no tengas el tiempo suficiente para prepararte. Si planeas tus vacaciones de cuatro semanas con más de un año de anticipación, tendrás la oportunidad de vivir y trabajar esas mismas cuatro semanas del calendario, lo cual es crucial para una planeación efectiva.

Una vez que te comprometas con tus vacaciones, es probable que notes un cambio inmediato en tu manera de pensar. Primero tendrás el momento "¡Dios mío! Pero qué hice". Es normal. Lo superarás en 48 horas. Luego notarás que tu foco ya no va a estar puesto a corto plazo o en lo que es urgente en este momento. Pensamientos como "¿Cómo hago para sobrevivir este día?" se convertirán en "¿Cómo hago para que esto suceda sin mí?", "¿Qué se necesita cambiar para que este aspecto de mi negocio pueda funcionar sin que dependa de mí?".

Para hacer tu vida más fácil he dividido en pasos las tareas que necesitas llevar a cabo. Esto te ayudará a mantenerte en rumbo para que sí te vayas a Roma o a Maine o a Roma en Maine (sí, de hecho, existe) o a donde quieras estar durante 28 días.

18 meses antes: Decláralo

1. Pon las fechas de tus vacaciones en un calendario. Bloquea cuatro semanas consecutivas. Hazlo *ahora*, mientras lees esto. No lo postergues. Tu libertad y el éxito de tu empresa dependen de ello.
2. Dile a tu familia, a tus seres queridos, a la gente que hará que cumplas tus vacaciones, ¡en especial si te van a acompañar! Ellos te obligarán a seguir adelante con lo planeado.

3. Si aún no lo has hecho, declárate accionista de tu pequeña empresa. Usa tu nuevo título para siempre y empieza a actuar en consecuencia. Al comienzo del libro, te pedí que me enviaras un correo electrónico y pusieras en el asunto: "¡Soy accionista!". Si todavía no lo haces, hazlo ahora (mi correo electrónico es Mike@MikeMichalowicz.com). Y pase lo que pase, cada vez que alguien te pregunte a qué te dedicas responde: "Soy accionista de una pequeña empresa". Puede que al principio te resulte incómodo, pero obedece a cómo nos identificamos. El cambio se producirá y, por definición, harás menos y diseñarás más.

17 meses antes: Haz un Análisis de tiempo

1. Lleva a cabo un "Análisis de tiempo" de tu trabajo. Monitorea y analiza tu tiempo al menos una semana "típica". Completa tú mismo todos los demás ejercicios de Clockwork.

14 meses antes: Díselo a tu equipo

1. Cuéntales a los miembros de tu equipo tu compromiso con las vacaciones de cuatro semanas. Explícales por qué lo vas a hacer y cuál es el resultado que esperas obtener. Explica cuál será el beneficio para el negocio y para ellos. Diles que confías en ellos para "navegar el barco". Explica el beneficio (para el negocio) de no tener dependencia del dueño.
2. Invítalos a hacer preguntas y a compartir sus preocupaciones. Empodéralos para lograr el resultado (¿recuerdas la fase de Delegar para el crecimiento del negocio?).
3. Pídeles apoyo para lograr que esto suceda. Déjales claro que no estás esperando que trabajen más. Diles que la meta es automatizar el negocio lo más posible. Y la meta es nunca postergar

ni retrasar, porque eso no resuelve los problemas. La meta es que ellos solos atiendan los problemas y los resuelvan sin ti.

a) Si me permites la sugerencia, dale a cada uno un ejemplar de *El sistema Clockwork, corregido y aumentado* para que lo lea. Como habrás notado, hay una sección en cada capítulo dedicada específicamente al empleado de una empresa Clockwork. Aun así deberían leer (o escuchar) el libro completo para comprender mejor el sistema, cómo funciona y su papel en este cambio hacia una asombrosa eficiencia organizacional.

4. Establece una mejor comunicación entre los miembros del equipo.

a) Ten una línea de responsabilidad clara para cada papel que hay en el negocio (quién es la persona responsable para asegurar que el trabajo se haga y que se haga bien) y ten una persona de respaldo para cada papel por si la primera persona no puede cubrirlo.

b) Haz un *team back* diario. Puedes hacerlo en persona o de manera virtual, pero es algo indispensable. Revisa las métricas de desempeño clave de la empresa. Haz que cada persona comparta qué fue lo más importante que logró el día anterior y luego que compartan qué es lo más importante que están haciendo hoy y por qué es importante. Luego, reconoce el trabajo de otros empleados y comparte algo tú también. En Clockwork.life está disponible una grabación de uno de los *team backs* diarios de mi empresa.

12 meses antes: Comienza a reducir tus acciones

1. Ten una junta con tu equipo para determinar qué se necesita para que no estés Dando acción. Elabora un plan de acción para

Eliminar, Transferir, Recortar y Atesorar todas tus acciones, incluyendo el trabajo del PAR.

2. Ahora que han tenido dos meses para leer el libro *El sistema Clockwork, corregido y aumentado*, coméntalo con ellos. ¿Cuáles son sus preocupaciones, si las hay? ¿Qué es lo que más les entusiasma implementar primero? ¿Cuáles son sus ideas? ¿Piensan que el equipo debería tener discusiones periódicas sobre el sistema Clockwork?

3. Si no lo has hecho ya, haz que tu equipo lleve a cabo todos los ejercicios del libro.

4. En los siguientes dos meses, comprométete a recortar tu carga de trabajo de acciones para que represente menos de 80% de tu tiempo. Eliminar, Transferir, Recortar y Atesorar. Puede ser que ya estés por debajo de 80% y eso es maravilloso. Si ése es el caso, intenta reducir otro 10% de las acciones que tú llevas a cabo y destina ese tiempo a Diseñar.

5. Comprométete a nombrar sustitutos para atender el PAR de modo que tú no seas el único que lo atienda.

6. Visualiza tus vacaciones de cuatro semanas y cómo afectarán tu negocio. ¿Qué prevés que se presentará cuando estés lejos? ¿Qué tan bien funcionará tu negocio sin ti?

7. Si aún no lo has hecho, prepara tus vacaciones: haz reservaciones, deposita anticipos, compra boletos, avísale a tu suegra que empiece a cocinar porque ya "merito" vas, solicita los materiales para el enorme proyecto de renovación de tu casa… es decir, haz todo lo necesario para tener un compromiso total. ¡Ahora sí no hay vuelta atrás, amigo!

8. También puedes obtener ayuda profesional con la eficiencia organizacional. Del mismo modo en que hay gente que se une a un gimnasio y se ejercita por voluntad propia, otros consiguen un éxito mucho mayor cuando tienen la guía (y la responsabilidad) de un entrenador. Puedes ir a RunLikeClockwork.com para conseguir un "entrenador" que te guíe para que tu negocio funcione, ya sabes, como relojito.

10 meses antes: Elimina aún más cosas

1. Realiza un "Análisis de tiempo" en tus tareas. Confirma que estés haciendo 80% o menos.
2. Reúnete con tu equipo para reducir a menos de 40% el tiempo que dedicas a Dar acción. Destina el tiempo que liberes para Diseñar lo más posible.

Ocho meses antes: Mide el progreso y crea respaldos

1. Realiza una vez más un "Análisis de tiempo" en tus tareas. Confirma que menos de 40% de tu tiempo se destina a Dar acción.
2. Comprométete con lograr que el tiempo que destinas a Dar acción sea de 0% en los siguientes 60 días.
3. Reúnete con tu equipo para planear y evaluar el progreso.
4. Identifica respaldos y redundancias de todos los miembros de tu equipo.

Seis meses antes: Realiza una prueba

1. Haz la prueba de tomarte una semana de vacaciones. Sal de la ciudad y vete a un lugar donde no haya conexión a internet o desconéctate virtualmente y quédate en casa. Sólo no vayas a la oficina ni te conectes de manera remota. Espera síntomas de abstinencia, incluidos dolores de cabeza, ataques de llanto aleatorios y de hablar solo. Pero también espera momentos de claridad, momentos en los que piensas en tu negocio como un negocio, no como una estación de bomberos.
2. Haz una junta general el primer día que regreses. Revisa qué funcionó y qué no. Haz mejoras y arregla lo que haga falta.

3. Confirma los planes para tus vacaciones de cuatro semanas.

4. En los siguientes dos meses, comprométete con reducir el tiempo que destinas a Dar acción y a Delegar para que represente 5% y el Diseño 95 por ciento.

Cuatro meses antes: Realiza más pruebas

1. Semana 1: realiza otra prueba tomándote una semana de vacaciones. No te conectes en siete días. Estarás desconectado pero tu cerebro estará en el negocio (a veces). Éste eres tú convirtiéndote en un verdadero accionista. Espera algunas ideas innovadoras sobre formas de mejorar estratégicamente tu negocio.

2. Semana 2: regresa por una semana. Reúnete con tu equipo para que te ponga al corriente y arregla los obstáculos antes de tus cuatro semanas de vacaciones.

3. Semana 3: realiza otra prueba tomándote una semana de vacaciones. No te conectes. Seguramente estarás pensando en el negocio; conceptualizando estrategias y sistemas que puedas implementar. Cuando alcances tu cuarta semana, estarás listo para pensamientos profundos (como cosas tipo maestro yogui).

4. Semana 4: reúnete de nuevo para revisar y resolver.

Dos meses antes: Planea una desconexión completa

1. Realiza otro "Análisis de tiempo" en tus tareas. Confirma que estás destinando 0% de tiempo a Dar acción. Si no, establece un plan para lograrlo de inmediato.

2. Planea desconectarte por completo de tu equipo. ¿Quién será responsable de monitorear tu correo electrónico, redes

sociales y otras plataformas de comunicación? Cuando te vayas, tendrán que cambiar las contraseñas y no dártelas hasta que regreses. De esa forma ellos pueden administrarlas y tú no tendrás acceso. Dos pájaros de un solo tiro.

3. ¿Quién tendrá tu celular? Si vas a estar en un lugar en específico, dale a tu equipo un número fijo donde pueda localizarte. O puedes comprar un celular prepagado para emergencias en esas cuatro semanas.

4. ¿Quién tendrá tu itinerario de modo que si se presenta una verdadera emergencia sepa dónde estás y cómo contactarte? Esto es en caso de muerte… personal o del negocio.

5. Comprométete a que 99% de tu tiempo esté dedicado a Diseñar. No existe un 100% dedicado a Diseñar porque, al final, tendrás que compartir tus ideas con tu equipo y pedirle su opinión, Delegando y Decidiendo por los demás. Pero la meta es que ese tiempo sea mínimo.

Un mes antes: Actúa como observador

1. Actúa como observador de tu negocio. Sé duro contigo mismo. Asegúrate de que no estás Dando acción ni Decidiendo.

2. Delega los resultados de cualquier trabajo restante.

3. Busca cualquier cabo suelto que necesites atar. Pero no los ates; sólo documenta que tienes cabos sueltos. Es un problema, porque un cabo suelto es algo que no fue eliminado, transferido ni recortado. Da esos cabos sueltos a alguien más.

4. Motiva a la persona que te acompañará en las vacaciones de cuatro semanas. ¡Ya sólo faltan cuatro semanas para tus cuatro semanas!

Una semana antes:
Tómate unas vacaciones en el trabajo

1. Por así decirlo, tómate unas vacaciones en la oficina. La meta aquí es no tener que hacer ningún trabajo correspondiente a Dar acción. No deberías tener una fecha límite para nada, salvo para cosas que tú te hayas impuesto. Aquí es donde has pasado a enfocarte en lo que es importante y no en lo que es urgente. De hecho, en este punto ni siquiera deberías estar al tanto de lo que es urgente. Tu equipo debería estar manejando todo, excepto las emergencias más graves.

2. Si todavía te queda trabajo que no sea de Diseño, Delégaselo a tu equipo. Esto incluye cualquier tarea que hayas estado guardando para ti en secreto. Ya sabes, eso que, a pesar de toda esta optimización, sigues pensando que sólo tú puedes hacer. Sí, te estoy viendo. Te conozco. Te conozco como a mi hermano gemelo (si lo tuviera). Estamos cortados con la misma tijera, amigo. Es hora de dejar ir esa última cosa…

El día anterior a la Operación Vacaciones

1. Envía un mensaje escrito a los integrantes de tu equipo o ve más allá y graba un video. Expresa tu gratitud por el trabajo que realizan. Agradéceles por su liderazgo y por asumir este desafío. Señala el crecimiento que todos experimentarán. Y luego dales las riendas. Tal vez lo conmemores dándole al equipo la(s) "llave(s) del negocio", similar a cuando a alguien le dan las llaves de la ciudad.

2. Pídele a tu asistente (o a la persona a la que le delegaste la revisión de tus cuentas) que cambie tus contraseñas de correo electrónico, redes sociales del negocio y cualquier otra que tengas de modo que sólo ella pueda verlas.

3. Métete en el coche. ¡Tus vacaciones te esperan!

Mientras estés fuera

1. **Contempla.** No soy bueno para meditar en el sentido tradicional. Sentarme con las piernas entrelazadas mientras digo "om" me parece incómodo en muchos sentidos. Pero en ciertos momentos siento como que me dejo ir o como que sueño despierto. No sé cuándo sucederá eso, pero sí sé cuándo no... cuando estoy concentrado en el trabajo. Sin embargo, si me relajo y voy a caminar, ando en bicicleta, me siento en una cafetería, voy al sauna, tomo un baño largo, esos momentos mágicos de genio puro suceden. *Deja que sucedan.*

2. **Ten lista una libreta de notas.** Siempre. Yo tengo un pequeño libro de espiral que cabe en mi bolsillo junto con una pluma. Y mi teléfono tiene una grabadora de voz que uso para registrar ideas y pensamientos. Sólo porque no estés en la oficina no significa que no puedas registrar tus ideas o tus metas para tu negocio que luego podrás revisar cuando regreses.

3. **Haz conexiones significativas.** Cuando estamos en el ajetreo, una de las primeras cosas que se mueven en la lista de prioridades es el tiempo que pasamos con nuestros seres queridos, con amigos o con absolutos extraños que quizá tengan algo que compartir con nosotros. Nos movemos demasiado rápido para poder hacer conexiones significativas. Ahora que estás lejos, proponte escuchar a las personas que amas y detenerte a hablar con otro turista, vendedor o músico mientras vas por la calle.

4. **Toma fotos.** Probablemente esto lo harás de todos modos, pero la razón por la cual estoy sumando esta tarea obvia a tu lista es que necesitas por lo menos una foto memorable que ejemplifique tu experiencia de las vacaciones de cuatro semanas. ¿Por qué? Porque cuando regreses la vas a poner en un marco en tu oficina como un recordatorio visual de todo lo que has logrado... Y como inspiración para tu siguiente viaje.

Cuando regreses

1. Ten agendada una junta general para el día en que regreses a tu oficina, luego una a la semana durante las siguientes cuatro semanas. Vas a revisar, mejorar, revisar, mejorar, revisar, mejorar.
2. En tus juntas, evalúa lo que funcionó y lo que no. ¿Qué salió como esperabas? ¿Qué desafíos inesperados se presentaron? ¿Qué olvidaste atender antes de irte? ¿Qué áreas necesitan ser mejoradas? Las vacaciones de cuatro semanas van a magnificar lo que no planeaste o no previste. Proponte resolver y mejorar esas cosas.
3. Agenda tus siguientes vacaciones de cuatro semanas para dentro de un año. Esto será algo habitual. Y entonces tal vez quieras hacerlo en grande: las vacaciones de 52 semanas. O tal vez incluso las vacaciones permanentes.

Te habrás dado cuenta de que en ninguna parte de este proceso dije: "Notifica a tus clientes que estarás fuera durante cuatro semanas". El éxito máximo es cuando un cliente dice: "No me di cuenta de que no estabas". Por supuesto, si estás en un negocio en el que tu ausencia podría poner en riesgo a los clientes, debes decírselo. Por ejemplo, si eres médico, puede ser que un paciente quiera localizarte porque tiene una emergencia. O si tienes 50 clientes a los que les llevas la contabilidad y no vas a estar durante las últimas cuatro semanas de la época de declaración de impuestos (lo cual sería una mala idea), tal vez quieras notificárselos y explicarles cómo lo vas a manejar. Yo prefiero no notificar a los clientes, y no configuro una respuesta automática de "Estoy de vacaciones", pero debes usar tu criterio profesional.

Cuando cuatro semanas
se convierten en meses

No podemos evitar que sucedan acontecimientos de la vida. A veces, una crisis nos obliga a hacer una pausa en nuestro negocio. Y a veces esa pausa dura mucho más de cuatro semanas. Cuando la abuela de Alex Beadon contrajo cáncer, dejó todo para asegurarse de que recibiera la mejor atención médica posible en su país de origen, Trinidad. Alex, fundadora de Beadon International, una empresa que ayuda a los empresarios a aumentar su número de seguidores en Instagram y les enseña cómo realizar un lanzamiento de seis cifras, había comenzado el proceso del sistema Clockwork el año anterior. Gran parte de su atención se había centrado en capturar sus ideas y sistemas para que su equipo pudiera hacer el trabajo sin ella. Gracias a que había tomado esas medidas, pudo mudarse a Trinidad y concentrarse por completo en Granny.

"Me desconecté por completo de mi negocio, durante meses", me dijo Alex cuando la entrevisté para este libro. "Me ponía en contacto cada pocas semanas, pero básicamente estaba fuera".

Alex tiene un gran equipo. Me explicó que si ella no hubiera implementado el sistema Clockwork en su empresa, habría sobrevivido cuando se fue para ayudar a su abuela, pero al final habría sido "un desastre". Y habría tenido que hacer malabarismos entre el trabajo y el cuidado de alguien, que es como tener tres trabajos, porque todos sabemos que ser empresario no implica trabajar 40 horas a la semana.

"Estar ahí para Granny marcó una verdadera diferencia", añadió. "Estaba más cómoda durante su viaje y recibió la atención médica que necesitaba".

Me alegra el corazón saber que Clockwork hace posible que los dueños de negocios estén ahí para las personas que aman. Pero no es necesario esperar a que surja un problema médico o una crisis para tomar un descanso más prolongado de tu empresa. Puedes hacerlo sólo porque quieres. Tu negocio debe servirte y no al revés. Así que tómate el tiempo que necesites para lo que quieras, sin arrepentimientos. Tal vez quieras tomar una licencia parental prolongada si tienes un nuevo hijo. Quizá quieras tomarte un año sabático para realizar un gran proyecto o aprender una nueva habilidad. O tal vez quieras emprender una búsqueda espiritual. Cuando controlas tu negocio, de verdad puedes experimentar la libertad de vivir la vida en tus términos. ¿Y no es ésa una de las razones por las que fundaste tu empresa?

* * *

Jessi y Marie de North Star, a quienes conociste en el capítulo 4, habían pospuesto sus vacaciones durante años. Después de implementar el sistema Clockwork, pudieron tomar sus primeras vacaciones de cuatro semanas. Las programaron al mismo tiempo para probar de verdad y dejar libre a su equipo para administrar la empresa. Y porque querían bosquejar su próxima novela coescrita.

En una llamada de seguimiento después de que regresaron del viaje, Jessi me dijo: "Los primeros dos días nos sentimos liberados. Entonces nos invadió el pánico. Luego nos distrajimos con todas las cosas divertidas que habíamos programado. Honestamente, no hablamos mucho sobre el trabajo, a pesar de que estuvimos juntos todo el tiempo".

Jessi y Marie tenían mucha confianza en su equipo. Habían tenido muchas minivacaciones de una y dos semanas antes de eso, siempre habían mantenido una lista de cosas que fallaban y habían implementado un procedimiento de operaciones estándar (POS) cada vez.

"Sabíamos que nuestro equipo conocía el ejercicio", dijo Jessi. "Ellos sabían qué hacer".

Jessi explicó que a pesar de lo emocionados que estaban, su equipo estaba aún más entusiasmado. "Les informamos con un año de anticipación y sabían que estaban trabajando para lograrlo y sabían que era porque queríamos empoderarlos para tomar decisiones".

Jessi y Marie regresaron a la oficina y descubrieron que todo había ido bien, que su equipo había manejado todos los problemas de manera efectiva, incluso tenían nuevos clientes, personas de las que nunca antes habían oído hablar.

"Fue una de mis victorias favoritas", dijo Jessi.

Puedes implementar el sistema Clockwork en tu negocio, incluso si crees que eres la única persona que puede hacer el trabajo.

Puedes implementar el sistema Clockwork en tu negocio, incluso si crees que no tienes tiempo para tomarte un día libre, y mucho menos cuatro semanas.

Puedes implementar el sistema Clockwork en tu negocio, incluso si te preocupa no saber qué hacer mientras estás fuera.

Sólo empieza. Empieza hoy.

Para empleados: La historia de Cora

En Job Turf, cada empleado se toma unas vacaciones de cuatro semanas. Todos. Es un gran beneficio para los empleados, pero es un beneficio mayor para la propia empresa.

Cuando Cora concluyó su primer año en Job Turf, ya había planeado sus vacaciones de cuatro semanas, un viaje por carretera para visitar a 10 miembros de su antiguo escuadrón militar. En preparación para su partida, llamó a otros empleados para que la respaldaran.

Gordon sabía cómo manejar la maquinaria; también Jamal y Kim porque Cora los entrenó.

En su viaje por carretera, Cora vio algo interesante en una base militar: un *bulldozer* eléctrico, silencioso y que no producía gases de escape. Cuando regresó al trabajo, se lo mencionó a Gordon y juntos idearon un plan. Hoy, Job Turf está en camino de ser la primera empresa privada en usar el nuevo *bulldozer* eléctrico. Menos contaminación del aire y menos contaminación acústica.

¿Cómo puedes ayudar? A los mejores empleados no les preocupa ser irreemplazables; están ansiosos por mostrar a otras personas cómo realizar su Trabajo primario y otras tareas. Mientras te preparas para tus vacaciones de cuatro semanas, o unas vacaciones de cualquier duración, captura todos tus sistemas para que cualquier miembro de tu equipo pueda hacer tu trabajo. Cuando estés de vacaciones, deja que lo hagan. Desconéctate por completo de la empresa y disfruta. Abre tu mente para descubrir nuevas formas de mejorarte a ti y a tu empresa mientras exploras la vida. Cuando regreses al trabajo, toma nota de cualquier problema que haya surgido. Éstas serán las áreas que necesitas sistematizar.

El sistema Clockwork en acción

Lo sé. Te estoy pidiendo que hagas algo que en este momento de tu vida podría parecer imposible. ¿Cómo vas a planear unas vacaciones de cuatro semanas cuando estás operando sólo con *cuatro horas* de sueño al día? Quiero inspirarte para que hagas este compromiso, por supuesto, pero sé por experiencia propia que es más importante que hagas un compromiso que de verdad vayas a cumplir. Así que empieza poco a poco. Empieza con algo tan pequeño que no tengas excusas para una excusa.

En el transcurso de los años me han contactado incontables empresarios y dueños de negocios que han seguido el sistema Profit First, o casi. Muchas personas no siguen el sistema completo. Hacen lo mínimo requerido: apartar un pequeño porcentaje como ganancia en cada depósito. Incluso este cambio diminuto tiene un efecto muy significativo en sus negocios. Así que muchas personas me cuentan sobre su éxito, como si no pudieran creer que el simple hecho de apartar su ganancia primero funcionaría de una manera tan mágica para el crecimiento de su negocio.

Así que ahora, aunque quiero que planees estas vacaciones para que puedas diseñar tu negocio para funcionar solo, te estoy pidiendo que bajes un poco la expectativa. Mantenlo simple. Comienza por comprometerte a hacer dos cambios en tu negocio:

1. Llámate accionista.
2. Declara el PAR de tu compañía.
3. Destina 1% del tiempo a Diseñar.

Una pequeña cantidad de tiempo para Diseñar te puede ayudar a implementar los demás pasos de este libro o te puede ayudar a idear tu próximo producto maravilloso o a pensar una solución para un problema. De manera similar, el simple hecho de *estar consciente* de tu PAR cambiará la manera en que operas día con día. Y te conviertes en lo que te etiquetas. Cuando te nombras accionista de manera consistente, empiezas a comportarte como tal.

Tres cambios. Eso es todo. Puedes hacerlo. Cuando seas bueno en estas cosas, puedes hacer más. Este libro estará ahí cuando estés listo para implementar todo el sistema Clockwork. Y yo estaré aquí para apoyarte, pase lo que pase.

Capítulo 12

A juntarlo todo

Sigue el viaje del dueño de un negocio mientras implementa el sistema Clockwork en su empresa

Ahora que ya aprendiste las tres fases del sistema Clockwork, te mostraré cómo funcionan juntas, no sólo para optimizar tu negocio, también para desencadenar un crecimiento enorme. Para ello, escribí una historia ficticia que muestra todo el proceso del sistema Clockwork aplicado a una empresa que desearía que existiera, Outlandish Dish.

Outlandish Dish es una empresa de turismo culinario que se especializa en excursiones para *gourmets* anglófonos por Australia, Canadá, Reino Unido y Estados Unidos. En sus viajes de tres días de "estudio rápido" y en las aventuras de 14 días de "inmersión", los asistentes prueban comida local auténtica en distintos países. Conocen a los chefs, aprenden la historia de la comida y conocen a granjeros y artesanos locales que crean productos especiales.

El dueño, Roberto Nolletto, es un italiano expatriado que se mudó a París, donde se encuentran las oficinas de Outlandish Dish. Él dirige la empresa, realiza su viaje estrella cuatro veces al año y desarrolla nuevos programas. Roberto comenzó el negocio porque le gustaba tanto experimentar distintas comidas y culturas que estaba haciendo sus propios viajes a los que invitaba a sus amigos. Comer con Roberto y escuchar la historia de la comida hacía que sus amigos estuvieran encantados de acompañarlo, de modo que decidió abrir Outlandish Dish y hacer de su pasión su negocio.

La empresa se construyó a partir de la experiencia de Roberto cuando era niño. Sus padres estaban en el Ejército cuando todavía era obligatorio. Sus asignaciones los llevaron a viajar por toda Europa, con Roberto a cuestas, durante su adolescencia. Le resultaba difícil hacer amigos en las escuelas porque Roberto rara vez permanecía allí el tiempo suficiente para encajar. Pero los cafés y restaurantes de toda Europa eran diferentes. Tanto los lugareños como los viajeros disfrutaban de conectarse entre sí. Si eras nuevo, eras bienvenido. Y las conexiones se formaron rápidamente a través de historias compartidas. Roberto no lo sabía en aquel momento, pero la esencia de su Big BANG se formó durante esos años. Se dio cuenta de que un extraño era simplemente un amigo que aún no conocía y que podía convertir "el mundo de los extraños en una familia de amigos". Aunque no se había decidido por las palabras, la razón por la que estructuró los viajes de la forma en que lo hizo fue por la alegría que sentía al conectar a extraños entre sí.

Un viaje típico comienza cenando en Ginebra para probar sus míticos platillos a base de quesos, continúa viajando por Alemania para probar sus *wurst* (que son las mejores), para luego disfrutar los increíbles panes y pastas de Italia y terminar en Francia con un festín de vino, pasteles y entradas de clase mundial. La última noche de cada viaje incluye una experiencia cocinando, donde, bajo la guía de un chef de renombre internacional, los asistentes preparan una cena y festejan toda la noche. Estos eventos han dado a Outlandish Dish extraordinarias reseñas y atención de la prensa internacional.

El problema es que aunque Estados Unidos y Canadá son el mayor mercado para la empresa, tienen dificultades para sacar clientes de ahí. Hacen mucha mercadotecnia en Estados Unidos; sin embargo, sólo 20% de sus clientes son estadounidenses; 80% provienen de Australia y del Reino Unido.

Roberto quiere que Outlandish Dish funcione (y crezca) como relojito, pero está atorado. Genera 3.5 millones de dólares de ingreso anual, pero la empresa sólo es ligeramente rentable. Tiene 25 empleados, incluyendo a Roberto, 14 guías de turistas adicionales, un programador de internet, una persona dedicada a mercadotecnia, dos vendedores, tres personas dedicadas a planear *tours*, un administrador y dos contadores. Roberto siente que no puede darse el lujo de hacer más contrataciones nuevas, pero al mismo tiempo su personal está agotado. Necesita más gente para apoyar el mercado de una manera más efectiva en Estados Unidos y requiere más guías de turistas. Roberto ayuda con la mercadotecnia, investiga nuevos *tours* y dirige los viajes estrella de 14 días. No puede trabajar más horas de las que trabaja y está agotado.

Roberto quiere iniciar el proceso del sistema Clockwork, pero se ha demorado. Irónicamente, no ha tomado un descanso del trabajo en 20 años. Lo único que su esposa quiere para su aniversario es irse de viaje con él, sola, así que reserva una semana en una pequeña isla de las Bahamas. Le resulta muy divertido planear sus vacaciones y lo hace de forma profesional. Pero le preocupa quitarle tiempo a su negocio, en especial porque no ha encontrado una solución a los problemas que enfrenta su empresa.

En la isla, una monstruosa tormenta deja sin servicio el teléfono y el wifi durante unos días. Al parecer, los dioses mecánicos están intentando enviarle un mensaje a Roberto. Uno que lo pone en modo de pura ansiedad. Cuando regresa de su viaje, le espera Disasterville. Espera que los clientes sufran calamidades y problemas de planeación en abundancia, ya que esos son los problemas que atiende cada semana. Aunque su equipo le dejó algunos problemas por resolver, en su mayor parte se las arreglaron bien sin él. Incluso se les ocurrió una solución creativa para un cambio de itinerario e hicieron que un grupo viajara en ferry cuando el otro transporte quedó encallado debido a los fuertes vientos. Se da cuenta de que ya es hora de empezar a gestionar su negocio.

Fase uno: Alinear

Al comenzar las fases del sistema Clockwork, Roberto primero revisa las respuestas de las encuestas posteriores a sus viajes más exitosos y las tarjetas de agradecimiento que recibió de clientes satisfechos. La mayoría lo menciona.

"¡Nos encantó conocerte, Roberto!"

"Nos divertimos mucho en la cena con Roberto."

"¡Las historias de Roberto fueron lo más destacado!"

Nota que todos los invitados que elogiaron su capacidad para conectarse con ellos se convirtieron en vitalicios. Más de la mitad han regresado a lo largo de los años, muchos durante una década o más. Es un narrador tan bueno que la gente se entusiasma con su aventura antes de que comience el viaje, se mantiene entusiasmada mientras está allí y habla con entusiasmo sobre su viaje después de llegar a casa. Si Roberto no hace los recorridos él mismo, la "tasa de repetición" de viajeros se desploma a menos de 20%. Roberto determina que la gran promesa de su empresa es: "Viaje de aventuras con tu nuevo viejo amigo".

A continuación, hace un análisis de amor/odio a sus clientes. La lista de "amor" son las personas que se dejan llevar, no discuten por el precio y regresan una y otra vez. Los clientes de "odio" son los que requieren mucha atención, intentan obtener un descuento para todo y se sorprenden de no poder conseguir hamburguesas y hot dogs en todos los restaurantes.

Cuando Roberto compara su pila de respuestas a encuestas y tarjetas de agradecimiento con la lista de "amor", se da cuenta de que son casi idénticas. Ahora sabe que su gran promesa se dirige a los viajeros que le encantan.

Luego considera su PAR, la principal actividad que sustenta su gran promesa. Se da cuenta de que si se hubiera saltado el ejercicio de la gran promesa, habría asumido que el PAR eran sus singulares itinerarios de viaje. O tal vez acceso a la cocina local, sin los hot dogs. Pero ahora comprende que el PAR de su empresa es conectarse con los huéspedes como si fueran amigos de toda la vida.

A continuación, Roberto busca formas para poder concentrarse en el PAR (y en Eliminar, Transferir o Recortar el resto del trabajo que realiza). Pero tiene un problema. ¿Cómo puede Roberto establecer conexiones íntimas con los huéspedes a menos que sea el guía de todos los viajes? Imposible, ¿verdad? O tal vez…

Una noche, la nueva encargada de reservaciones, Mariette, dice: "La forma principal en la que conectas con los clientes es contar historias. ¿Por qué no los acompaña en el viaje al principio y luego vuelve a aparecer en la noche final? En vez de estar coordinando un viaje durante dos semanas, puede atender a los clientes durante un día o dos por viaje. Y, como casi todos nuestros *tours* pasan por París, donde tenemos la sede, contar esas historias lo alejará de la oficina por cuatro o cinco horas cuando mucho".

A Roberto le gustó la idea, pero se mostró escéptico. Sabía que conectar con los clientes era el PAR, pero le parecía difícil de creer que aparecer sólo al inicio y al final iba a tener un gran impacto.

Roberto tiene razón. Modificar ligeramente el enfoque no tuvo un gran impacto: tuvo un impacto gigantesco.

Cuando aparece en los viajes en el momento en que la gente se está conociendo y está cenando, es imparable. No está agotado por el viaje, así que es capaz de hacerla en grande. Les da cientos de historias a los asistentes y ellos aman cada palabra que sale de su boca. Pasa tiempo con cada huésped de forma personal y les da consejos cobre cosas por hacer por su cuenta. Y como Roberto no está amarrado durante dos semanas coordinando aventuras, ahora puede visitar a todos los grupos que están de viaje, incluyendo los de tres días.

Llueven elogios. Las personas que hacen el viaje de tres días ahora empiezan a reservar el de 14. Las personas quieren más aventuras. Desean más historias con sus comidas. Más intimidad con Roberto. Y ahora, en lugar de que 50% de los asistentes al viaje estrella repita, cada viaje está obteniendo una tasa de repetición de 50% por parte de los clientes. En un año las ventas se incrementan a 4.5 millones de dólares. Outlandish Dish ya no es *una* de muchas empresas dedicadas al turismo culinario; es *la* empresa dedicada al turismo culinario. Incrementa sus precios y también sus márgenes.

Fase dos: Integrar

Sin embargo, siguen existiendo dos problemas: el primero es que el equipo sigue siendo sólo de 25 personas, pero con todo el mundo enfocado en proteger el PAR (el bebé de Roberto, por ahora), la demanda ha ido en aumento para el equipo de guías de turistas y necesitan una nueva contratación. El otro problema es que las ventas al mercado estadounidense siguen siendo muy escasas.

Roberto hace el "Análisis de tiempo" para abordar primero el problema de su equipo sobrecargado. Evalúa dicho análisis y descubre que su empresa pasa mucho tiempo en las fases de Decidir, Delegar y Diseñar: casi 40%. Está muy asombrado, porque sus guías de turistas constantemente están diciendo lo ocupados que están (Dar acción). Y como Roberto ya no dirigía ningún recorrido, estaba seguro de que lo único que hacían los guías turísticos era facilitar los recorridos. Viéndolo con más detalle, el porcentaje empieza a tener sentido. Roberto se da cuenta de que las tres personas que se encargan de planear los *tours* están contribuyendo a que la Mezcla de 4Ds esté desequilibrada. Las personas que planean los *tours* llevan a cabo muchas tareas administrativas y sus trabajos consisten en gran media en Decidir (tomar decisiones por los guías de turistas), Delegar (asignar recursos y responsabilidad a los guías de turistas) y Diseñar (formular una variedad de nuevos *tours*). Como resultado, esas personas también están estresadas y sobrecargadas de trabajo. Como la mayoría de los *tours* ya están establecidos, tener a tres personas organizando *tours* parece ser demasiado, ya que no es necesario crear tantos nuevos itinerarios.

En lugar de crear nuevos *tours*, Roberto decide hacer más de lo que estaba funcionando. Decide mantener el *tour* más exitoso y actualizarlo cada año con nuevos restaurantes y nuevos chefs, pero lo demás se puede quedar igual: las mismas ciudades, los mismos sitios de interés, los mismos hoteles y la misma transportación. Este cambio libera a las personas que estaban dedicadas a planear los *tours*, ya que pueden planear con mucha anticipación los contactos y reservaciones de hoteles, compañías de transporte y asegurar entradas para algunos lugares. Esto, a su vez, reduce las fases de Decidir, Delegar y Diseñar.

Fase tres: Acelerar

A continuación, Roberto configura su tablero de control de métricas. Para asegurarse de que su PAR esté funcionando, establece la métrica de que al menos 50% de los huéspedes reserve otro viaje una vez finalizado el recorrido.

Durante un descanso de las giras, Roberto y sus empleados clasifican sus Trabajos primarios, anotan las formas en que cada uno apoya el PAR y determinan quién supervisa cada métrica en el tablero de control. Luego, consideran lo que cada uno necesita Eliminar, Transferir, Recortar y Atesorar para asegurarse de que sólo estén haciendo sus Trabajos primarios y respaldando el PAR.

Con la meta de apoyar a los guías de turistas que también necesitan aligerar su carga de trabajo, Roberto lleva a cabo el "Análisis de rasgos laborales" para todo su equipo. El rasgo laboral clave para un guía de turistas es la atención al cliente. A Roberto le encanta decir: "A nadie le importa lo mucho que sabes, hasta que saben lo mucho que te importa". El conocimiento del área es importante, atender los problemas que resultan a medida que las cosas evolucionan es importante, pero nada es tan importante como la atención al cliente.

Al evaluar los resultados del "Análisis de rasgos laborales", Roberto se dio cuenta de que Janet, una de las tres personas encargadas de planear *tours*, es extraordinaria para el servicio al cliente. Janet es estadounidense y se mudó a París para cuidar a su abuela en sus últimos días, y se enamoró de la ciudad y de toda Europa. En su trabajo planeando *tours* destaca su cuidado por la gente. Por ejemplo, todo el mundo la conoce por enviar regalos a los chefs y a los vendedores que conoce mientras está investigando nuevos *tours* y por mantenerse en contacto con ellos, aunque no formen parte de un viaje. Aunque nunca ha estado al frente de un viaje, tiene el rasgo clave que la posiciona para un gran éxito.

Roberto pone a prueba sus habilidades de guía turística, primero como guía en la sombra y luego con un viaje propio. Le va muy bien, entonces la traslada oficialmente al puesto. En unos pocos meses, se convierte en una de sus guías mejor evaluadas.

El éxito de Janet inspira a Roberto a crear sistemas para conectarse con los invitados a través de la narración de historias. En videos cortos, crea una biblioteca de consejos que cualquier guía puede usar para conseguir resultados similares: obtener detalles personales sobre los huéspedes, en particular de su familia y de dónde viven en la actualidad; al contar historias, mostrar cómo el lugar donde están de gira se conecta de manera personal con los invitados (haciendo que se sientan que forman parte de la historia); y las formas de cronometrar la narración de historias, el tiempo para socializar y el tiempo a solas.

Outlandish Dish sigue teniendo 25 empleados y, al enfocarse en mejorar los *tours* exitosos en vez de en crear nuevos, Roberto se da cuenta de que dos personas para planear *tours* son demasiadas. Observa sus rasgos. Una de ellas, Sankara, es creador de videos y editor. Cada vez que tiene oportunidad de hacer un video, lo hace. Roberto recuerda una sugerencia que Mariette hizo en un momento determinado. Dijo que hacer videos ayudaría a entrar en el mercado estadounidense, pero Roberto no podía darse el lujo de asignar esa tarea a alguien cuando la mayor parte de su equipo estaba trabajando horas extra para cumplir con la demanda. Le pregunta a Janet sobre esta idea y ella le dice que los estadounidenses ven más videos en redes sociales que televisión.

Roberto empata el nuevo trabajo de hacer videos de los *tours* con el talento de Sankara. En dos días, Sankara graba el primer video con Roberto y Janet. Dirigido al mercado estadounidense, el video muestra a Janet hablando sobre las experiencias que te cambian la vida que proporciona Outlandish Dish. Luego entra Roberto, quien cuanta cómo alguna vez, hace mucho tiempo, los continentes estuvieron conectados, e invita a los estadounidenses a venir a Europa para conectarse otra vez. Comparte historias de risa y llanto que tuvo con otros asistentes de Estados Unidos e invita a asistentes potenciales a visitarlos de modo que él en persona pueda servirles una copa de vino en el momento de su llegada.

Los videos tienen muchísimo éxito en Facebook. Roberto es un exitazo; su carisma y su encanto no tienen igual. Pronto, Outlandish Dish tiene una oleada de estadounidenses que reservan sus viajes.

Con todos los nuevos clientes, Roberto y su equipo prestan especial atención al seguimiento de ACER en su tablero de control. El escalado ha causado algunos problemas en la etapa de Reunir, un problema que nunca antes habían tenido. Dado que gran parte de sus ingresos anteriores se basaba en clientes que regresaban y sus referencias, rara vez tenían que realizar los pagos finales antes de que comenzara el viaje. Y tienen más cancelaciones de última hora que nunca antes. Sospecha que el problema es financiero. El equipo evalúa las soluciones y decide que necesitan asegurar un depósito mayor por adelantado para eliminar a los compradores impulsivos que no tienen los fondos para pagar el viaje.

Para sus próximas vacaciones de cuatro semanas, Roberto decide quedarse en casa para poder plantar un jardín. Siempre quiso convertir su patio trasero en un oasis para mariposas y pájaros, y tiene una idea para un huerto lleno de ingredientes para los platos favoritos de su esposa. Él piensa que una vez que tenga el jardín, mantenerse al día será un buen uso de su tiempo de Descanso.

Está plantando semillas de tomate y pensando en las ensaladas que preparará una vez que la fruta crezca cuando recuerda el exquisito aceite de oliva que probó en Azienda Agricola Il Brolo, un pequeño viñedo de aceite de oliva en Brescia, Italia, a unas dos horas de Milán. El autobús turístico tuvo que hacer una parada de emergencia para recibir atención médica para un huésped. Entonces se da cuenta: "¡Espera! ¡Podría incluir granjas y viñedos en mi recorrido!". La idea de Roberto lleva a la creación de los tours culinarios más populares que su empresa haya creado jamás.

Como todo el mundo está en su trabajo adecuado, haciendo las cosas correctas en las proporciones correctas; como todo el equipo está protegiendo al PAR y, como Roberto tiene suficiente tiempo para enfocarse en Diseñar su empresa, Outlandish Dish crece a lo grande.

Los estadounidenses comienzan a hablar sobre la empresa y luego sucede la magia inesperada: una cadena de televisión estadounidense muy importante se pone en contacto con Roberto porque quiere hacer un programa sobre *tours* culinarios por Europa. Su encanto natural para contar historias entra en acción y, en cuanto el programa sale al aire, se vuelve una celebridad. La demanda por su negocio se va por las nubes… y logra un ingreso anual de más de 10 millones de dólares.

Tal vez pienses que aquí es donde termina la historia, pero Roberto aún no ha terminado. Su paso final es hacerse a un lado del PAR. ¿Y a que no sabes qué? Janet comparte el mismo rasgo por el que Roberto es conocido. Ella se convierte en la líder de contar historias, en especial en los *tours* para estadounidenses. Roberto disfruta su nueva carrera en televisión y su equipo dirige Outlandish Dish como relojito.

El final de la historia tal vez parezca un cuento de hadas, pero cualquier sueño que tengas para tu negocio, cualquier meta que esperes alcanzar con tu empresa, cualquier contribución que desees hacer al mundo, es posible cuando no estás agobiado por trabajo que tú no deberías estar haciendo y cuando tu equipo está haciendo que todo funcione como relojito.

Capítulo 13

Resistencia
(y qué hacer al respecto)

Navega a través de resistencias, desafíos y estancamiento

Durante una gira de conferencias en Perth, Australia, inicié la desconexión necesaria de mi negocio para tomar unas vacaciones de cuatro semanas… y de inmediato entré en pánico. Estaba trabajando en la primera edición de este libro en ese momento y me encontraba a la mitad de probar el sistema Clockwork en mi propio negocio. Creo que esto es lo que hace que mi trabajo sea en cierta forma atípico entre otros escritores y asesores. Cuando investigo un concepto, primero lo pongo a prueba en mis negocios, a menudo durante años, antes de comenzar a escribir al respecto. Y entonces, durante la etapa de documentación y escritura, continúo probando el sistema en otros negocios y haciendo ajustes en los míos. Es un proceso muy repetitivo.

Después de disfrutar un desayuno bufet, que incluía pastelitos de alta cocina, en el icónico y tradicional Hotel Miss Maud en Perth, di un trago a mi café y abrí mi computadora, ahí en la mesa. Había pensado en un giro final al sistema después de haber tenido una conversación con la empresaria australiana Leticia Mooney a comienzos de esa semana. Una vez que hice esa última mejora, ya había terminado la parte esencial del libro y no tenía nada más que hacer. Pensé en dar una segunda vuelta al bufet, pero eso sólo resultaría en una llanta más grande en mi cintura. ¿Qué podía hacer? Revisé mi correo electrónico. Nada. Lo volví a revisar y siguió sin haber nada. Si alguna vez has experimentado el estrés de una bandeja de entrada atiborrada, no se compara ni de cerca con el terror que sentí al ver una vacía. En ese momento, tuve una epifanía: pensé que por fin había logrado atravesar la mayor barrera para garantizar que mi negocio funcionara solo: mi ego. Pero no fue así…

En Perth, literalmente estaba del otro lado del mundo, casi en el sitio opuesto en el mapa a mi hogar en Nueva Jersey. La diferencia de horario entre los dos lugares es de 12 horas, así que mi día era su noche, y viceversa. Esto significaba que mi equipo dormía mientras yo trabajaba todo el día en Australia. Y cuando ellos estaban despiertos y en acción en Nueva Jersey, yo estaba dormido y soñando con comer camarones en la bahía. Con esa diferencia de horario tan extrema, si mi equipo necesitaba algo, no podía acudir a mí de inmediato, ni tampoco yo podía acudir a él.

Después de un par de días así comencé a sentir que el mundo no me necesitaba. Fue la desconexión final. La diferencia entre libertad y que no me necesitaran fue inmensa. En realidad, fue un balde de agua fría en la cara. Siempre quise ser libre de mi negocio, pero nadie me llamaba, ni siquiera para pedirme mi tarjeta de crédito para pagar las pizzas de la fiesta de la oficina. Bueno… pues fue difícil de aceptar. Mi equipo no sólo estaba dirigiendo el negocio: lo estaba haciendo sin mí. Me había pasado años diseñando una empresa que pudiera funcionar sola y ahora tenía *pruebas* de que lo había conseguido. ¿Darme cuenta de que no me necesitaban? Eso simple y sencillamente me desgarró el alma.

Sentado en mi mesa de uno, la avalancha de pensamientos me atacó. Estaba solo en Australia, encerrado junto a una pared de galletitas danesas y pasteles de manzana, y a nadie de mi oficina le importaba. Ni un alma me necesitaba. ¡Entra el pánico! ¿Se darían cuenta siquiera si yo me iba y no regresaba nunca?

Como mencioné en el capítulo anterior, hice lo único que podía hacer un ser humano que se enfrenta al hecho de que no es indispensable: volver a involucrarme en el negocio. Comencé a enviar correos electrónicos con preguntas y solicitudes. Me puse a hacer lo que fuera e hice que los demás se dieran cuenta. Comencé a aplicar llaves inglesas a la maquinaria bien aceitada que había creado. En cuanto los miembros de mi equipo en Nueva Jersey despertaron, vieron que les había enviado decenas de correos, que hicieron que bajaran la velocidad, comenzaran a titubear en cuanto a lo que debían hacer y empezaran a buscar mi retroalimentación sobre cómo proceder. De inmediato hice que mis actividades en Australia fueran mucho más demandantes. Brillante, ¿verdad? Si lo piensas por un segundo, mi decisión fue inteligente; sólo imagíname. Ahí estaba yo, sentado en el centro del bufet, rodeado de abuelas australianas (a las que aparentemente les encanta frecuentar Miss Maud), vociferando órdenes y enviando mensajes de voz a mi equipo y, como resultado, poniendo en jaque a mi propia empresa.

Y en caso de que lo hayas olvidado, acababa de escribir un borrador de *este libro*. El cual propugnaba las vacaciones de cuatro semanas. Y ni siquiera pude lograrlo durante cuatro días. Tras reflexionar muchos meses después, me di cuenta de que había estado pasando por un proceso de abstinencia. En cierto modo, era adicto a mi negocio, a lo que *hacía*, y no era fácil salir de la adicción. Tienes que dejarlo de golpe. Me había preparado para mi tiempo fuera. Había construido los sistemas para soportar mi tiempo libre. Pero mi mente no se había dado cuenta.

Déjame ser claro con respecto a esto: yo nunca dije que fuera la herramienta más lista del lugar. Una herramienta, quizá. Está bien, una buena herramienta. Esto no se trataba de mi cerebro sino de mi ego. Se trataba de mi naturaleza humana. Puede ser que hayas experimentado una necesidad similar de seguir siendo relevante para tu negocio o para algún otro aspecto de tu vida. Tal vez cuando tus hijos se fueron a la universidad. Mi esposa y yo sí lo sentimos. De repente, una casa llena de caos se convirtió en un almacén vacío de "y ahora qué". Primero, cuando cruzan la puerta y se van, tienes la asombrosa sensación de "éste es el primer día del resto de mi vida". Luego, cuando llega la hora de la cena y no hay nadie gritando: "¿Qué hay de cenar, mamá?", te das cuenta de que no te necesitan y te quedas sin aliento. ¡Es doloroso! Así que tomas el teléfono y les llamas y mueves toda su organización en un esfuerzo por sentir que eres indispensable. Para entonces dos de mis hijos ya se habían ido a la universidad y tenía otro a punto de irse, así que mi ego no podía soportar perder a mi último hijo: mi negocio. Al tratar de volver a insertarme en la empresa estaba tratando de jalar de vuelta a la casa a mi "hijo adulto". No era bueno para el equipo y no era bueno para mí.

La verdad es que nuestros hijos nos siguen necesitando después de que se van a la universidad y nuestro equipo nos sigue necesitando cuando está dirigiendo solo el negocio. Sólo que nos necesitan de una *forma distinta*.

Lidiar con nuestro propio ego herido sólo es una de las formas en las que tú (y otras personas de tu empresa) pueden resistirse al proceso de optimización que he detallado en este libro. No margines esto. En mi experiencia y en la de la mayoría de los dueños de negocios que implementaron el sistema Clockwork, el *mayor* impedimento para nuestro progreso éramos nosotros mismos. Cuando quieras salir de la maleza, sal. No digas que quieres salir de lo cotidiano y luego te quedes ahí. Sal. No digas que quieres trabajar menos y luego trabajes más para trabajar menos. Sal primero, luego observa desde afuera y arregla las cosas desde allí. No dejes que tu ego te retenga.

Una técnica que utilicé fue dejar de llamarme el superhéroe de mi negocio. Primero, tuve que aprender a canalizar mi ego. En lugar de verme como un superhéroe para mi empresa, capaz de intervenir y solucionar cualquier problema, me veo como el "supervisionario", un papel al que le doy aún más importancia. Éste es un papel que requiere que haga un trabajo visionario, fuera del negocio. Aprender sobre el mundo, tomar ideas del exterior y presentarlas al equipo interno. "Supervisionario" cambia mi comportamiento para que actúe como un accionista de la empresa y eso alimenta mi gordo ego. Cuando comienzas a implementar el sistema Clockwork puedes experimentar resistencia o negación por parte de tu equipo, tus socios, tus colegas, tus amigos y tus familiares… y, en particular, de ti mismo. Espéralo. Planea a sabiendas de que sucederá. Y, sobre todo, sé paciente contigo y con los demás. El cambio es difícil, socio. Somos seres humanos y nos caracterizamos precisamente por ser muy humanos.

Se siente al revés de como va a funcionar

La mayor ironía es que, aunque crear sistemas implica un trabajo duro, no es trabajo infructífero. No estarás escribiendo en el teclado todo el tiempo. No estarás en juntas todo el tiempo. No estarás ocupado. Estarás enfocado en el trabajo más difícil de todos: pensar.

Pensar en tu negocio (*Diseñar* tu negocio) requiere mucha energía y concentración. Así que, como somos seres humanos, el instinto natural es distraernos haciendo el trabajo. Puede ser que suene "loco" que hacer el trabajo duro sea más difícil que pensar, pero así es.

Como si tuvieras dos opciones: *1)* intenta cavar una zanja en 15 minutos o *2)* intenta resolver un cubo Rubik en 15 minutos. Para muchas personas, será más fácil terminar la zanja, aunque sea difícil físicamente. Como casi tenemos la garantía de ver un resultado con la zanja, muchas personas van a optar por eso. O puedes tratar de resolver el cubo Rubik durante unos minutos y sentir la frustración de que el estúpido cuadro amarillo del centro sigue estando en el mugriento otro lado que las demás estúpidas piezas amarillas. Así que aventamos el cubo al piso y corremos bajo la lluvia a cavar la zanja. Pensar requiere mucha energía, mucha paciencia y mucha concentración.

Además, cuando estamos "pensando" y "no haciendo", sentimos como que no estamos dando un gran beneficio a nuestro negocio, porque a menudo no obtenemos resultados inmediatos por pensar. Queremos la gratificación instantánea de palomear las tareas de la lista de pendientes, cumplir cuotas, proporcionar servicios, alcanzar una meta.

La verdad es que la persona dedicada a pensar está haciendo un trabajo *muy importante*. Incluso le dedicaron una estatua, *El pensador*, porque se dio cuenta de que la meta no es hacer cosas, sino más bien pensar cómo se pueden hacer las cosas. Hacer las cosas no es la meta. La meta es lograr que la empresa haga las cosas. En vez de hacer el trabajo, necesita estar pensando en el trabajo y en cómo puede hacerse.

No te engañes creyendo que sólo porque estás ahí sentado con la cabeza apoyada en tu mano no estás trabajando. ¡Todo el mundo sabe que las mejores ideas surgen en la regadera! ¿Por qué? Porque no estás trabajando… no hay correos electrónicos, ni llamadas, ni nada de eso. Estás haciendo un trabajo muy importante: pensar. Ahora, cuando viajo, busco saunas, porque son como regaderas con esteroides (no puedo hacer nada ahí adentro… ni siquiera moverme). Sólo me siento a pensar y por ello en el sauna hago mi mejor trabajo.

¿Quieres saber cómo diseñar un negocio que funcione solo como relojito? Hazte preguntas poderosas y deja que tu mente trabaje en ellas. Y, recuerda, no porque estés desnudo quiere decir que no estás trabajando.

Resistencia de parte de los socios

No te imaginas la cantidad de veces que mi socio de Profit First Professionals me dijo: "No estás haciendo lo suficiente por el negocio. Necesitamos que des más". Entiendo por qué Ron se sentía así. Él seguía estando atrapado en la mentalidad de "hacerlo todo". Todo es importante. Todo es esencial. Todo es urgente. Ron solía decir: "Tú ibas y venías de un lado a otro de la empresa. Nunca he visto a nadie trabajar tanto. Ahora casi nunca vienes", lo cual, como tú sabes, se debía a pasar de la fase de Dar acción a la fase de Diseñar, pero para el mundo exterior (o incluso para tu socio de negocios) puede parecer que abandonaste el negocio.

Ron tiene un corazón de oro. Lo admiro y sé lo mucho que se preocupa por nuestro negocio, por nuestros clientes y por nuestra misión de erradicar la pobreza empresarial. Él se toma todo muy en serio y quiere que todo el mundo tenga una experiencia extraordinaria. Es la persona en quien más confío en el mundo de los negocios.

Cuando comenzamos a optimizar la empresa Profit First Professionals, usamos una de nuestras juntas trimestrales para explicarles a todos los empleados lo que yo hago para servir al PAR y cómo ellos lo estaban apoyando. Expliqué que Profit First era un concepto que yo había creado ocho años antes de que el negocio siquiera existiera; lo había incluido en mi primer libro y luego lo amplié en un artículo que escribí para el *Wall Street Journal*. Fue el tiempo que tuve que trabajar en este concepto y mejorarlo lo que lo convirtió en realidad. Expliqué que ahora mi trabajo consistía en tomar decisiones estratégicas. Planear movimientos importantes. Difundir las ideas y encontrar a otros que pudieran difundirlas también. Cuando empezamos PFP, yo tenía que hacerlo todo; sólo éramos Ron y yo y los dos éramos necesarios para Dar acción. Ahora se me necesitaba para Diseñar.

Ron y yo nos reunimos en privado y le pedí más ayuda para quitarme responsabilidades. Él no estuvo feliz al respecto. Tuvimos muchas conversaciones difíciles y acaloradas en las que él afirmaba que yo necesitaba pasar más tiempo trabajando en el negocio y menos escribiendo y dando pláticas. Como dije antes, nuestro PAR es difundir el mensaje de erradicar la pobreza empresarial, así que lo que me estaba pidiendo no nos iba a ayudar a hacer crecer nuestro negocio, sino que de hecho lo iba a limitar. Pero para Ron, que estaba ocupado todo el día, todos los días, mi plan parecía contrario a toda lógica.

Su comprensible resistencia en contra de mis esfuerzos por hacer que PFP funcionara sin mí (y sin él) llegó al clímax cuando contratamos una nueva empleada, Billie Anne. Era buena con la tecnología, lo cual me encantaba, porque hasta ese punto yo era la única persona en la empresa que sabía de tecnología. Puesto que yo tenía más experiencia en este terreno que los otros empleados de tiempo completo juntos, era la elección obvia para dirigir el trabajo de desarrollo de aplicaciones, pero como estaba enfocada en servir al PAR y como todavía no me había retirado de administrar otros proyectos, sólo podía trabajar en nuestro proyecto de tecnología esporádicamente.

En ese entonces estábamos desarrollando un software que iba a ser esencial para los miembros de PFP. Yo había estado dirigiendo el proyecto durante cinco meses, pero sólo había logrado llegar al punto de que el software fuera funcional pero no utilizable. El indicador era obvio: nuestros miembros no lo están usando.

Me reuní con Ron, lo actualicé en relación con el proyecto y le dije: "Quiero dejar esto en manos de Billie Anne. Ella puede manejarlo".

Ron insistía en que yo siguiera al frente. Me dijo: "Cuando tomas algo a tu cargo, Mike, es tu responsabilidad darle seguimiento hasta el final. Tienes que trabajar más. Haz un esfuerzo".

Lo que Ron estaba diciendo no era incorrecto. Era congruente con su experiencia, pero esa experiencia no era congruente con la eficiencia operativa sino con el enfoque de la fuerza bruta de "sé más productivo y ya". Yo le echo la culpa al lacrosse.

Cuando éramos jóvenes, Ron y yo estábamos en el mismo equipo de lacrosse en la preparatoria. Ron era mejor jugador que yo (y hace poco descubrí que lo sigue siendo, cuando me dio una lección en un juego organizado durante una reunión de exalumnos que se celebró recientemente). Todos los miembros del equipo tienen que cargar su peso y a veces peso adicional. Ron, un ávido jugador de lacrosse, conocía muy bien la regla de oro del lacrosse: cuando hay una baja de algún jugador, o cuando alguien no está jugando bien, los capitanes del equipo tienen que jugar con más fuerza. No buscas hacer menos, te pones las pilas y haces más y más y más. Por supuesto, un juego de lacrosse representa un esfuerzo muy breve. La duración total es de una hora. Un negocio es un maratón, ya que el tiempo completo del "juego" puede ser de años, décadas o toda una vida.

"No somos los jugadores del equipo de lacrosse, Ron —le dije—. Somos los dueños del equipo. Tenemos que actuar como los dueños y, dado que aún no hemos contratado entrenadores, tú necesitas desempeñar ese papel mientras yo sirvo a nuestro PAR. Necesitamos dirigir a nuestro equipo, a nuestros empleados, y darles la estrategia para ganar. Estamos en el terreno de juego en este momento".

Creo que escuchaba lo que le estaba diciendo, pero no tenía ningún sentido para él. Esa reunión no terminó bien. Así que, por respeto a Ron, me mantuve como líder del proyecto de tecnología. Pero lo que hice fue llevar a cabo una prueba, con el permiso de Ron. Le pedí a Billie Anne que me ayudara con una parte muy pequeña del proyecto y ella lo hizo excelentemente y no tardó ni un segundo. Luego regresé con Ron, le dije que Billie Anne me había ayudado con una parte y le mostré los resultados.

Ron dijo: "¡Vaya! Es muy rápida. Hay que hacerlo otra vez", y accedió a que Billie Anne asumiera cada vez más tareas. Ahora ella es la líder del proyecto. En el transcurso de tres semanas, convencí a Ron, mostrándole los resultados de Billie Anne, de que sería mejor que yo me retirara del proyecto. Lo más importante es que él se convenció de que era lo mejor.

Ron es listo y está ávido de aprender, pero, al igual que tú y yo, se siente cómodo con lo que le resulta familiar. Trabajaba más que ningún otro jugador de lacrosse en el terreno de juego, incluido yo. Trabajaba más que cualquiera de sus colegas, de ahí su éxito, pero ahora tenía que dejar ir la zona de confort de trabajar mucho y comenzar a apoyar el trabajo coreografiado. A veces, tu mayor resistencia, si no proviene de ti, vendrá de tus socios de negocio o de tu equipo ejecutivo. Son seres humanos y necesitan orientación con el cambio. Da pequeños pasos hacia la eficiencia organizacional y demuestra mediante pruebas que todos los miembros de tu equipo ejecutivo necesitan pasar de la fase de Dar acción a la de Diseñar.

Con mi tiempo liberado de trabajar en el proyecto de software, tengo tiempo para reunirme con socios internacionales y negociar contratos internacionales para PFP. Bajo el liderazgo de Femke Hogema, abrimos una nueva sede en los Países Bajos y reunimos a 30 miembros con muy poco esfuerzo. Luego lanzamos una sede en Australia con Laura Elkaslassy y ella ya está demostrando que puede

274 | EL SISTEMA CLOCKWORK. CORREGIDO Y AUMENTADO

servir a la comunidad (y hacer crecer nuestra empresa) de maneras extraordinarias. Luego, Ron empezó a gestionar nuestro crecimiento internacional, agregando ubicaciones en Alemania bajo la dirección de Benita Königbauer. Al momento de escribir esto, acaba de terminar los planos para nuestra ubicación en Reino Unido. ¿Qué nos espera? México o Japón o algún otro lugar. Están trabajando, pero el PAR siempre es la prioridad.

Te vas a sentir desafiado por socios que siguen actuando como capitanes de equipos, no como asesores o dueños de un negocio. No es que estén equivocados o sean malos. Es que están haciendo lo que siempre han hecho. Trabaja con tus socios. Habla con ellos una y otra vez hasta que logren ver los beneficios de la eficiencia organizacional.

Hice un rápido viaje de un día a Chicago y me reuní con Rich Manders, un amigo de hace mucho tiempo. Su empresa, Freescale Coaching, ha tenido tanto éxito en dar eficiencia, crecimiento y rentabilidad a diversas empresas que sus prospectos de clientes están haciendo depósitos de 50 mil* dólares para tener el privilegio de contar con su servicio de asesoría en un año o más a partir de ahora. Sí, así de bueno es.

Mientras íbamos caminando por la avenida Michigan para ir a una junta grupal, le pregunté a Rich: "Con todo el éxito que has tenido ayudando a empresas a crecer, ¿cuál dirías que es el obstáculo más común y el más grande que los negocios necesitan superar?". Esperaba que me respondiera que se trataba de algo relacionado con la mezcla de finanzas, mercadotecnia o productos.

Rich me miró y dijo: "Fácil. Siempre se trata de una falta de comunicación y de claridad entre el equipo ejecutivo. Siempre".

El sistema Clockwork no es sólo para ti. Es un sistema para toda tu empresa. Todos necesitan saberlo. Todos necesitan estar en la

---

* En *El sistema Clockwork* original, Rich cobró 10 mil dólares. Pero la demanda por su trabajo sólo ha aumentado. Las nuevas compañías deben pagar 50 mil con un año de anticipación para ser consideradas.

misma página. Todos necesitan comenzar a transferir el liderazgo de la etapa de Dar acción a la de Diseñar.

Incluso después de que terminó el proyecto de Billie Anne, la posición predeterminada de Ron era "Mike debería hacer más en el negocio". Él equiparó el tiempo con la contribución. Después de tener mi revelación sobre por qué no podía dejarlo ir en Australia, me di cuenta de que el impacto es la contribución más significativa, no el tiempo. Esto realmente impactó a Ron un día después de que hice una llamada de ventas de 20 mil dólares.

Ron dijo: "Eso es asombroso. ¿Por qué no haces llamadas todo el día? Traeremos millones".

"Porque soy el portavoz de Profit First, por lo que puedo conseguir un trato de 20 mil dólares en una llamada", le expliqué. "Si hago llamadas todo el día en lugar de desempeñar mi función de portavoz (hablar, escribir, etcétera), el impacto disminuirá y esas llamadas de 20 mil dólares serán cosa del pasado".

En ese momento Ron hizo clic. Entendió que el impacto era más valioso que el tiempo. Y ahora lo enseña.

Resistencia de parte del resto de la gente

A medida que te muevas hacia la etapa de Diseño y cambies tu negocio para contar con la Mezcla de 4Ds óptima, es probable que tengas resistencia de otras personas: tu equipo, tus vendedores, tus compañeros accionistas (si los tienes), incluso tus clientes. Es más fácil lidiar con la resistencia de parte de esos grupos que con la de los socios porque, al final, tú estás a cargo; no estás compartiendo las decisiones con alguien que tiene la misma autoridad para tomarlas que tú.

La resistencia no significa que estés en el camino incorrecto, ni que tengas que acabar con los conflictos que se presentan sin pensarlo dos veces. Espera encontrar resistencia a lo largo del camino y haz un plan para tener una estrategia anticipadamente. Esto te ayudará a manejarlo. Al final, la resistencia viene de un lugar de miedo e inseguridad. La comunicación clara hace mucho por mitigar algunos de esos sentimientos y también resulta muy útil manejar las expectativas, escuchar preguntas y preocupaciones y tranquilizar a la gente.

Algunas personas tienen ideas firmes con respecto a las tradiciones, el legado y la cultura empresarial. Escuchar su retroalimentación te ayudará a hacer la transición hacia un negocio que funciona solo de una manera suave y exitosa. Después de todo, no puedes prever todos los errores o los giros equivocados, pero las personas que hacen negocios contigo, sin lugar a dudas, pueden ayudarte a identificarlos.

Cuando Ruth Soukup, de la empresa Living Well Spending Less, comenzó a trabajar con Adrienne Dorison para hacer que su negocio funcionara solo, ella identificó que el PAR de su empresa era el diseño de productos. Su empresa se dedica a crear productos que ayudan a las mujeres a simplificar su vida y el crecimiento de su negocio depende de mejorar esos productos y crear nuevos.

Ruth es la principal persona que sirve al PAR de su empresa. Es autora de un libro considerado un éxito de ventas por *The New York Times*: *Living Well, Spending Less*, y crea organizadores y otras herramientas muy útiles. No te sorprenderá saber que Ruth descubrió que estaba usando demasiadas camisetas y que necesitaba dejar que su personal realizara una parte de sus labores. Ella y Adrienne fijaron la meta de liberar tres "días de cafetería" a la semana, es decir, tiempo en que Ruth podía enfocarse en diseñar y expandir su visión de la empresa. Pronto resultó claro que, para cumplir con ésta y otras metas, tenía que sumar gente al equipo. Ruth contrató a un nuevo gerente de mercadotecnia y a un nuevo director creativo, que ayudaron enormemente.

Como Ruth le dijo a Adrienne: "Concederme tres días de 'tiempo enfocado' ha forzado a cada departamento a ajustarse para apoyar esa meta. Llevan un registro de las veces en que cumplo con la meta, que es una de sus métricas. Aún no lo logramos del todo, pero estamos en camino de hacerlo. Todo el mundo está trabajando bien en conjunto y están saliendo al quite para hacer lo que hace falta".

Ruth prosiguió a explicar que, por primera vez en la historia de su empresa, no está estresada durante el lanzamiento de un producto. Y como comenzó a aplicar el sistema Clockwork a su negocio, ha tenido una rotación de empleados de cero.

Ruth también atendió la forma en que su equipo manejaba el conflicto y puso en vigor un sistema para conocer sus preocupaciones y encontrar soluciones. Por ejemplo, hasta entonces, Ruth había sido la única persona enfocada en los ingresos y el flujo de efectivo. Cuando les puso a los miembros de su equipo la tarea de cumplir metas de ingreso específicas, en un inicio se topó con cierta resistencia. No era que no quisieran enfocarse en los ingresos, sino que se trataba de una nueva forma de considerar sus papeles dentro de la empresa.

"No te puedo ni contar lo sorprendente que es —añadió Ruth—. Cuando comenzamos este proceso, nuestro cuarto trimestre fue horrible. Acabábamos de sumar a muchas personas y tuvimos dos meses con mal desempeño. Los integrantes de mi equipo se me acercaron y me tranquilizaron diciéndome que estábamos haciendo lo correcto; me pidieron que confiara en que podían manejarlo. Ellos tomaron las riendas, crearon un nuevo producto en cuatro días y la hicieron en grande".

Con el equipo apoyando las metas y las soluciones específicas de Ruth, el siguiente trimestre la empresa rompió récord de ganancias. Ruth me dijo lo siguiente: "Cuanto más veo sus esfuerzos, más estoy dispuesta a confiar en mi equipo. Estoy muy agradecida de que luchen por aquello en lo que creen, por el margen y por mí, porque saben que es importante".

* * *

A medida que tu negocio comience a funcionar como un maravilloso relojito, encontrarás resistencia de las personas más obvias: tu personal y tus socios, pero también de parte de personas de quienes no te lo esperas. Tu familia puede cuestionar tu nueva libertad y expresar preocupación sobre potenciales problemas de flujo de efectivo. Tal vez tus colegas se pregunten por qué colgaste tu placa de adicto al trabajo y te cuestionen sobre tu nueva forma de dirigir tu negocio. Sin importar quién se muestre reticente con respecto a tu forma de dirigir tu negocio, recuerda que ellos, como tú, son sólo seres humanos. Ya lo entenderán. Y tú también. La prueba está en el resultado, como suele decirse: un negocio rentable que está diseñado para funcionar por sí solo.

El sistema Clockwork en acción

Comienza a entablar conversaciones activas sobre la visión y los planes que tienes para tu negocio. Habla con tus socios y escúchalos, así como a tus colegas, vendedores, clientes y familiares. Un diálogo abierto y activo engrasa muchas ruedas para lograr la transición hacia un negocio que funciona solo. La acción lo es todo, así que comienza la conversación ahora mismo. Deja de medir horas y empieza a medir impacto.

Cierre

Lin-Manuel Miranda no tuvo tiempo de vacaciones. Hacer despegar un musical es un proceso agotador que dura años y hay que hacer casi cualquier cosa para que tenga éxito. Suena un poco a la vida de un empresario. Y, como ocurre con algunos dueños de negocios, la vida de un compositor teatral a menudo requiere trabajar en otro trabajo para mantenerse. Para Miranda, eso significó escribir *jingles* políticos mientras daba vida a su primer musical.

Después de terminar la presentación todoterreno de su primer musical, *In the Heights*, y antes de que comenzara el trabajo en la presentación de Broadway, la esposa de Miranda insistió en que se tomaran unas verdaderas vacaciones. Fueron a México. Hoy en día, si me pones en una playa de arena blanca junto a un bar, te divertirás muchísimo. Me refiero a castillos de arena, intentos patéticos de surfear mientras trato de lucir genial y escribir cosas en la arena que hacen que mi esposa ponga los ojos en blanco y diga: *"Michael"* (sólo usa mi nombre completo cuando está enojada conmigo). Bueno, Miranda adoptó un enfoque diferente para el descanso y la relajación: leyó un libro de 818 páginas. Papita, pa-pih-ta. Tú hazlo, Lin.

Por cierto, es posible que hayas oído hablar del libro. Era la biografía premiada de Ron Chernow sobre cierto padre fundador, Alexander Hamilton. Y en una hamaca en la playa, Miranda tuvo la chispa de una idea que se convertiría en uno de los musicales de Broadway más exitosos y de mayor importancia cultural de todos los tiempos: *Hamilton*.

Ahora bien, para ser claros, él no estaba trabajando durante las vacaciones como lo hacía yo antes y como lo hacen muchos de mis vecinos de la playa todos los veranos en la costa de Jersey. El tipo estaba haciendo algo supernerd y se inspiró. Se inspiró porque su cerebro de Dar acción estaba en reposo. *No tenía nada que hacer.* No estaba encadenado a su trabajo, lleno de la siguiente obligación, la siguiente tarea y la siguiente crisis. Como escribió Tim Kreider en su artículo "La trampa del ocupado" en *The New York Times:* "El espacio y la tranquilidad que proporciona la ociosidad es una condición necesaria para alejarse de la vida y verla completa, para hacer conexiones inesperadas y esperar. Para los salvajes rayos de inspiración del verano, es, paradójicamente, necesario para realizar cualquier trabajo".[9]

Necesitamos descansos en nuestro negocio. Y nuestro negocio necesita descansos de nuestra parte. Punto. Y, a veces, durante esas escapadas, nos regalan una pequeña joya que se convierte en un fenómeno cultural multimillonario. Cuando el cerebro de Dar acción está en reposo, el cerebro de Diseñador se activa.

Se te ocurren grandes ideas en la regadera porque tu cerebro de trabajo se apaga y tu cerebro de asombro se enciende. Con unas vacaciones (vacaciones reales), tienes un descanso de varios días o varias semanas para tu cerebro. Es irónico, pero cuando trabajas menos, tu cerebro trabaja más. De forma diferente: explorando, creando, diseñando...

"No es casualidad que la mejor idea que he tenido en mi vida (quizá la mejor que pueda tener en mi vida) se me ocurriera durante las vacaciones", le dijo Miranda a la presidenta y editora en jefe del *HuffPost*, Arianna Huffington, en una entrevista transmitida en vivo.[10] "En el momento en que mi cerebro descansó un momento, *Hamilton* entró en él".

¿Se le ocurrirá otra idea al nivel de *Hamilton* en sus próximas vacaciones? No lo sé. Lo que sí sé es que es mucho menos probable que se te ocurran grandes ideas si no dejas que tu negocio funcione como relojito. También sé que si sabes que tu negocio funciona como un relojito mientras bebes esa margarita, es mucho más probable que te sientas total y completamente libre. Y es cuando estás en reposo y libre de preocupaciones cuando te llega lo mejor. Lo mejor para tu vida y para tu negocio.

Ahora sabes cómo hacer que eso suceda. Ya no tienes dudas de cómo liberarte de la interminable rueda de hámster de los dueños de negocios. Ya conoces la gran promesa que tu empresa les está haciendo a sus clientes. Sabes cómo alinear tu negocio, a tus empleados, incluso a tus clientes, con tu visión. Conoces tu PAR y cómo protegerlo. Tienes tus 4Ds y tus métricas bien controladas; y tú y tu equipo balanceado pueden Eliminar, Transferir, Recortar y Atesorar las mejores. Sabes cómo detectar cuellos de botella y eliminarlos. Ahora te estás comportando como un accionista porque así te nombras.

Ya lo tienes. Sí. Ya lo tienes.

Quizá no se te ocurra esa idea única en la vida en tus próximas vacaciones. Pero ¿y si sucede? ¿Y si es increíble? ¿Qué pasa si un descanso en el trabajo y en el pensamiento sobre el trabajo hace que lo imposible de repente sea posible, incluso probable? ¿Y si tu momento de iluminación te ahorra muchísimo dinero o facilita las cosas para tu equipo? ¿Qué pasa si piensas en un nuevo producto o servicio que podría resolver un problema importante para tus clientes? ¿Tu industria? ¿El mundo?

¿Qué tal que sólo estás a unas vacaciones de tener una idea ridículamente brillante que podría hacer realidad todos tus sueños? ¿Y qué pasa si estás a unas vacaciones de ser quien imaginaste que serías?

"Las lecciones que trato de conservar de *Hamilton* son: fue una de las mejores ideas que he tenido y la pensé mientras estaba de vacaciones, así que toma más vacaciones", dijo Miranda a la Press Association.[11]

Las vacaciones funcionan. Te ayudan y ayudan a tu negocio. Incluso si empezaste a leer este libro con la esperanza de descubrir cómo darte un domingo libre de vez en cuando, ahora estás preparado para tomarlo de verdad. Tal vez empieces con una semana, luego subas a dos y luego cuatro. Quizá termines tomando varias vacaciones de cuatro semanas cada año, como yo. El punto es que ahora tienes los medios para lograrlo. Y tu negocio te lo agradecerá.

Sin importar lo que hayas hecho o lo que no; sin importar los desafíos que enfrentas y qué errores has cometido; sin importar nada, puedes lograr tener un negocio rentable que funcione solo. Antes de que tomaras en tus manos este libro, quizá no lo sabías. Ahora estás armado con un sistema factible. Algo que decenas de miles de empresarios han hecho con éxito antes que tú. Y ahora te unirás al ejército de accionistas que han diseñado su negocio para que funcione por sí solo.

Sé que este sistema funciona. Y creo en ti.

No puedo esperar a ver la foto de tus vacaciones en Maine, o en España o en la Antártica. O simplemente en tu patio trasero. O a dondequiera que planees ir para tus vacaciones de cuatro semanas. Y no puedo esperar a escuchar las ideas que se te ocurrieron mientras te relajabas junto al mar.

Comienza con unas vacaciones de cuatro semanas, así que resérvalas ahora. Oh, los lugares a los que irá *tu negocio*.

Agradecimientos

Recuerdo la primera vez que escuché a Leonard Cohen cantar "Hallelujah". Fue hermoso. Años más tarde, escuché la interpretación de Jeff Buckley. Esa vez lloré. No tenía idea de que una canción que ya era hermosa pudiera mejorarse de manera tan dramática. Siento lo mismo con esta nueva versión de *Clockwork*.

Escribir *El sistema Clockwork, corregido y aumentado* ha sido un proyecto extraordinario. Si bien el sistema central no ha cambiado, todo lo demás sí. Nuestro equipo trabajó incansablemente para hacer que este libro fuera más fácil de asimilar y más rápido de implementar para que tú pudieras obtener resultados mucho mejores. Si bien tengo la alegría de ser el líder de este libro, crearlo ha sido un esfuerzo de grupo. Déjame presentarte a la banda.

En la batería está Anjanette "AJ" Harper. Si yo soy el alma de mis libros, ella es el corazón. Todos y cada uno de mis libros han sido un esfuerzo de escritura colaborativa con AJ. Ella busca incansablemente la calidad en la escritura y la claridad en la comunicación. Por mucho, este libro ha sido el proyecto más desafiante que hemos hecho juntos. Y valió la pena. El resultado es una interpretación de Jeff Buckley del original: es lo mejor de mí y lo mejor de Anjanette. Gracias, AJ.

Nuestros productores de sonido son Noah Schwartzberg y Kimberly Melium. Escucharon lo que tú, lector, escucharías. Tomaron nota de dónde podrías quedarte atascado o confundido y luego propusieron soluciones. Son más que editores; son nuestros *roadies*. Siempre estuvieron un paso por delante de mí en este proyecto, facilitando el hacer lo que hago: escribir. Gracias, Noah y Kimberly.

En la guitarra principal está Liz Dobrinska. He trabajado con Liz durante 10 años. Todos los sitios de internet, todas las gráficas, incluso la portada original de *El sistema Clockwork* fueron creados por Liz. Su habilidad para tomar mis ideas y darles vida me sorprende cada vez. Gracias, Liz.

En los coros están Izzy Capodanno, Cordé Reed, Erin Chazotte, Amy Cartelli, Jeremy Smith, Jenna Lorenz, Adayla Michalowicz y Edgar Amutavi. Este equipo de seres humanos maravillosos es la esencia de nuestra operación. Se aseguran de que el mundo se entere cuando uno de mis libros está disponible a la venta. Como los mejores coristas, hacen su parte con una gran sonrisa mientras mueven los brazos y chasquean los dedos en perfecta sincronización. Gracias, equipo Michalo-verse.

En el bajo está Adrienne Dorison. El bajo es el instrumento que junta todo. Adrienne hizo eso para este libro. Mejoró las buenas ideas. Suavizó conceptos torpes. Introdujo nuevas técnicas. Creció runlikeclockwork.com específicamente para brindar apoyo a los innumerables empresarios que lo buscan. Y todo eso mientras tomaba varias vacaciones de cuatro semanas, a menudo durante la época del año de mayor actividad de la empresa. Hace lo que enseña a otros a hacer. No puedo imaginarme asociarme con nadie más capaz. Gracias, Adrienne.

En el cencerro está Kelsey Ayres. Nunca podré expresar lo agradecido que estoy de trabajar con Kelsey. Ella es más que la presidenta de nuestra empresa. Es una amiga extraordinaria. Y da la casualidad de que es el alma más amable que ha venido a este planeta. Es un honor poder trabajar contigo, Kelsey. Siempre estaré agradecido por tus incansables esfuerzos para servir a los empresarios con nuestro trabajo. Gracias, Kelsey. Necesitamos más cencerros.

Por último, pero no menos importante, está mi mayor fan (prácticamente es una *groupie*), mi esposa Krista. Desde el fondo de mi corazón, te agradezco a ti y a nuestros hijos por apoyar mi sueño de escribir libros dedicados a erradicar la pobreza empresarial. Los amo a ti y a nuestros hijos más de lo que jamás seré capaz de expresar. Gracias por nuestro viaje juntos. Te vivo (no es un error tipográfico). Te amo.

¡Aleluya! Adoro este libro. Para mí es la mejor interpretación de *El sistema Clockwork*. Espero que sientas lo mismo.

Glosario
de términos clave

ACER. Las cuatro etapas principales del flujo de negocios son: Atraer prospectos, Convertirlos en clientes, Entregar lo prometido a los clientes y Reunir o cobrar el dinero que deben pagarte a cambio. La mayoría de los negocios sigue la secuencia ACER, pero no es necesario que sea así. Algunos negocios, por ejemplo, cobran antes de proporcionar sus servicios. Y otros pueden proporcionar un servicio antes de que el prospecto se convierta en cliente.

Análisis de tiempo. Es el proceso de rastrear la manera en que tú, o alguien con quien trabajas, invierte su tiempo en el trabajo de manera general. Usa esta herramienta para descubrir cuánto tiempo dedicas a cada una de las 4Ds.

Big BANG. Una Gran Meta Noble Hermosa y Audaz que te impulsará a tener éxito en tu negocio. Ésta es una mejora de la definición de Jim Collins. Para las pequeñas empresas, es necesaria la incorporación de "hermosa" y "noble". La belleza es lo que resulta atractivo para el dueño de un negocio y la nobleza lo que lo motiva de forma deliberada. Una empresa que es a la vez atractiva y de servicio para los accionistas es la que brinda satisfacción durante todo el camino hacia la meta audaz.

Campamento Grant's Kennebago. Ahora se ha vuelto una tradición familiar. Ninguno de nosotros caza ni pesca, así que siempre somos los raros. Pero se ha convertido en parte de nosotros. Si alguna vez

288 | EL SISTEMA CLOCKWORK. CORREGIDO Y AUMENTADO

vas y nos encuentras, por favor pídele a mi esposa que te cuente la "historia de los murciélagos"… es un clásico familiar.

Cliente más importante. El mejor o los mejores clientes de tu negocio, según tu opinión. Por lo general es el que te paga mejor y con quien más disfrutas trabajar. El proceso de identificar y clonar a tus "clientes más importantes" está documentado en mi libro *El Gran Plan.*

Eliminar, transferir, recortar y atesorar . Toma uno de estos cuatro pasos para quitar el trabajo que distrae a una persona de servir al PAR o de realizar su Trabajo primario. Este proceso por lo general hace que el trabajo de las fases de Dar acción y de Decidir pase a manos de empleados "de nivel más bajo" y deja en manos de los empleados "de nivel más alto" el Diseñar y el Delegar. El cuarto paso, Atesorar, es para el trabajo que brinda alegría a la persona que lo realiza. El trabajo atesorado aumenta la alegría y por lo tanto mejora el rendimiento. Busca alinear el trabajo que las personas atesoran con los trabajos que necesitas que hagan.

Empresario solitario. Persona que posee y opera exclusivamente su negocio.

Gran promesa. La cosa más importante por la que quieres que tu negocio sea conocido entre prospectos y clientes. En ella te juegas la reputación de tu compañía.

Hotel Miss Maude. Un lugar que no te puedes perder si vas a Perth, Australia. Ve al bufet y prueba la tarta de manzana. Está para morirse.

La Quinta D. Significa Descanso y es el tiempo necesario para que las personas se recuperen y recarguen. Se suma a la Mezcla de 4Ds.

Las fases del sistema Clockwork. Alinear, Integrar y Acelerar son las tres fases principales del sistema Clockwork, y dentro de cada fase hay pasos a seguir. La fase de Alinear es el trabajo previo necesario para aportar eficiencia al negocio o a un elemento del negocio. La fase de Integrar es el trabajo fundamental para la eficiencia empresarial y la aplicación de los descubrimientos/mejoras logradas en la fase de Alinear. Y la fase Acelerar es el trabajo de escalamiento que logra más resultados con menos esfuerzo. Las fases del sistema Clockwork no son "únicas y terminadas", sino que son actividades que siempre estarán presentes y se llevarán a cabo en un negocio que implemente el sistema Clockwork.

Ley de Parkinson. La teoría que dice que las personas aumentan su consumo de un recurso para cumplir con el suministro. Por ejemplo, cuanto más tiempo dediques a un proyecto, más tardarás en terminarlo.

Mezcla de 4Ds (4Ds). Los cuatro tipos de actividades, y las cuatro fases de trabajo, en las que cualquier individuo en una empresa invertirá su tiempo. Estará ya sea Dando acción, Decidiendo en relación con el trabajo de los demás o Diseñando cómo hacer el trabajo. En muchos casos, los individuos estarán haciendo una mezcla de las 4Ds.

Mezcla de 4Ds óptima. La mezcla óptima para una empresa es 80% Dar acción, 2% Decidir, 8% Delegar y 10% Diseñar. Ésta no es la mezcla óptima para el empresario o dueño del negocio y no necesariamente es la mezcla óptima para todos los empleados; es la mezcla óptima para el negocio completo (que está conformado por el trabajo de muchos individuos en conjunto).

Operación Vacaciones. Un movimiento organizado por los lectores de *El sistema Clockwork* (y otras personas) que están dedicando tiempo primero para ellos y creando sus negocios en torno de esto. Es similar al método de Profit First, que consiste en apartar primero tu ganancia y luego seguir todos los pasos de ingeniería inversa para garantizar que puedas contar con esa ganancia.

Papel de la Abeja Reina (PAR). Es la función clave de tu negocio y de la cual depende tu éxito.

Sistema Profit First. Es el proceso de destinar un porcentaje predeterminado del ingreso de tu empresa directamente a una cuenta de ganancias antes de que se haga algo más con ese dinero. La distribución de la ganancia se lleva a cabo antes de pagar las cuentas. Este proceso está documentado en mi libro *La ganancia es primero*.

Trabajo primario. Es el papel más importante que realiza un empleado en su trabajo. Necesita convertirse en la prioridad, por encima de cualquier otro trabajo.

Trampa de la sobrevivencia. Es el ciclo interminable de reaccionar ante lo urgente a costa de ignorar lo importante. Esto hace que la supervivencia empresarial sea una emergencia del día a día. Crear un negocio con el sistema Clockwork te sacará de la "trampa de la sobrevivencia".

Vacaciones de cuatro semanas. La mayoría de los negocios experimenta todas las actividades en un periodo de cuatro semanas. En consecuencia, si tú, como líder del negocio, te haces a un lado de la empresa durante un periodo consecutivo de cuatro semanas, tu negocio se verá obligado a funcionar solo. Al hacer un compromiso de tomar unas vacaciones de cuatro semanas, de inmediato tendrás la mente puesta en lograr que tu empresa funcione sola.

Nota del autor

Espero que hayas disfrutado leyendo *El sistema Clockwork, corregido y aumentado*. Es mi más profundo deseo ayudarte a lograr el negocio que imaginas. Espero que este libro te haya acercado un paso significativo hacia eso.

Para mí, lo hizo. Verás, no me considero un creador de ideas, sino más bien un curador. Recopilo ideas, estrategias e historias y las reúno para adquirir conocimientos para mí e impartir sabiduría a los demás. A lo largo del proceso aprendo y, ojalá, me expando. Este libro hizo eso por mí.

Quizá hayas notado que dediqué este libro a Jason Barker. No somos amigos ni familia. No nos conocemos más allá de algunos intercambios de correo electrónico. Pero él transformó mi vida. Su historia cambió algo en mí y me comprometí a hacer un viaje anual con mis compañeros de la universidad. Y lo hice.

Organicé un viaje anual con mi compañero de dormitorio de primer año y dos compañeros de salón. Esta foto es de nuestro viaje más reciente, cuando visitamos el dormitorio original y fuimos al estadio para ver a nuestros amados Hokies jugar en Notre Dame.

¿Qué hay de ti? ¿Qué vas a hacer que sea más importante? ¿Qué recuerdos atesorarás para siempre porque hiciste que tu negocio funcionara sin ti?

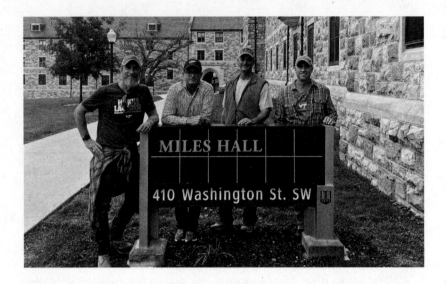

Te mereces la vida que imaginaste cuando creaste tu negocio. Hoy es el día en que lo haces realidad. No más retrasos. No más excusas. No más esperas.

Mike

Notas

1 Julian E. Lange *et al.*, "United States Report 2017", Global Entrepreneurship Monitor (2018), https://www.babson.edu/media/babson/assets/global-entrepreneurship-monitor/GEM_USA_2017.pdf.
2 Katherine Gustafson, "What Percentage of Businesses Fail and How to Improve Your Chances of Success", LendingTree, modificado por última vez: 7 de agosto de 2020, https://www.lendingtree.com/business/small/failure-rate.
3 Mary Oliver, "The Summer Day", in *House of Light* (Boston: Beacon Press, 1990), 18-19.
4 Brian Michael Jenkins y Bruce R. Butterworth, "Does 'See Something, Say Something' Work?", Mineta Transportation Institute Publications (2018), https://transweb.sjsu.edu/sites/default/files/SP-1118_ SeeSomethingSaySomething.pdf.
5 "Frequently Asked Questions", US Small Business Administration Office of Advocacy, modificado por última vez: octubre de 2020, https://advocacy.sba.gov/2020/10/22/frequently-asked-questions-about-small-business-2020/.
6 Ferris Jabr, "Why Your Brain Needs More Downtime", *Scientific American*, 15 de octubre de 2013, https://www.scientificamerican.com/article/mental-downtime.
7 Sara Blakely, "Billionaire Sara Blakely Says Secret to Success Is Failure", entrevista de Robert Frank, CNBC, 16 de octubre de 2013, https://www.cnbc.com/2013/10/16/billionaire-sara-blakely-says-secret-to-success-is-failure.html.
8 Book Video Club, "'Build an A Team' by Whitney Johnson—Company Culture", 29 de noviembre de 2018, video de YouTube, 2:53, https://www.youtube.com/watch?v=ZN8l0ZJzi4Q.
9 Tim Kreider, "The 'Busy' Trap", *Opinionator* (blog), *New York Times*, 30 de junio de 2012, https://opinionator.blogs.nytimes.com/2012/06/30/the-busy-trap.
10 Arianna Huffington, "Lin-Manuel Miranda Chats Before the Rockefeller Foundation's Insight Dialogues", 23 de junio de 2016, video de Facebook, 25:42, https://www.facebook.com/watch/live/?ref=watch_permalink&v=10154240062808279.

[11] "Lin-Manuel Miranda: Hamilton Taught Me to Take More Holidays", *Belfast Telegraph*, 22 de diciembre de 2018, https://www.belfasttelegraph.co.uk/entertainment/film-tv/news/lin-manuel-miranda-hamilton-taught-me-to-take-more-holidays/37650944.html.

El sistema Clockwork de Mike Michalowicz
se terminó de imprimir en enero 2024
en los talleres de
Litográfica Ingramex, S.A. de C.V.
Centeno 162-1, Col. Granjas Esmeralda, C.P. 09810
Ciudad de México.